역사에서 찾는
지도자의 자격

역사에서 찾는
지도자의 자격

초판 1쇄 펴낸 날 2012년 11월 5일
초판 2쇄 펴낸 날 2017년 4월 5일

엮은이　OBS 한성환 PD
지은이　김경록·김선주·김준혁·박현모·오항녕·이근호·이익주·한시준
진 행　남경태

펴낸이　백종민
주 간　정인회
편 집　최새미나·정아름·박보영·김지현
외서기획　강형은
디자인　강찬숙·임진형
본문디자인　책은 우주다
마케팅　서동진·박진용·오창회
관 리　장희정·임수정

펴낸곳　꿈결
등 록　2011년 12월 1일(제318-2011-000145호)
주 소　서울시 영등포구 당산로 50길 3 꿈을담는빌딩 6층
대표전화　1544-6533
팩 스　02) 749-4151
홈페이지　dreamybook.co.kr
이메일　ggumgyeol@naver.com
블로그　blog.naver.com/ggumgyeol
트위터　twitter.com/ggumgyeol
페이스북　facebook.com/ggumgyeol
에듀카페　cafe.naver.com/ggumgyeoledu

ISBN 978-89-967831-8-3 13320

이 책은 저작권법에 따라 보호받는 저작물이므로,
저작자와 출판사 양측의 허락 없이는 일부 혹은 전체를 인용하거나 옮겨 실을 수 없습니다.

책값은 뒤표지에 있습니다.
꿈결은 (주)꿈을담는틀의 자매회사입니다.

OBS 특별기획 세상을 움직이는 역사

역사에서 찾는
지도자의 자격

선덕여왕 · 왕건 · 정도전 · 세종 · 조광조 · 영조 · 정조 · 김구

한성환 PD 엮음 · 남경태 진행

김경록 · 김선주 · 김준혁 · 박현모 · 오항녕
이근호 · 이익주 · 한시준 지음

꿈결

차례

서문 — 한국형 노블레스 오블리주를 꿈꾸며
남경태 · 006

1부 — 통일의 기틀을 마련한 화합의 리더십
선덕여왕 | 김선주 · 013

2부 — 고려를 세운 개방과 포용의 리더십
왕건 | 이익주 · 053

3부 — 개혁사상으로 조선을 세운 설계자
정도전 | 김경록 · 087

4부 — 조선을 경영한 창조와 소통의 리더십
세종 | 박현모 · 131

5부 — 시대를 앞서 간 개혁가
조광조 | 오항녕 · 181

6부 — 탕평책을 실시한 위민 군주
영조 | 이근호 · 211

7부 — 시대를 뛰어넘은 개혁 군주
정조 | 김준혁 · 253

8부 — 한국이 낳은 세계적인 지도자
김구 | 한시준 · 315

 서문

한국형 노블레스 오블리주를 꿈꾸며

노블레스 오블리주 noblesse oblige 라는 말은 다들 알지만, 그 말이 역사에서 나왔다는 것은 모르는 사람이 많다. 말 자체는 '고결한 의무' 혹은 '상류층의 의무'를 뜻하므로 보통 도덕을 가리키는 용어로 여긴다. 말하자면 사회의 엘리트, 즉 부자나 권력자가 부와 권력을 가지지 못한 계층을 돕는 도덕적 정신으로 보는 것이다. 리더십을 말할 때 흔히 노블레스 오블리주를 언급하는 것도 그런 의미에서다.

 물론 전혀 틀린 것은 아니다. 하지만 상류층의 자선이나 기부를 노블레스 오블리주라고 본다면 왜 '의무'를 뜻하는 '오블리주'가 붙었는지 제대로 설명되지 않는다. 그냥 고결한 행동이라고 하면 될 일이지, 의무라고 할 이유는 없다. 사회 엘리트는 본분의 역할을 하면 될 뿐 선행을 의무로 삼을 필요까지는 없지 않은가? 사실 그렇다. 부정한 방법을 통해 부와 권력을 쌓았거나, 뭔가 불순한 목적을 노리고 선행을 과시하려는 게 아니라면 상류층이라고 해서 무조건 기부나 자선을 해야 하는 것은 아니다.

그러나 노블레스 오블리주는 기부나 자선도 아니고 심지어 도덕과도 거리가 있다. 그것은 역사적 관념이다. 이 말은 기원전 3~2세기에 로마와 카르타고가 서부 지중해의 패권을 놓고 싸운 포에니 전쟁에서 생겨났다. 전쟁에서 비롯된 용어이기에 의미도 무척 간단하다. 지휘관은 지휘관의 역할을 해야 한다는 뜻이다. 이 간단한 관념은 곧이어 성립된 로마제국 시대에 지배층의 수칙이 되었다.

제정 직전 3두 체제를 이끌었던 카이사르의 행동이 노블레스 오블리주의 의미를 잘 보여준다. 그를 제외한 나머지 '2두'는 당시 로마의 국민장군이라고 할 만한 폼페이우스와 국민부자라고 할 만한 크라수스였다. 그들에 비해 카이사르는 별로 내세울 게 없었다. 3두를 넘어 로마의 제위를 꿈꾸려면 우선 자격을 갖추는 게 급선무였다.

그가 야만족이 득시글거리는 갈리아로 원정을 떠난 것은 그 때문이다. 젊은 시절 짧은 군대 경험밖에 없었던 그가 군대를 거느리고 위험한 원정을 감행한 것은 물론 용기 있는 결단으로 볼 수도 있겠지만 그런 개인적 자질보다는 당시 로마 시민들, 로마의 사회 시스템이 요구하는 리더의 요건에 부응하기 위해서였다. 장차 로마를 이끌 최고의 리더가 되려면 군대 지휘관의 경험을 쌓아야 했던 것이다.

카이사르 이외에도 서양의 역사에서는 노블레스 오블리주의 사례를 흔히 볼 수 있다. 영화를 통해서도 잘 알려졌듯이 스파르타의

왕 레오니다스는 죽을 것을 뻔히 알면서도 테르모필레 협곡에서 페르시아의 대군을 맞아 싸우다 300명 결사대 전원과 함께 전사했다. 마케도니아의 왕 알렉산드로스는 4만 병력을 거느리고 페르시아 원정을 전개했고, 로마제국의 황제들도 전쟁이 벌어지면 전장에 나가 군대를 직접 진두지휘했다. 중세의 십자군 전쟁에서도 영국의 리처드나 프랑스의 필리프, 독일의 프리드리히 등 유럽의 군주들은 늘 지휘관의 본분을 잊지 않았으며, 30년 전쟁을 통해 스웨덴을 강국으로 만든 구스타프는 독일 땅에서 전사했다. 주목할 것은 그 리더들의 노블레스 오블리주가 개인적 도덕에서 나온 게 아니라는 점이다. 그들이 전부 애국 애족에 투철한 위인이었던 것은 아니다. 그들은 다만 사회 시스템이 요구하는 리더의 요건에 따랐을 따름이다.

이런 서양의 역사와 달리 동양의 역사에서는 지배 엘리트의 노블레스 오블리주를 거의 보기 어렵다. 역대 중국 황제들 가운데 군대를 거느리고 숙적인 북방 이민족의 정벌에 나선 사람은 명제국 초기의 영락제가 유일하다(그것도 조카의 제위를 찬탈한 죄를 무마하려는 정치적 '쇼'의 성격이 컸다). 중국의 황제나 지배자들은 침략 전쟁이든 원정이든 항상 휘하 장수들을 전장에 파견하는 식이었지 직접 나서지 않았다.

그런 점에서 우리 역사는 아예 참담할 정도다. 삼국시대까지만 해도 나라가 위기에 처했을 때 왕들은 군대나 백성들과 생사고락을 같이했으나 유학 이데올로기가 침투하면서 그런 전통은 완전히 맥이 끊겼다. 고려 초기에 현종은 자신이 거란을 도발했으면서도 거란이 남침하자 맨 먼저 남쪽 멀리 나주로 도망쳤다. 조선의 왕 선조는 일본군이 남쪽에서 북상해오자 야음을 틈타 가족과 내시들을 데리고 버선발로 북쪽 멀리 의주로 내뺐다. 심지어 공화국 시대인 1950년에도 대통령 이승만은 한국전쟁이 발발하자 수도 서울을 사수하겠다는 대국민 약속을 헌신짝처럼 버리고 개전 사흘 만에 한강 인도교를 끊어버리면서 수원으로 도망쳤다. 과거 지배층의 이런 후안무치한 책임 방기가 오늘날 정치권의 무능과 부패로 이어진다고 봐도 과언이 아니다.

  노블레스 오블리주를 실천한 서양의 리더들이 개인적으로 다 훌륭한 품성을 가진 인물이 아니었듯이, 도탄에 빠진 백성들을 버리고 도망간 동양의 리더들이 개인적으로 다 모자란 인간은 아니었다. 문제는 리더 개개인의 인물됨보다 제대로 된 리더를 요구하고 발탁하는 사회 시스템의 차이다. 그런 측면에서 서양의 역사는 동양에 비해 확실히 건강했다. 바로 그 점이 근대 이후 서양 문명이 세계화의 선두주자로 나선 이유를 설명해준다.

  이 책은 우리 역사에서 보기 드물게 리더의 자질을 선보였던 여덟 명의 역사적 인물들을 다루고 있다. 정치적 리더라고 할 수 있는 왕이 다섯 명이고, 개혁가가 두 명, 그리고 20세기의 민족 지도자인 김구가 포함되었다. 더 세분해보면 어려운 시절을 맞아 권력자가 어떻게 권력을 올바르게 사용하는지를 보여준 사례가 있는가 하면(선덕여왕, 세종), 난세를 극복하고 새 사회를 기획하고자 한 사례도 있고(왕건, 정도전, 조광조, 김구), 기존 권력의 성질을 바꿔 개혁을 시도한 사례도 있다(영조, 정조).

TV에서 방송된 역사 프로그램을 모태로 하고 있지만, 이 책에서 다루는 인물들은 단순히 역사 속에 침잠해 있는 게 아니라 어느 시대, 어느 공간에나 원용할 수 있는 리더십의 귀감을 보여준다. 각 장의 앞부분은 그 인물들이 당대에 활동한 내역과 역사적 배경을 강의 형식으로 설명하는데, 단지 역사적 사실을 설명하는 데 그치지 않고 리더십의 관점에서 오늘에 되살릴 수 있는 교훈을 포착하는 데 초점을 맞춘다. 또한 각 장의 뒷부분에 배치된 강의자와 진행자의 대담에서는 역사적 가정을 도입해 그 점을 더욱 부각시킨다.

안타까운 점은 이 책에서 다루는 여덟 명의 리더들이 모두 완벽한 성공을 이룬 것은 아니라는 사실이다. 선덕여왕과 왕건, 세종은 어느 정도 성공을 거두었고 자신의 당대에 리더십을 구현했으나 정도전과 조광조, 김구는 개인적으로 비극을 맞았고 영조와 정조는 조선 후기의 강력한 신권臣權에 휘말려 개혁의 꽃을 피우지 못했다(정조가 죽은 뒤 곧바로 우리 역사상 가장 암울한 시기였던 세도정치기가 시작되는 게 그 증거다). 왜 그랬을까? 그 이유는 앞에서 말한 노블레스 오블리주가 우리 역사에 자리 잡지 못한 데서 찾을 수 있다.

우리 역사의 큰 문제는 고려의 현종이나 조선의 선조, 대한민국의 이승만 같은 못난 리더들이 등장했다는 것보다 그런 리더들을 국민이 용납했다는 사실이다. 현종과 선조는 전쟁이 끝나고서도 권력에 아무런 타격을 입지 않고 죽을 때까지 무사히 재위했고, 이승만은 1960년 4·19 혁명으로 하야할 때까지 대통령직을 굳게 지켰다. 노블레스 오블리주가 개인적인 덕목이라기보다 사회 시스템의 문제라면 우리 역사의 문제는 참다운 리더가 부족했다기보다 리더에게 올바른 자격을 요구하고 관철시키는 사회 시스템이 부재했다는 데 있다.

　강국의 조건을 땅과 사람과 역사라고 보면 우리는 땅과 사람에 비해 역사가 약했다. OECD에 가입하고 경제 규모로 세계 10위권을 오르내려도 강국으로 자부하지도 못하고 인정받지도 못하는 이유는 그런 취약한 역사 때문이다. 땅과 사람은 바꿀 수 없지만 역사는 이제부터라도 바꿀 수 있다. 그러기 위해선 무엇보다 리더를 선택하는 국민의 안목이 높아야 한다. 이 책이 소개하는 역사 속의 리더십에서 그 안목의 일부를 찾고 싶은 마음이다.

남경태

1부

통일의 기틀을 마련한
화합의 리더십

선덕여왕

김선주

1967년 경북 김천에서 태어났다. 중앙대학교 사학과를 졸업하고, 한국학중앙연구원 한국학대학원에서 석·박사학위를 취득했다. 경주대학교에서 연구교수·초빙교수를 지냈고, 현재 중앙대학교에서 강의하고 있다. 주요 논저로는 〈피장자 성별 문제를 통해 본 신라 적석목곽분 사회의 성격〉, 〈황남대총의 주인공 재검토〉, 〈고구려 서옥제의 혼인 형태〉, 〈신라 알영 전승 의미와 시조묘〉, 《우리 여성의 역사》(공저), 《혼인과 연애의 풍속도》(공저) 등이 있다.

> 1천 년 역사, 신라의 첫 여왕인 선덕여왕. 우리는 선덕여왕에 대해서 얼마나 알고 있습니까? 그저 우리 역사상 처음으로 여성으로서 왕이 된 인물이라는 점에서만 의미가 있을까요? 한 나라의 최고 통수권자인 국왕이 발휘하는 정치 리더십은 한 국가의 흥망성쇠가 달려 있기 때문에 동서고금을 막론하고 대단히 중요합니다. 만약 첫 여왕의 정치 리더십이 아주 유약하거나 미숙했다면 제2, 제3의 여왕이 탄생할 수 있었을까요? 지금 이 시간, 우리 역사상 최초로 여성으로서 왕위에 오른 선덕여왕의 현재적 의미를 바라보고자 합니다.
>
> ― 남경태

선덕여왕은 어떻게 최초의 여왕이 되었을까?

선덕여왕은 우리나라 최초의 여왕입니다. 그래서 사람들이 선덕여왕에 대해 가장 궁금해하는 것도 어떻게 여성으로서 왕이 되었을까 하는 점입니다. 선덕여왕은 그 옛날, 어떻게 여성으로 왕이 될 수 있었던 것일까요?

《삼국사기三國史記》와 《신당서新唐書》에서는 진평왕에게 아들이 없었기 때문에 선덕여왕이 즉위하였다고 말합니다. 신라에서도 아들이 왕위계승자로서 가장 정통성이 있었다는 것을 알 수 있습니다. 그렇지만 왕위를 계승할 아들이 없는 상황은 신라에서만, 그것도 진평왕에게만 있던 것은 아닙니다.

고려나 조선에서는 아들이 없을 경우 동생이나 조카, 그것도 없으면 멀리 방계의 부계혈족 가운데 남자를 찾아서 후계자로 삼았습니다. 진평왕에게도 친동생이 있었습니다. 진평왕은 즉위 후 두 동생을 진안갈문왕과 진정갈문왕으로 책봉하기도 했습니다. 이에 대해서는 진평왕이 당시 평균 수명 이상으로 워낙 장수한 탓에 두 동생이 진평왕보다 먼저 사망했을 가능성이 있습니다.

그런데 신라에서는 부계친족만이 왕이 될 수 있었던 것은 아니었습니다. 특이하게 신라에서는 사위나 외손자가 왕이 될 수도 있었습니다. 그래서 신라 왕들의 계보를 보면 성씨가 다른 왕들이 중간에 끼어 있는 것을 확인할 수 있습니다. 진평왕에게도 사위와 외손자는 있었습니다. 진평왕에게는 훗날 선덕여왕이 되는 덕만 외에도 천명이라는 딸이 있었습니다. 천명은 진지왕의 아들인 용춘과 결혼해서 김춘추라고 하는 아들까지 두었습니다. 그런데 어떻게 선덕여왕이 진평왕의 딸로서 왕이 되었을까요?

이를 골품제의 문제로 해석하는 경우가 많습니다. 신라는 성골과 진골이 있는 폐쇄적인 골품제 사회입니다. 성골 남자가 없는 상황에서 진골 남자보다는 성골 여성을 왕위에 즉위시키는 것이 사회적인 합의를 도출하기가 쉬웠기 때문에 선덕여왕이 즉위하지 않

골품제 : 혈통에 따라 나눈 신라시대의 신분제도.
성골 : 골품의 첫째 등급. 진덕여왕을 마지막으로 성골은 사라진다.
진골 : 골품의 둘째 등급. 태종무열왕부터 진골 출신들이 왕위를 계승하였다.

앉을까 추측하는 것이죠.

그런데 골품제로 해석할 때 걸리는 문제가 있습니다. 진평왕의 사위인 용춘은 진지왕의 아들이자, 진흥왕의 손자입니다. 진흥왕에게는 동륜과 사륜 두 아들이 있는데, 사륜이 뒷날 즉위하여 진지왕이 됩니다. 진지왕의 뒤를 이어 즉위했던 진평왕은 동륜의 아들로 역시 진흥왕의 손자입니다. 진평왕에게 사위인 용춘은 부계 사촌형제 사이입니다. 두 사람 모두 진흥왕의 손자인데 어떻게 누구는 성골이고 누구는 진골이냐는 거죠.

그래서 처음에는 성골은 부모 모두가 왕족인 경우, 진골은 부모 중에 한쪽만 왕족인 것으로 보기도 했습니다. 그러므로 용춘의 경우 아버지는 진지왕이지만 어머니가 왕족이 아닐 가능성이 있다고 본 것입니다. 혹은 후에 태종무열왕이 되는 김춘추의 어머니로 기록되어 있는 천명이 진평왕의 딸이지만 어머니가 진평왕비인 마야부인이 아닌 골품이 떨어지는 여성이었을 가능성이 제기되기도 했습니다.

그렇지만 근래에는 성골은 동륜의 직계비속에 한정된 좁은 개념이었다는 해석이 지지를 얻고 있습니다. 동륜의 직계비속에 한정한다면 성골은 진평왕을 비롯하여 동생인 진안갈문왕과 진정갈문왕, 그리고 그 자식들로만 한정됩니다. 용춘과 김춘추는 동륜의 자손이 아니고 진지왕의 자손이므로 성골이 될 수 없는 거죠. 진평왕의 동생들은 장수했던 진평왕보다 일찍 사망했고, 진평왕을 비롯하여 동생들도 모두 아들을 두지 못했다면 진평왕 사망 당시 신라 왕실에는 성골 남자가 없는 셈이 됩니다. 이러한 배경에서 진평왕의 딸이었던 선덕이 즉위하게 되지 않았을까 추측하는 겁니다. 어쨌든 성골이라는 개념은 선덕여왕이 즉위할 수밖에 없었던 당위성을 찾을 때 결정적인 역할을 합니다. 그런데 성골이 동륜 직계에 한정된 개념으로 진평왕 대에 만들어졌다는 것은 이것을 선덕여왕의 즉위를 위해 만들어진 관념으로 해석할 수도 있는 여지를 줍니다.

퀸 메이커, 진평왕

성골·진골과 관련해서도 이야기할 것이 굉장히 많지만, 저는 선덕여왕의 즉위 배경과 관련하여 아버지인 진평왕을 주목하고 있습니다. 신라의 왕위 계승에서는 '국인'으로 표현되는 귀족들의 합의가 굉장히 중요합니다. 그렇지만 현 국왕의 결정도 중요한 영향력을 미칩니다. 신라사에서는 왕이 죽음을 앞두고 유언으로 지목한 사람이 뒤를 이어 즉위하는 경우를 종종 볼 수 있습니다.

진평왕은 할아버지인 진흥왕이 세상을 떠날 당시 후계자 문제로 인해 신라 왕실에서 일어났던 내분을 직접 경험한 사람이었습니다. 게다가 처음에는 왕위 계승에서 밀려났다가 전왕인 진지왕의 폐위라는 강제적인 수단을 통해 왕이 되었습니다. 적통 아들을 두지 못한 상황에서 진평왕은 후계자에 대한 고민이 없을 수 없었을 것이고, 생전에 직접 후계자 문제를 매듭지으려 했을 것입니다. 더구나 54년이나 재위했던 신라의 장수 왕으로서 후계자 문제에 진평왕이 결정적인 영향력을 행사했을 것은 자명합니다.

그런데 진평왕은 파격적인 선택을 합니다. 유례없이 자신의 딸을 후계자로 정한 것입니다. 물론 이러한 배경에는 자신의 핏줄을 왕위에 앉히고 싶다는 사심도 없지 않았을 겁니다. 그렇지만 선덕여왕의 자질 역시 출중했던 것으로 보입니다. 《삼국사기》의 편자인 김부식은 선덕여왕에 대해 '늙은 할망구'로 표현할 정도로 굉장히 혹평합니다. 그것은 단지 여왕이라는 점 때문이었습니다. 그런데도 선덕여왕에 대한 특징을 '너그럽고 어질며 총명하고 똑똑했다.'고 설명합니다.

물론 신분제 사회에서 개인의 자질이 왕이 되는 데 절대적인 영향력을 미치는 것은 아닙니다. 왕은 하늘이 낸다는 말이 있는데, 선덕여왕 역시 천운을 타고났다고 할 수 있습니다. 당시 국제사회라고 할 수 있는 동아시아 사회에 여왕 즉위 사례가 나타난 것입니다. 진평왕 15년(593년)에 이웃나라인 일본에서 첫 여왕 스이코推古가 등장합니다. 진평왕 때는 사신도 왕래하고 선물도 주고받는 등 일본과의 교류가 활발했습니다. 그런 상황에서 진평왕은 이웃나라 여왕의 즉위와 통치에 대한 정보를 가지고 있었을 것입니다. 일본의 여왕 즉위 사례는 적통 아들이 없는 상황에서 진평왕에게 자질이 출중한 딸을 후계자로 삼을 수도 있겠다는 가능성을 보여주었을 겁니다.

물론 진평왕 개인이 마음이 있다고 해서 무조건 왕이 될 수 있는 것은 아닙니다. 또한 정통 후계자가 되었다고 해서 모두 왕이 되는 것도 아닙니다. 딸이지만 왕위 계승자로서 가장 적합한 인물이라는 것을 설득할 필요가 있습니다. 이와 관련하여 '모란꽃 설화'가

- **모란** - 미나리아재비과에 속하는 낙엽관목. 5~6월에 꽃이 핀다. 《삼국사기》와 《삼국유사》에는 선덕여왕의 예지력을 보여주는 '모란꽃 설화'가 실려 있다. (사진 ⓒKENPEI)

주목됩니다. 선덕여왕의 예지력을 보여주는 설화로, 《삼국사기》와 《삼국유사》에 모두 실려 있습니다.

어느 날 중국에서 사신을 통해 모란꽃 그림과 모란씨를 보냅니다. 그런데 꽃그림을 보고 선덕여왕이 말합니다. "이 꽃은 향기가 없을 것이다." 그래서 심어봤더니 과연 향기가 없었다는 것입니다.

그런데 실제로 모란꽃은 향기가 없지 않습니다. 저는 모란꽃 옆에 벌, 나비가 날아드는 것을 보고 깜짝 놀란 적이 있습니다. 중국에서는 그 향이 천 리를 간다고 해서 모란꽃을 천리향이라는 별칭으로도 부른다고 합니다. 그러면 도대체 향기 없는 모란꽃에 대한 설화는 무슨 뜻을 담고 있는 걸까요? 중국에서 사신이 왔습니다.

실상 그때까지 신라에는 모란꽃이 없었던 것 같습니다. 그런데 정작 이 꽃이 향기가 있건 없건 그것은 중요하지 않습니다. 다만, 중국 사신이 왔을 때 딸인 덕만이 옆에 있었는데 이런 말을 했다더라, 그런데 과연 그 말이 맞았다고 하더라, 덕만이라는 딸은 정말 예지력이 뛰어난 인물인가 보다, 하는 소문이 나는 것만으로 진평왕으로서는 후계자 자질에 대한 모종의 수확을 얻게 됩니다.

이런 에피소드뿐만이 아닙니다. 진평왕 대의 정치적 특징으로 관부의 신설과 정비를 들 수 있습니다. 진평왕의 관부 개혁은 두 시기로 나뉩니다. 진평왕은 즉위 3년부터 13년까지 위화부나 조부 등의 새로운 관부를 신설하거나 정비하는데, 이를 1차 관제 개혁이라고 합니다. 그후 한동안 관제 개혁이 나타나지 않습니다. 그랬다가 즉위 44년 후반기에 다시 관제 개혁이 시작됩니다. 후반기 관

> **위화부**位和府 : 신라 때 관원 인사에 관한 일을 맡아본 관청. 581년(진평왕 3)에 처음 설치되었으며, 경덕왕 때 사위부司位府로 이름이 바뀌었다가 혜공왕 때 다시 옛 이름으로 되돌아갔다.
>
> **조부**調府 : 신라에서 공물과 부역을 담당한 관청. 584년(진평왕 6)에 처음 설치되었으며, 경덕왕 때 대부大府로 이름이 바뀌었다가 혜공왕 때 다시 옛 이름으로 되돌아갔다.
>
> **내성**內省 : 신라 때 대궁·양궁梁宮·사량궁沙梁宮이라는 왕궁 세 곳의 사무를 맡은 관청. 중앙 관청과는 별도로 설치하여 사신私臣이라는 장관 1명씩을 각 궁에 두었으나, 622년(진평왕 44)에 사신 1명이 3궁의 사무를 겸하여 보게 하였다. 759년(경덕왕 18)에 전중성殿中省이라고 이름을 고쳤다가 776년에 다시 내성이라는 이름으로 바뀌었다.

- **진평왕릉** - 경상북도 경주시 보문동에 있는 신라 제26대 진평왕의 능묘. 1969년 사적 180호로 지정되었다.

제 개혁의 특징은 측근기구와 군사기구를 강화시켰다는 점입니다. 즉위 44년에 내성 사신을 두어 세 곳의 왕궁을 통괄하여 관장하게 하고, 45년에 병부와 관련된 개혁을 하고, 46년에 측근기구를 강화시킵니다. 집권 후반기에 측근기구를 강화하고 군제를 개혁한 것은 아마도 여성 후계자를 위한 포석이 아니었을까 생각합니다.

그렇지만 그때까지 한 번도 경험해보지 못했던 '여왕' 즉위 가능성에 반발하는 세력도 없지 않았을 것입니다. 진평왕이 세상을 떠나기 1년 전인 즉위 53년 여름에 이찬 칠숙과 아찬 석품이 주도한 모반 사건이 일어납니다. 신라사에서 최초로 일어난 모반 사건입니다. 이 사건은 모의 중에 발각되어 진압되었는데, 당시 주모자뿐 아니라 9족까지 연좌하여 멸하는 유례없는 조치가 취해졌습니다.

주모자가 신라 관등 제2위인 이찬이라는 점에서 개인적 문제라기보다는 정치적인 사안으로, 특히 진평왕 말년이라는 점에서 후계자 문제와 관련하여 일어난 사건이 아닐까 생각됩니다. 진평왕 후계 구도와 관련하여 지배층 내부에서 갈등이 있었음을 알 수 있습니다.

그렇지만 결과적으로 선덕여왕 측으로서는 나쁘지 않았습니다. 실제 모반이 일어나기도 전에 진압되었기 때문에 후유증은 크지 않았습니다. 더구나 이 사건을 통해 9족에 이르는 넓은 범위의 사람들이 연좌되어 숙청되면서, 선덕여왕의 즉위를 반대하는 많은 사람들이 대거 제거될 수 있었습니다. 그러므로 일각에서는 진평왕 측에서 정치적 긴장 관계를 조성하고 자신들의 정국 운영에 유리하도록 모반 사건을 조작한 것으로 이해하기도 합니다. 배경이야 어쨌든 간에 이 사건으로 반대 세력이 많이 제거되었으므로 선덕여왕으로서는 부담을 덜 수 있었을 것입니다. 그래서 저는 선덕여왕의 즉위에서 퀸 메이커로서 아버지 진평왕의 역할이 굉장히 중요했다고 봅니다.

여성의 공적 활동이 보장됐던 신라 사회

그런데 선덕여왕의 개인적인 능력이 아무리 출중하고, 골품제 사회에서 성골이라는 특수한 관념이 있다고 해도 여성이 왕이 될 가능성이 배제된 사회라면 진평왕도 딸이 왕이 될 가능성을 아예 꿈꿀 수 없었겠지요. 선덕여왕이 왕이 될 수 있었던 배경에는 신라사회의 여성에 대한 특수한 인식도 있었을 겁니다.

신라 역사를 살펴보면 선덕여왕이 나오기 이전에도 여성들이 공적 활동을 하는 모습을 찾아볼 수 있습니다. 중고기(中古期, 23대 법흥왕~28대 진덕여왕)에는 관직들이 만들어지기 시작하는데 다른 나라와 달리 신라에서는 중앙 관직 중에 여성 관직도 있었습니다. 승려들을 통솔하는 '도유나랑 都唯那娘'이라는 관직으로, 여성이 임명되었습니다. 여성 관직이 있다는 것은 굉장히 특별합니다. 그리고 신라의 혼으로도 유명한 화랑의 전신은 여성이 우두머리였던 원화였죠. 중앙에 뛰어난 인재를 선발하기 위해 원화제도를 만든 것으로 알려져 있는데, 그 우두머리에 여성을 임명하였습니다. 그런 것을 보면 신라는 여성의 공적 활동에 대해서 굉장히 열려 있는 사회였던 것 같습니다.

이러한 사실은 고고학적인 정황에서도 드러납니다. 적석목곽분이라고 하는 고고 자료가 있습니다. 상자형 나무덧널을 만들어 시체를 담은 나무널을 넣고 나무덧널 주위와 위를 돌로 덮은 다음 다시 그 바깥을 봉토로 씌운 신라 고유의 무덤입니다. 여기에서 장신구나 무기, 마구류 같은 부장 유물이 굉장히 많이 나왔습니다. 세계적인 관심을 받고 있는 신라의 금관이나 금제 허리띠 등이 모두 적석목곽분에서 나왔습니다.

그런데 적석목곽분의 부장 유물은 남녀 성별 구분이 어렵습니다. 이런 점은 가부장적인 질서가 일찍 발달된 중국과는 다른 부분입니다. 중국은 신석기 말 유물부터 남성과 여성 것이 어느 정도 구분됩니다. 그뿐 아니라 비슷한 시대였던 백제 무령왕릉의 출토 유물에서도 왕과 왕비의 것이 뚜렷하게 구분됩니다. 그런데 신라의 적석목곽분에서는 성별 구분이 그렇게 뚜렷하게 나타나지 않아요.

그리고 적석목곽분에서 나온 금관 같은 경우도 처음에는 관직의 상징인 금관이라고 생각했습니다. 적석목곽분이 만들어졌던 시대는 선덕여왕 이전입니다. 그런데 성별이 추정 가능한 고분에서 나온 금관은 대부분 여성의 것이었습니다. 남녀가 함께 매장된 황남대총의 경우 여성묘인 북분에서만 금관이 출토되고 남성묘인 남분에서는 대신 금동관이 출토되었습니다. 또한 허리띠의 경우 두 고분 모두 금제이긴 했지만 여성묘인 북분의 것이 훨씬 화려하고 장식적이었습니다.

금관이 출토된 고분에 묻힌 주인공은 어떠한 여성이었을까요? 이런 정황을 비추어 봤을 때 신라는 공적 사회에서 여성에 대한 인식이 다른 나라와는 조금 다르지 않았을까 생각해볼 수 있습니다. 그리고 이런 사회적 분위기를 배경으로 선덕여왕이 여왕으로 즉위할 수 있었을 겁니다.

적석목곽분 : 돌무지 덧널무덤. 땅 아래로 무덤을 파고 상자형 나무덧널을 넣은 뒤 그 주위를 돌로 덮은 다음 다시 그 바깥을 봉토로 씌운 신라 귀족들의 무덤 양식. 대표적인 것으로 천마총, 황남대총이 있다.

어질고 화평하게

선덕여왕에 대해 알아볼 때, 여성으로서 어떻게 왕이 되었을까에 관심이 많이 가는 것이 사실입니다. 그런데 실제 선덕여왕은 여자로서 왕이 된 것도 의미 있지만, 최고 통치권자로서의 의미도 큽니다.

선덕여왕은 16년간 통치합니다. 이것은 결코 짧지 않은 기간입니다. 신라 왕의 평균 재위 기간이 11년 남짓이라는 것에 비추어 볼 때 평균보다 오래 재위했음을 알 수 있습니다. 신라시대 세 명의 여왕 중에서도 통치 기간이 가장 깁니다. 진성여왕이 11년이고, 진덕여왕은 8년간 통치합니다. 선덕여왕의 16년 재위 기간은 대략 세 단계 정도로 나뉩니다.

통치 1기는 즉위 초기입니다. 신라사회에서 경험해보지 못했던 여왕 체제의 출범에 지지 세력들도 불안감이 없지 않았을 것입니다. 반대 세력들도 여전히 잔존해 있었을 것이고요. 대외적으로도 신라의 여왕 즉위에 대해 비상한 관심이 있었을 것입니다. 이러한 상황에서 선덕여왕은 서두르지 않고 조금씩 국정을 장악해 나갑니다. 즉위 원년에 선덕여왕이 최초로 한 일은 을제라는 대신을 내세워 국정을 총괄하게 한 것입니다. 대신 자신은 홀아비·홀어미·고아·독거노인·혼자서 살아갈 수 없는 사람, 오늘날로 말하면 소외층이라고 할 수 있는 이들에게 사신을 보내 위무하는 민생 행보를 합니다. 즉위한 이듬해에는 신궁에 제사를 지냅니다. 신라 왕들은 즉위 후 신궁에 가서 제사를 지냈는데, 이는 공식적인 즉위 의례라고 할 수 있습니다. 신궁 제사를 통해 자신의 즉위를 조상들에게

■ **분황사 모전석탑** ■ 국보 제30호. 돌을 벽돌 모양으로 다듬어 쌓아올린 탑으로 분황사에 위치한다. 현존하는 신라 석탑 가운데 가장 오래되었다. 원래는 9층이었다고 하나 지금은 3층만 남아 있다. 분황사는 경주시 구황동에 있는 절로 신라 말기 선덕여왕 3년(634)에 창건되었다. (사진 ⓒbifyu)

고하면서 기정사실화하는 것입니다.

즉위 3년 봄 정월에는 연호를 인평仁平으로 고치고, 이와 함께 분황사芬皇寺를 완공합니다. 오늘날 신라에서 가장 오래된 탑이 남아 있는 분황사는 향기로울 분芬 자에 황제 황皇 자, 즉 '향기로운 황제의 사찰'이라는 뜻입니다. 향기 나는 황제는 바로 지금까지와는 다른 여성 황제인 선덕여왕 자신을 뜻한 것으로, 여성이라는 자신의 정체성을 당당하게 내세운 것입니다. 어질고 화평함을 뜻하는 '인평'이라는 연호 역시 이전에 사용했던 건원이나 대창, 홍제, 건복 등의 연호들과 비교해볼 때 분명 여성스러운 것이었습니다.

선덕여왕은 여성이라는 자신의 정체성을 염두에 두고 '어질고 화평한 정치'를 표방했던 것으로 여겨집니다. '인평'이라는 연호는 '어질고 화평한 정치'를 하겠다는 선덕의 포부이기도 합니다.

결정적으로, 즉위 4년에 중국으로부터 아버지 진평왕이 받았던 '주국낙랑군공신라왕柱國樂浪郡公新羅王'이라는 책봉을 받습니다. 이것은 국제적으로도 왕으로서 인정받았다는 뜻입니다. 이것을 계기로 선덕여왕은 굉장히 자신감을 얻습니다. 이를 바탕으로 즉위 5년 이후 통치체제가 전환됩니다.

여근곡 사건에 담긴 선덕여왕의 마음

즉위 5년 이후가 선덕여왕 통치 2기에 해당한다고 볼 수 있습니다. 우선은 '수품'이라는 인물을 상대등으로 임명합니다. 상대등은 신라시대 최고의 직책으로 귀족의 대표이면서 왕과 굉장히 밀접한 관련이 있습니다. 수품은 선덕여왕 즉위 4년에 여왕을 대신하여 지방에 가서 민심을 위무하는 일을 맡기도 했습니다. 즉위 5년에 선덕여왕은 자신의 최측근인 수품을 상대등에 임명하고 실질적으로 국정을 운영해나갔던 것으로 보입니다.

선덕여왕이 자신감을 가지고 국정을 장악해나가는 것과 관련하여 여근곡 사건이라는 것이 있습니다. 어느 날 신하들이 선덕여왕에게 영묘사에 있는 옥문지라는 연못에 개구리가 모여서 운다고 이야기합니다. 그 말을 듣고 선덕여왕이 대뜸 "서쪽 변경에 여근곡이라는 계곡이 있을 것인데 그곳에 백제 군사가 숨어 있을 것이다."라고 하면서 알천과 필탄이라고 하는 장군에게 군사를 이끌고 가서 치고 올 것을 명령했습니다. 알천과 필탄이 가보니 과연 여근곡이라는 골짜기가 있었고, 우소라고 하는 백제 장군이 무장한 군사 500명을 이끌고 와서 매복해 있었습니다. 이들은 신라군의 갑작스러운 기습으로 전멸했습니다. 어떻게 알았느냐는 신하들의 물음에 선덕여왕은 "개구리는 성난 병사의 형세이고, 옥문은 여자의 생식기인데, 남자의 생식기가 여자의 생식기에 들어가면 죽는 것이 당연하므로 섬멸할 줄 알았다."라고 대답합니다.

이 에피소드의 이면을 살펴보면 단지 여왕이라는 이유로 남자라면 겪지 않아도 되었을 일을 겪었던 선덕여왕도 참 고단했겠구나 하는 생각이 듭니다. 저는 처음에 개구리가 우는 것을 왜 선덕여왕과 연관시켰을까 굉장히 궁금했습니다. 그런데 이 비슷한 설화가 고려시대에도 있습니다.

고려시대 초기 경주 사람들은 그때까지도 신라의 후손이란 의식이 강해서 고려에서 파견한 지방관을 받아들이지 않았습니다. 그래서 매번 지방관들이 쫓겨 가는데, 하루는 강감찬 장군이 지방관

> **영묘사**靈廟寺 : 635년(선덕여왕 4)에 창건된 사찰. 전불 7처 가람터 가운데 하나로 전해지며 사천미沙川尾에 있었다고 한다. 두두리라는 귀신이 하룻밤 사이에 연못을 메워 절을 창건하였다는 설화가 있다. 조선 중기 이후에 폐허로 변한 것으로 추정된다.

으로 왔습니다. 그러자 경주 사람들이 와서 "개구리가 울어서 도저히 잠을 잘 수가 없다. 이것을 해결해달라." 하고 이야기합니다. 강감찬은 "알겠다. 개구리는 미물이지만 내가 잘 말해서 하루 정도는 잠재워주겠다."고 대답하였습니다. 경주 사람들은 미심쩍어 하면서도 어떻게 하는지 두고 보겠다고 벼르면서 기다렸습니다. 그런데 그날 밤 진짜로 개구리가 울지 않았습니다. 그러자 사람들이 "고려에서 보낸 강감찬은 미물도 감복할 정도로 대단한 인물이구나."라고 감탄하면서 더 이상 반발하지 않았다고 합니다. 그런데 실상은 그날 강감찬이 냇물에 수면제를 풀었다고 합니다. 그것을 먹은 개구리가 잠에 취해 울 수 없었던 거죠.

이 이야기를 선덕여왕 이야기와 접합해보니, 선덕여왕의 개구리 이야기도 어쩌면 선덕여왕의 통치력을 시험하기 위한 것이 아니었을까 하는 생각이 들었습니다. 선덕여왕에게는 이미 군사가 와 있다는 정보가 있었을 겁니다. 정보가 있다는 것은 이미 준비가 되어 있다는 뜻입니다. 선덕여왕은 개구리 이야기를 통해 "내가 여왕이라고 나를 시험하는 거냐? 너희들이 남자라고 거들먹대지만 그래 봤자 여자의 생식기 안에 들어오면 다 죽는 존재가 아니냐?"고 말하고 싶었겠지요. 여왕이라는 이유만으로 자신을 시험하려 드는 남성 신하들의 기세를 눌러보고자 했던 것이 아닐까 생각합니다.

아무튼 여근곡 사건 이후로 선덕여왕은 완전히 정계를 장악한 것으로 보입니다. 그리고 이후 연호에서 표방했던 '어질고 화평'한 정치가 이루어지기도 합니다. 진평왕 때는 2년에 한 번 꼴로 싸움이 있었습니다. 그런데 여근곡 사건 이후 이상하게 백제로부터 공격이 잠잠합니다. 고구려도 선덕여왕 7년에 칠중성을 공격했다가 여근곡에서 활약했던 알천이 지휘하는 신라군에게 대패합니다. 이후 고구려도 더 이상 공격이 없고 조용합니다. 실상을 살펴보면 백제는 이름처럼 무공이 뛰어났던 무왕이 말년에 들어서면서 피로감이 왔던 탓인지 전쟁보다는 토목공사나 사찰 건립 등에 관심을 빼앗긴 상황이었습니다. 고구려는 내부 권력투쟁으로 전쟁을 할 수 있는 여력이 없었고요. 결과적으로 신라 백성들의 입장에서는 오랜만에 전쟁이 없는 진짜 어질고 평화로운 시대가 온 것이죠.

그 사이에 선덕여왕은 사찰을 건립하고 불교 행사를 하는 등 종교적인 정책에 집중합니다. 또한 당나라와 외교 관계를 꾸준히 유지하고, 당시 당나라의 국학이라는 기관에 신라의 귀족 자제를 입학시켜주기를 청하는 등 국제적인 교류에 힘씁니다.

황룡사 9층탑을 세우다

그러나 어질고 화평했던 시대는 선덕여왕 즉위 11년에 막을 내립니다. 당시 백제 사정이 변하거든요. 무왕이 죽고 나자 아들인 의자왕은 아버지와 같은 무공을 쌓고 싶었는지 즉위하자마자 신라를 공격합니다. 순식간에 신라 서쪽 변경 40여 성이 함락됩니다. 더욱 충격적인 것은 서쪽 전선의 중심 기지라고 할 수 있는 대야성이 함락된 일입니다. 선덕여왕 11년에 있었던 이 대야성 함락을 계기로 선덕여왕은 통치 3기를 맞이하게 됩니다.

대야성이 함락되었다는 것은 신라의 서쪽 전선이 위험해졌다는 뜻입니다. 더구나 대야성 함락 원인이 내분이었다는 점 때문에 지배층이 굉장히 충격을 받습니다. 당시 대야성 도독으로 파견된 이찬 김품석이 부하인 검일의 부인을 빼앗은 일이 있었는데, 이에 앙심을 품은 검일이 백제군과 내통하여 대야성 식량 창고에 불을 지른 것이 치명적이었습니다. 또한 백제군과 싸울 것인지를 두고 지도층 내부에서 우왕좌왕하다가 결국 대야성은 함락되고 맙니다.

이런 위기 상황을 타개하기 위해서 선덕여왕은 김춘추를 고구려에 보내 군사를 청합니다. 함락된 대야성의 책임자였던 김품석은 김춘추의 사위였는데, 김춘추의 딸도 당시 김품석과 함께 대야성에 있다가 죽음을 당했습니다. 김춘추가 고구려에 사신으로 갔던 데에는 이러한 개인사도 있었습니다. 그러나 당시 연개소문의 대외 강경책 때문에 고구려 청병은 좌절됩니다. 그 다음은 중국에 사신을 보내 군사를 청합니다. 그런데 당 태종은 뜻밖의 발언을 합니다. "너희 나라에는 여왕이 있어서 이웃 나라들이 업신여겨 이런 일이 생긴 것이다. 그러니 왕을 바꿔라. 우리나라 종실 남자를 보내주겠다." 매우 모욕적인 발언입니다. 이렇게 신라는 군사적인 위기에 국제적으로도 거의 고립된 상황이었죠.

그런데 선덕여왕은 이러한 위기 상황에서 오히려 국가적 비전을 제시합니다. 신라가 백제를 멸망시키고 통일해야겠다는 것을 언제부터 마음먹었을까요? 여러 의견이 있지만, 일반적으로 대야성 함락 이후에 통일에 대한 계획이 보다 구체화되었다고 봅니다.

대야성 함락으로 신라 왕실의 권위도, 신라인들의 자존심도 땅에 떨어졌습니다. 선덕여왕은 이런 상황을 타개하고자 중국에 유학하고 있던 '자장'에게 귀국을 요청하고 방안을 묻습니다. 자장이 제시한 해답은 '황룡사에 9층탑을 세울 것' 입니다. 그런데 짓고 싶어도 당시 신라에는 9층탑을 지을 만한 기술이 없었습니다. 이러한 상황에도 포기하지 않고 선덕여왕은 적국인 백제에 선물과 함께 사신을 보내어 기술자를 청합니다. 백제는 미륵사에 거대한 목탑과 석탑을 세운 경험이 있었습니다. 백제의 건축 기술은 국제적으로도 소문나 있어, 백제의 많은 장인들이 일본으로 건너가 기술을 전수하기도 하였습니다. 선덕여왕의 요청을 백제에서 받아들이면서 '아비지'라고 하는 장인이 신라로 옵니다. 황룡사 9층탑은 2년 만에 완성되었다고 합니다.

이 황룡사 9층탑을 세운 이론은 이렇습니다. 신라가 불국토의 중심이고, 신라를 다스리는 왕은 석가모니와 관련 있는 위대한 종족이라는 것입니다. 여왕이라 하더라도 석가와 인연을 가진 불국토를 다스리는 특별히 위대한 왕이라는 것이지요. 황룡사 9층탑은 그 상징이고요. 황룡사 9층탑은 오늘날로 환산하면 대략 80미터로, 30층 아파트 높이입니다. 초가집이 납작하게 엎드려 있었을 당시에 80미터 높이의 황룡사 탑이 있는 모습을 생각해보세요. 황룡

자장(590~658) : 신라시대의 승려. 신라 십성의 한 사람으로, 당나라에 건너가 계율종을 공부하고 우리나라에 전하였다. 통도사를 짓고 전국 각처에 10여 개의 사탑을 세웠다.

사 9층탑을 보면서 신라인들의 자긍심이 고취될 수밖에 없었을 것입니다.

자장은 9층탑을 세우면 아홉 나라가 복속할 것이라고 합니다. 구체적으로 아홉 나라가 열거되어 있습니다만, 아홉이라고 하는 숫자는 구체적인 아홉 나라를 넘어서 전 세계를 의미합니다. 황룡사 9층탑은 전 세계를 복속시키고 신라가 중심국으로 사방을 다스리겠다는 상징인 셈이죠. 신라가 세계를 제패하기 위해 복속시켜야 하는 대상에서 백제·고구려가 1·2순위를 차지했을 거고요. 선덕여왕은 위기 상황에 오히려 황룡사 9층탑을 세워 백제를 비롯한 주변국을 복속시켜 중심이 되겠다는 비전을 상징적으로 제시한 것입니다. 실제로 통일신라시대 기록을 보면 신라인들은 황룡사 9층탑 덕분에 통일이 이루어진 것으로 여겼던 것을 알 수 있습니다.

그런데 선덕여왕의 계획이 상징적인 것으로만 끝난 것은 아닙니다. 주변을 복속시키고 중심국이 되기 위해서는 무엇보다 군사적인 실력이 중요합니다. 선덕여왕은 군사적인 실력도 갖추도록 준비합니다. 대야성을 빼앗긴 뒤 그 전진기지를 '압량'이라고 하는 지금의 경산 지역으로 옮기고, 김유신을 책임자로 임명하여 군사력을 키우게 합니다. 이후 신라는 백제와의 전쟁에서 점차 일방적인 수세에서 벗어나게 됩니다. 그리고 이때 키운 군사력은 660년에 백제를 멸망시키는 데 결정적인 자산이 됩니다.

한편 신라 통일의 원동력 가운데 대표적으로 꼽는 것이 외교적인 성공입니다. 선덕여왕은 당 태종으로부터 모욕적인 말을 들었는데도 개인적인 감정에 치우쳐 외교 관계를 단절하지 않습니다.

오히려 예전에 못지않게 꾸준히 공을 들입니다. 원군 요청을 거절 당한 이듬해부터 계속 당나라에 조공을 하고 토산물을 바칩니다. 이러한 기반이 있었기 때문에 다음 왕인 진덕여왕 대에 드디어 신라는 당나라와 연합군을 형성하게 됩니다. 그러고는 다음 태종무열왕 대에 백제를, 문무왕 대에 고구려를 함락시키면서 명실공히 삼국을 통일하게 됩니다.

선덕여왕 통치의 특징

여기까지가 선덕여왕의 통치 과정입니다. 그렇다면 선덕여왕은 왕으로서 어떤 정치를 했을까요?

그 특징을 살펴보면 첫째, 즉위 초에 '을제'를 내세운 것처럼 분권정치가 나타납니다. 둘째, 인재 발탁입니다. 선덕여왕 대에는 외교에 '김춘추', 군사에 '김유신', 이론에 '자장' 등 각 분야에서 출중한 인물들이 활약상을 보이고 있습니다. 또한 선덕여왕 시대는 문화·종교적으로 굉장히 의미 있는 시대인데 이때 서예가이자 조각가로 유명한 승려 '양지'의 활약상이 보입니다.

선덕여왕 대는 정책적으로 보면 제도적인 개혁보다 종교·문화 정책에 치중되어 있습니다. 학계의 연구에 따르면 신라에서는 삼국 통일 이전에 절이 45개가 세워졌는데 그중 24개가 선덕여왕 때 만들어졌다고 합니다. 신라의 수도인 경주에 가보면 통일 이전의 유물과 유적이 대부분 선덕여왕과 관련되어 있습니다. 황룡사 9층

- **첨성대** - 국보 제31호. 현존하는 동양 최고의 천문대로 알려져 있으며, 선덕여왕 대에 세워졌다. 경주시 인왕동에 위치한다.

탑, 분황사 탑, 감곡불상, 삼화령 애기불상 등이 선덕여왕 대에 만들어진 것입니다. 동양에서 가장 오래된 천문대라는 첨성대도 선덕여왕 때 만들어졌지요. 차가 도입되어 재배된 것도 선덕여왕 대라고 기록되어 있습니다. 선덕여왕 시대는 종교·문화가 크게 번성한 시기라는 것을 알 수 있습니다.

  선덕여왕은 최고 통치자로서도 성공적인 왕이었습니다. 실제 선덕여왕의 즉위를 굉장히 못마땅하게 여겼던 김부식은 "규방에 있던 할망구가 뛰쳐나와서 정치를 했으니 망하지 않은 게 다행이다." 하고 말합니다. 그런데도 불구하고 통치에 대해서 비판적인 언급은 없습니다. 조선이나 고려 사학자들이 평가할 때도 여자가 왕이 됐다는 것에 못마땅해할 뿐, 선덕여왕이 정치를 잘못했다는 이야기는 없습니다. 자칫 분란을 일으킬 수 있었던 상황에서 선덕여왕이 굉장히 인정적으로 정국을 이끌어갔다는 것은 왕으로서 성공적이었다는 의미로 볼 수 있습니다.

선덕여왕의 현재적 의미

그러면 오늘날처럼 여성의 공적 활동이 활발해진 사회에서, 선덕여왕은 어떤 의미가 있을까요?

앞에서 다루었듯이 선덕여왕은 단지 여성이 왕이 되었다는 측면뿐 아니라, 통치자로서도 성공을 거둔 사례입니다. 그러므로 첫째, 선덕여왕은 여성이 공적 활동을 성공적으로 마무리했다는 데 의미가 있습니다.

둘째, 선덕여왕은 여성이라는 자신의 성 정체성을 떳떳하게 드러내고 활용합니다. '향기로운 황제'의 사찰인 분황사를 짓고, 연호도 '인평'이라고 하지요. 여성성 자체를 긍정적으로 활용해 성공적으로 사회 활동을 해낸 것이 선덕여왕의 매력이 아닌가 싶습니다.

셋째, 화합과 문화적 가치를 중시합니다. 오늘날의 정치는 독재보다는 화합을 더 강조합니다. 통치자로서 선덕여왕도 화합을 굉장히 중시했다는 점에서 의미가 있습니다. 무력보다는 문화가 가치 있는 오늘날, 문화적 가치를 실현했던 왕으로 선덕여왕은 주목할 만합니다.

넷째, 통일의 비전을 제시합니다. 우리나라는 통일이라고 하는 역사적 과제가 있습니다. 선덕여왕은 어려운 위기 상황에서 통일이라는 비전을 제시했습니다. 고구려나 백제에 비해 약했던 신라가 통일을 이룩한 배경에는 선덕여왕이 내세웠던 화합, 단결이라는 가치가 있었습니다. 그래서 통일이라고 하는 역사적 과제가 남아 있는 오늘날 상황에서 선덕여왕의 정치가 주는 메시지는 더욱 의미를 지니는 것입니다.

마지막으로, 내정적으로는 소외 계층, 지방 세력 등을 포용합니다. 그리고 독재가 아닌 분권 정치를 지향했습니다. 이런 면에서도 선덕여왕은 오늘날 우리에게 여러 가지 생각할 거리를 던져주고 있습니다. 선덕여왕의 비전과 리더십은 오늘날에도 여전히 의미 있다고 할 수 있습니다.

| 역사 토크  |

선덕여왕

역사 속 미실의 의미는?

| 남경태 |

선덕여왕은 역사적으로 잘 알려진 인물입니다만, 드라마로도 만들어져 큰 인기를 끌었습니다. 드라마에 나온 미실이란 인물은 실존하는 인물이었습니까?

| 김선주 |

정사로 인정하고 있는 《삼국사기》와 《삼국유사》에는 등장하지 않고 《화랑세기》에는 등장합니다. 그런데 《화랑세기》는 진본이냐, 위본이냐 하는 논란이 아직 있습니다. 그렇지만 저는 미실이 역사적 인물이냐가 선덕여왕을 이해하는 데 중요하다고 생각하지 않습니다. 드라마 속에서 선덕여왕과 대립하는 미실이 너무 강조되다 보니까, 오히려 선덕여왕의 즉위에 결정적인 역할을 한 인물이 허수아비처럼 그려져 있다는 것에 불만이 큽니다. 저는 선덕여왕과 관련하여 무엇보다 주목할 것은 아버지 진평왕이라고 생각합니다. 진평왕이 실제 선덕여왕을 만든 퀸 메이커였다고 봅니다.

만약에 진평왕이 사위 김용춘을 후계자로 선택했다면?

| 남경태 |

진평왕이 퀸 메이커라고 말씀해주셨는데요, 진평왕에게는 용춘이라는 사위가 있었습니다. 김용춘은 뛰어난 장수였고, 자기 아들인 김춘추를 결국 왕으로 만들지요. 만약에 진평왕이 용춘을 왕위에 앉혔더라면 신라는 어떻게 됐을까요?

| 김선주 |

진평왕도 처음에 김용춘을 후계자로 생각하지 않았던 건 아니었을 겁니다. 사위는 분명히 왕위 계승 자격이 있거든요. 그런데 용춘에게는 문제가 있습니다. 용춘의 아버지가 바로 폐위된 진지왕입니다.

| 남경태 |

진평왕은 진지왕과 다투었지요.

| 김선주 |

네. 진흥왕에게는 동륜이라는 태자가 있었는데, 진흥왕보다 먼저 죽어요. 그래서 다음 왕이 누가 될지를 놓고 각축전이 벌어집니다. 하나는, 동륜의 아들입니다. 후에 진평왕이 되지만 당시는 나이가 조금 어렸지요. 그리고 진흥왕의 다른 아들, 그러니까 동륜의 동생인 사륜도 있었고요. 결국 사륜이 왕위에 올라 진지왕이 됩니다. 그런데 즉위한 지 4년 만에 국인에 의해서 폐위됩니다. 정치를 잘하지 못하고 문란하다는 이유였습니다.

그러고 나서 왕위에 오르는 사람이 진평왕입니다. 그렇다면, 진평왕 정권의 기반이 되는 것이 폐위 주도 세력이겠죠. 그런 상황에서 용춘이 왕이 될 명분을 얻기도 어려웠고, 합의가 도출되기도 어려웠던 것 같습니다. 자칫 용춘이 왕이 됐다면 내분이 생겼을 가능성이 있습니다. 그러다가 진평왕은 일본에서 여왕이 즉위한 사례 등을 참작하면서 후계자로 딸을 염두에 두게 되었던 것이 아닐까 생각합니다.

| 남경태 |

신채호 선생은 백제의 무왕도 진평왕의 사위였다고 주장하지 않습니까? 만약에 그랬다면 두 명의 사위인 백제 무왕과 용춘이 권력 다툼을 했을지도 모릅니다. 그 권력 다툼을 막고 백제의 왕계로 넘어가는 것을 막기 위해서 할 수 없이 딸을 왕위에 앉혔다고 주장하거든요.

| 김선주 |

그 이야기가 나오게 된 것은 미륵사 건립과 관련된 연기 설화 때문입니다. 〈서동요〉 설화는 소문난 미모로 백제로 가서 훗날 무왕비가 되었다는 여주인공 선화공주를 진평왕의 셋째 딸이라고 합니다. 이 선화공주의 발원에 의해 미륵사가 건립되었다는 것입니다. 그런데 백제 무왕 대는 신라와 가장 치열한 싸움을 벌이던 시기였습니다. 그러므로 무왕의 비가 신라 공주라는 것에 대해서는 부정적인 견해가 많았습니다. 그러다가 2009년, 미륵사지 석탑을 보수하던 중에 사찰 조성 내력을 기록한 사리봉안기가 발견되었습니다. 이 사리봉안기에도 미륵사를 건립하는 데 무왕비가 중요한 역할을 한 것으로 기록되어 있었습니다. 그런데 사리봉안기에는 무왕비가 백제 사택적덕의 딸, 즉 백제인이었던 것으로 나옵니다.

| 남경태 |

신라의 공주는 아니었군요.

| 김선주 |

네. 그런데 어쨌든 〈서동요〉가 실린 《삼국유사》에는 미륵사 건립에 중요한 역할을 했던 인물을 진평왕의 셋째 딸로 표현했습니다. 사료상에 진평왕의 딸로 표현되는 인물은 세 명인데 이 딸들이 모두 뚜렷한 개성을 가지고 있습니다. 설화상의 인물이지만 선화공주를 포함해서 저는 진평왕의 딸들을 신라의 진, 선, 미라고 이름 붙이고 싶습니다. 첫째 딸로 왕이 된 덕만은 똑똑하니까 '진'입니다. 셋

째 선화공주는 워낙 예쁘다고 하니까 '미'고요. 둘째 천명공주는 왕족에게 시집가서 아들을 낳고 보편적인 삶을 살았습니다. 그렇다면 아마 '선'에 해당되지 않을까 싶습니다.

만약에 황룡사 9층탑이 완공되지 않았다면?

남경태

선덕여왕은 여성으로서 왕위에 오르고 남성 못지않은 충분한 능력을 발휘했지만 굳이 남성을 대신하려는 군주가 아니었고, 여성으로서의 특질을 충분히 활용했다고 앞서 말씀하셨습니다. 다시 말해 영국 여왕 엘리자베스처럼 여성 군주라는 것을 이용해서 나라의 발전에 도움이 되게끔 했지요. 그런데 여성 군주가 아니었다면 과연 황룡사 9층탑을 지었을까요?

김선주

지금은 빈터로 남아 있는 황룡사 터에 가면 갖가지 생각이 듭니다. 대야성이 함락되면서 신라가 국가의 위신도 왕권도 땅에 떨어진 상황에서 그것을 타개하기 위해서 자장이 9층탑을 세우라고 건의합니다. 그래서 선덕여왕은 자신들이 세계의 중심이라는 상징물로서, 그리고 주변의 나라를 제패하겠다는 의미로 9층탑을 세웁니다.

그런데 이 탑이 세워지지 못했을 수도 있었습니다. 우선 신라에는 자장이 건의한 탑을 만들 만한 기술이 없었습니다. 그래서 백제에 기술자를 요청합니다. 그런데 당시 신라와 백제가 싸우고 있었고, 탑을 세우려고 한 계기도 백제의 침공으로 곤경에 처하게 되면서 이를 타개하기 위해서였습니다. 그런데도 백제로 기술자를 요청했고, 또 백제에서는 이를 받아들여 기술자를 보냅니다. 저는 이 대목을 읽을 때마다 백제의 의자왕이 무슨 마음으로 기술자를 보냈을까 굉장히 궁금했습니다.

| 남경태 |

의자왕의 다른 의도가 있었을까요?

| 김선주 |

사료에 따르면 백제에서 아비지라는 기술자가 왔고 2년이 걸려 황룡사 9층탑을 완공하게 됩니다. 그런데 사료에는 마지막 단계에서 아비지가 고민을 하는 것으로 나옵니다. 이것을 완성시키느냐, 마느냐…….

| 남경태 |

백제인으로서 고민하는 겁니까?

| 김선주 |

네. 이야기에는 아비지가 탑을 완성시키면 백제가 망하는 꿈을 꾸는 것으로 나옵니다. 그래서 백제인으로서 탑을 완공시켜야 되는지 고민하고 공사를 중단합니다. 그런데 그때 노승과 장정이 와서

탑을 세우고 가더래요. 그래서 아비지는 체념하고 탑을 세웠다고 합니다.

  처음에 저는 이것이 애국과 예술 사이에서의 갈등이라고 생각했습니다. 그런데 더 생각하다 보니 의자왕이 가서 탑을 짓다가 완공을 하지 말라는 밀명을 내리지는 않았을까 하는 생각이 들었습니다. 만약에 황룡사 9층탑이 완공되지 않았다면 그 후유증은 대단했을 겁니다. 탑을 짓다가 만 상황을 상상해보십시오. 신라인들은 기술이 없어서 탑 하나도 완공을 시키지 못한 게 되지요. 또 토목공사는 원래 재정적인 부담이 막대한 것입니다. 그러므로 토목공사로 인해 나라가 멸망한 사례가 많습니다. 황룡사를 완성하지 못했다면 가뜩이나 군사적으로 위축당한 상황에서 왕으로서의 위엄이 돌이킬 수 없을 정도로 추락했을 것입니다.

| 남경태 |

의자왕의 계략으로 볼 수 있다는 이야기지요?

| 김선주 |

상상을 해보는 거지요. 아무튼 아비지가 완공을 앞두고 고민을 했던 것은 기록에 있으니까요. 당시 백제는 내분이 굉장히 많아요. 그런데 신라는 당 태종이 선덕여왕이 여왕이니까 문제가 있다며 왕을 바꾸라고 하는데도 내분으로까지 번지지는 않거든요. 나라 사람들이 잘 단합되어 있었던 것 같아요. 어쨌든 아비지는 운명으로 체념했던 것 같습니다. 혹은 노승과 장정이 와서 탑을 만들었다

고 하는 것을 보면 그 사이 신라에서 아버지의 힘을 빌리지 않아도 될 정도로 기술을 습득했던 게 아닐까 생각해볼 수 있습니다.

9층탑은 결국 완공이 됩니다. 9층탑은 신라인들한테 굉장한 자긍심을 주었습니다. 신라 경문왕 대 이 탑을 고치면서 기록을 남기는데, '이 탑을 건립해서 삼한이 통합됐다. 그리고 우리가 이렇게 편안하게 있는 것은 다 이 탑 덕분이다.' 라고 합니다. 신라인들은 이 탑 때문에 통일을 했다고 생각했던 것입니다. 신라인들은 이 탑이 있는 한 자신들이 세계의 중심이라고 생각했습니다. 이 탑은 절대 다른 나라에 주권을 빼앗길 수 없다는 신라인들의 의지의 상징이었습니다.

황룡사 9층탑은 고려시대까지도 전해집니다. 고려시대 김극기라고 하는 사람은 황룡사 9층탑에 오르고 나서 다음과 같은 시를 남깁니다.

> 층계로 된 사다리는 빙빙 둘러 허공에 나는 듯
> 일만 물과 일천 산이 한 눈에 트이네.
> 몸은 옛날 노오盧敖가 신선을 따라 오르내린 밖에 나왔고,
> 눈은 수해豎亥가 오가던 가운데를 삼키네.
> 성사星槎의 그림자는 처마 앞 비에 떨어지고,
> 달 속의 계수나무 향기는 난간 밑 바람에 나부끼네.
> 굽어보니, 동도東都의 아주 많은 집들이,
> 벌집과 개미집처럼 아득히 보이네.
>
> * 한국고전번역원

《신증동국여지승람》에 실려 있는 이 시는 황룡사 9층탑의 위용이 어떠했는지를 상상하게 해줍니다. 그런데 고려 후기에 몽골이 쳐들어와서 이 탑을 불태워버립니다. 몽골은 중앙아시아와 서남아시아를 장악하고 남부 러시아를 석권하면서 오스트리아의 빈 바로 직전까지 진격했던 나라입니다. 그런데 북경에서 얼마 떨어져 있지 않은 고려는 끝까지 항전을 합니다. 이 이면에는 우리는 세계의 중심이고 이렇게 침략될 수 없다는 자존심 같은 게 있지 않았을까요?

그런 의미를 알았는지 몽골은 황룡사를 불질러버립니다. 그와 함께 탑도 소실되고, 얼마 안 있어서 고려와 몽골은 결국 강화를 하죠. 그러면서 임금들도 이름에 '충' 자를 붙이는 시대가 됩니다. 저는 국가의 흥망에는 무력보다 더 중요한 힘이 있다는 것을 이 황룡사 9층탑이 보여주지 않나 싶습니다.

| 남경태 |

그런 상징은 국민들의 결집된 힘을 보장해주는 것 아니겠습니까?

| 김선주 |

실제 무력은 삼국 중에 신라가 가장 약했습니다. 그렇지만 삼국을 통일한 것은 신라였습니다. 뿐만 아니라 통일 전쟁에 연합군을 형성했던 당나라가 마지막에는 신라를 차지하려 할 때 신라인들은 일치단결하여 결국 당나라를 몰아냅니다. 나당연합군의 대총관이었던 소정방 장군이 귀국하자 당나라 황제는 "왜 신라는 그대로 두었느냐?"고 합니다. 그때 소정방은 "신라는 작은 나라인데 특이

합니다. 왕은 왕답고, 어버이처럼 아랫사람들을 잘 다스리고, 신하는 신하답게 분수를 지키고, 아랫사람은 윗사람들 말을 잘 듣습니다." 하고 말합니다. 이는 신라인들이 내분 없이 화합하고 있는 모습을 보여줍니다.

   신라에서는 지배층들이 책임 의식을 가지고 있었습니다. 백제와의 싸움에서도 전세를 역전시키기 위해 희생물이 필요했을 때 본보기가 되었던 것은 좌우장군의 아들들이었습니다. 김유신은 나당전쟁이 일어나자 어린 아들을 전쟁터에 보내고, 이후 패했는데도 살아 돌아왔다 하여 아들을 죽여달라고 왕에게 청합니다. 책임자가 아닌 위치에서 벌이 과하다고 여긴 임금이 자신의 요청을 받아들이지 않자 김유신은 죽을 때까지 아들 얼굴을 보지 않습니다. 결국 신라는 나당전쟁에서 당을 물리칩니다. 이때 김유신의 아들도 참가하여 전날의 치욕을 만회합니다.

   신라가 삼국을 통일하고 당나라를 물리칠 수 있었던 것은 이와 같이 국민 모두가 하나가 되어 단결하는 힘이 있었기 때문이 아닐까 싶습니다. 황룡사 9층탑은 이러한 신라인들의 정신과 자존심을 나타내는 상징물입니다.

선덕여왕에게 배우는 지도자의 자격은?

| 남경태 |
지금까지 선덕여왕에 대해 알아보았는데요, 우리가 선덕여왕으로

부터 배울 수 있는 지도자의 자격, 혹은 대통령의 자격은 무엇이 있을까요?

| 김선주 |

저는 화합이 아닐까 합니다. 선덕여왕은 즉위 3년에 연호를 인평으로 바꿉니다. '어질고 화평'을 의미하는 '인평'이라는 이 연호는 선덕여왕이 추구한 정치적 이상이라고 할 수 있습니다. 선덕여왕의 아버지인 진평왕은 전왕인 진지왕을 폐위시키고 즉위합니다. 그 과정에서 자연히 정치적으로 대립하고 소외되는 세력이 있을 수밖에 없습니다. 이러한 상황에서 선덕여왕은 화합을 내세웁니다. 선덕여왕 대에 진지왕의 아들인 용춘이나 손자인 김춘추의 활약상이 두드러지고, 가야계 후손인 김유신의 활약이 돋보이게 나타납니다. 또한 대야성 함락 당시 끝까지 싸우다 전사한 '죽죽'과 같이 신라 조정을 위해 충성을 바치는 지방인들의 모습이 보이기도 합니다. 이것은 선덕여왕이 추구했던 '어질고 화평'한 정치가 어느 정도 성공을 거두었기 때문이 아닐까 합니다. 삼국통일의 힘이 되었던 신라의 단합된 모습은 바로 선덕여왕 대 이러한 정치의 영향이라고 봅니다.

| 남경태 |

고구려, 백제에서도 시도되지 않은 9층탑을 세운 것을 보면 신라가 그만큼 조직력을 갖추었던 나라라는 생각이 드는군요. 황룡사 9층탑이 지금까지 있었더라면 동양 최대의 목탑이 되었을 겁니다.

지금 일본의 호류샤 목탑이 동양에서 가장 높은 목탑인데 35미터 밖에 안 된다고 해요. 우리는 참 아까운 문화재를 잃은 겁니다.

역사를 이끌고 가는 것은 역시 인물입니다. 이로운 길로 이끈 인물이건, 나쁜 길로 이끈 인물이건 역사에서 인물이란 빼놓을 수 없는 존재임에 분명합니다. 한 인물로 인해 역사의 흐름이 바뀌는 경우도 많고, 또 시대를 마감하는 경우도 많지요.

선덕여왕이 통일신라의 주춧돌이 된 것은 화합을 내세우고 통일을 준비했던 정치가로서 소외 계층과 지방 세력을 포용했던, 분권정치를 할 줄 알았던 통치자로서의 덕목이 있었기 때문이 아닐까 하는 생각이 듭니다. 선덕여왕의 현재적 의미, 황룡사 9층탑과 더불어 다시 한 번 새겨봅니다.

| 연보 |

632년(선덕여왕 원년) 아버지 진평왕의 뒤를 이어 신라 제27대 왕으로 즉위

633년(선덕여왕 2) 신궁에 제사를 지내고 크게 사면함

634년(선덕여왕 3) 인평仁平으로 연호를 바꿈
분황사 완공

635년(선덕여왕 4) 용수와 수품을 지방 각지로 보내어 민심을 위로하게 함

636년(선덕여왕 5) 당나라로부터 주국낙랑군공신라왕柱國樂浪郡公新羅王에 책봉
영묘사 완공
개구리 울음소리를 듣고 백제 군사의 침입을 예언하여 매복한 백제군을 섬멸

638년(선덕여왕 7) 북쪽 변경 칠중성을 침공한 고구려와 싸워서 이김

639년(선덕여왕 8) 하슬라주를 북소경으로 삼음

640년(선덕여왕 9) 신라의 귀족 자제들을 당나라에 보내어 국학에 입학하게 함

642년(선덕여왕 11) 백제에 서쪽 40여 성을 빼앗기고 대야성이 함락되는 위기를 겪음
김춘추를 고구려에 보내 원군을 요청

643년(선덕여왕 12) 당나라에 원군을 요청

645년(선덕여왕 14) 자장의 건의로 황룡사 9층탑 창건

647년(선덕여왕 16) 세상을 떠남
생전에 선덕여왕이 지정해두었던 도리천이라고 하는 낭산에 장사를 지냄

2부

―

고려를 세운 개방과
포용의 리더십

―

왕건

이익주

서울시립대학교 국사학과 교수이다. 한국중세사, 국제관계사를 전공하였다. 13~14세기 고려-몽골 관계와 조선 건국에 이르는 고려 후기 정치사를 주로 연구하며, 인문학으로서의 역사학, 인문학의 사회적 역할에도 관심이 있다. 저서로는 《이색의 삶과 생각》, 《정치가 정도전의 재조명》(공저), 《전쟁과 동북아의 국제질서》(공저), 《동아시아 국제질서 속의 한중관계사》(공저) 외 다수가 있다.

> 우리의 긴 역사 속에 태조는 단 두 명입니다. 고려 태조 왕건과 조선 태조 이성계죠. 그만큼 우리 역사 속에서 국가를 건설한다는 것이 아주 드문 일이고, 드문 만큼 중요합니다. 신라 말 후삼국을 수습하여 새로운 국가를 건설했고, 475년 동안 유지되는 국가의 기틀을 마련했던 태조 왕건. 시대를 읽어내는 통찰력으로 난세를 평정한 영웅이자 후삼국을 통일한 통합군주, 태조 왕건을 만나봅니다.
>
> —남경태

태조 왕건이 등장한 시대적 배경은

후삼국을 통일하고 고려를 건국한 태조 왕건. 왕건은 어떻게 한 나라를 세울 수 있었을까요?

우선 태조 왕건이 등장한 시대적 배경부터 알아보겠습니다. 신라는 삼국을 통일한 이후 100년 동안 평화를 누립니다. 통일신라의 전성기라 할 수 있지요. 그러다가 후기에 혼란이 시작됩니다. 먼저 진골 귀족들 사이에서 왕위를 둘러싼 싸움이 일어납니다. 그리고 농민들의 반란이 시작됩니다. 《삼국사기》에서는 진성여왕이 정치를 잘못해서 각지에서 도적이 일어났다고 기록했습니다만, 사실 진성여왕은 나쁜 왕이라기보다는 운이 없는 왕이었습니다. 왕으로서 어떻게 할 수 없는 사회적 혼란을 혼자 책임져야 했고, 여왕이기 때문에 더 억울하게 평가받은 면이 있습니다. 신라 후기의 사회적 혼란은 사실 정치적인 문제, 왕위를 둘러싼 내분에서부터 비롯되는 측면이 큽니다.

신라에는 '골품제도'라는 것이 있어서 가장 상위 신분인 진골만이 왕이 될 수 있었습니다. 삼국을 통일한 이후 200년이 지나면서 점차 진골 귀족 내부의 분열이 생기고, 진골 귀족들끼리 서로 왕위를 둘러싸고 싸움을 벌이게 되는데, 이는 155년 동안 왕좌에 오른 이가 20명이나 되었던 사실에서도 잘 드러납니다. 우리가 잘 아는 장보고도 왕위 쟁탈전 와중에 죽음을 당했지요.

신라 후기의 첫 번째 혼란은 왕위를 둘러싼 진골 귀족 내부의 분열입니다. 중앙 정계에서 귀족들이 싸움을 벌이니 지방 사회에 대한 통제력이 약화될 수밖에 없었습니다.

국가가 지방 사회를 안정시키지 못했을 때 나타나는 첫 번째 현상은 권력자들이 개인적으로 자기 이익을 취하는 것입니다. 귀족

진성여왕(?~897) : 신라 제51대 왕(재위 887~897). 신라의 세 번째 여왕. 재위 기간 중에 전국에서 민란이 일어나 나라가 혼란에 빠졌으며, 재위 기간에 견훤이 후백제를 건국하였다.

장보고(?~841) : 통일신라시대의 지방 세력가. 본래 이름은 궁복. 젊은 시절 당나라에 가서 활동했으며, 신라에 귀국해서는 완도에 청해진을 세우고 동중국해 일대의 해상권을 장악하였다. 강력한 지방 세력으로서 중앙의 왕위 쟁탈전에 참여하여 신무왕을 세우는 데 성공했으나, 신무왕이 죽은 뒤 암살당했다.

이 자기의 지위와 권력을 이용해서 농민들을 수탈하고, 살기 어려워진 농민들은 귀족과 국가를 상대로 싸움을 벌이게 되는 것이죠. 이것이 바로 신라 후기 사회 혼란의 원인입니다.

이렇게 중앙에서는 권력 쟁탈전, 지방에서는 농민들의 반란이 일어나고 있을 때 이 혼란을 수습할 새로운 인물들이 등장합니다. 바로 지방의 실력자들, 호족입니다. 신라 말부터 고려 건국에 이르는 동안에 역사적으로 가장 중요한 사건이 무엇이었을까요? 저는 '지방의 대두'라고 대답하겠습니다.

지금은 서울 사람, 지방 사람이 아무런 차별 없이 함께 어울려 살지만, 삼국시대에는 지방 사람들이 정치에 참여할 수 있는 길이 막혀 있었습니다. 여러분이 알고 있는 고구려, 백제, 신라 사람들은 전부 서울 사람들이에요. 신라에서 유명한 사람들은 전부 경주 사람들이죠. 이런 사회에서 지방의 실력자들이 성장하고 정치적으로 중요한 역할을 하면서 지방 사회가 성장해나갑니다. 이런 변화의 기회는 역설적으로 지방 사회의 혼란으로부터 만들어졌습니다.

> 호족 : 신라 말, 고려 초의 사회변동을 주도적으로 이끌어간 지방의 토착세력. 통일신라 때 지방의 유력자이던 촌주들이 신라 말의 혼란 속에서 세력을 키워 정치적으로 자립했다. 이들은 스스로를 성주 또는 장군이라 부르며 독자적인 관부를 만들어 지방민들을 직접 통치했다. 시간이 지나면서 호족들끼리 경쟁과 통합의 과정을 거쳐 후삼국을 형성하였으며, 고려의 후삼국 통일 이후에는 중앙의 귀족으로 진출하거나 지방에 남아 향리가 되었다. 이들의 등장으로 골품제가 해체되고 새로운 사회가 열렸다는 점에 역사적인 의미가 있다.

각지에서 도적들이 일어나면 지방민들은 어떻게 하겠습니까? 어떻게 하면 도적들을 막을까 고민하지요. 향촌 자위, 즉 향촌을 지키기 위해서 지방의 유력자를 중심으로 서로 힘을 모읍니다. 또 도적들은 단순히 노략질만 한 게 아니고 지방을 점령하고 그 지방을 직접 통치하려고 했습니다. 그러다 보니 도적이었던 사람이 지방의 실력자로 등장하기도 했습니다. 그리고 장보고처럼 무역을 통해서 막대한 부를 축적하는 사람들도 나타납니다. 이 사람들 가운데 경제적 기반, 부를 바탕으로 지방 사회를 장악해나가는 사람도 생깁니다. 이처럼 지방 사회에서 여러 가지 방법으로 실력자들이 등장했던 것이죠. 시간이 지나면서 이들은 자기들끼리 서로 경쟁했습니다. 그래서 힘이 약한 사람들은 힘이 강한 세력가 아래로 들어가게 되고, 이렇게 해서 세력을 키우는 사람들이 생겼습니다.

후삼국에 나타난 새로운 가능성들

지방 세력을 통합해가면서 '이제는 내가 왕이라고 불려도 손색이 없겠구나!' 하고 생각한 사람이 두 명 등장합니다. 바로 견훤과 궁예입니다. 옛 백제 땅에서 세력을 키운 견훤은 후백제, 옛 고구려 땅에서 세력을 키운 궁예는 후고구려라는 이름으로 신라와 함께 후삼국시대를 연출합니다.

여기서 한 가지 생각해볼 것이 있습니다. 고구려, 백제, 신라는 서로 국경선을 맞댄 나라였습니다. 하지만 후고구려, 후백제, 신라는 국경선으로 나뉜 것이 아니라 일종의 세력권을 나타내는 것입니다. 그러니까 전국 모든 지방의 호족들이 신라, 후고구려, 후백제 중 하나에 포함된 것이 아니고, 아무 데도 포함되지 않고 독립한 사람들도 있고, 눈치를 봐가며 오늘은 여기, 내일은 저기에 붙는 사람들도 있습니다. 그러므로 당연히 국경선을 맞대고 있는 것보다 불안정하고 변동의 가능성도 큽니다. 따라서 난세에 무언가를 하려는 사람들에게는 더 큰 기회가 됐을 겁니다.

이런 혼란기에 우리는 세 사람의 주인공, 세 사람의 영웅을 만나게 됩니다. 왕건, 궁예, 견훤입니다. 사회가 혼란해지고 세 사람의 영웅이 출현했을 때 우리나라에는 이 혼란을 극복할 수 있는 새로운 가능성들이 나타나고 있었습니다.

첫째, 당나라에 유학 갔던 유학생들이 돌아옵니다. 황소의 난 등이 일어나 당나라는 혼란스러운 상황이었고, 당나라에 유학하거나

견훤(867~936) : 후백제를 세운 사람(재위 892~935). 신라의 군인으로 서남해안의 도적을 방어하기 위해 파견되었다가 자기 군대를 이끌고 자립하였다. 892년 완산주(지금의 전주)에서 후백제를 건국하였으며, 궁예·왕건과 경쟁하였다. 935년 아들 신검에 의해 왕위에서 쫓겨났다가 왕건에게 투항하였다.

궁예(?~918) : 후고구려를 세운 사람(재위 901~918). 신라의 왕자라고 알려져 있으나 확실하지는 않다. 어려서 승려가 되었고, 환속하여 기훤·양길 등 도적 집단에 속하여 활동하였다. 세력을 키워 901년 송악(지금의 개성)에서 후고구려를 건국하였다. 후삼국 가운데 가장 강성하였으나 부하들에 의해 죽음을 당하였다.

관직 생활을 하던 사람들이 귀국하게 됩니다. 그런데 돌아온 이들은 당나라를 기준으로 신라를 평가합니다. 이 사람들의 눈에 비친 신라는 매우 폐쇄적이고 후진적이었습니다. 그 대표적인 이유를 골품제도의 폐쇄성에서 찾습니다. 따라서 이 사람들은 신라를 개혁해야 한다고 주장합니다만, 받아들여지지 않습니다. 그래서 최치원 같은 사람들이 관직을 버리고 낙향하는 일이 벌어지는 거죠.

둘째, 선종 불교가 들어옵니다. 선종 불교는 불교 교리의 발전에서 대단히 중요한 의미가 있습니다. 이전의 교종 불교가 불교 교리를 이해하기 위해서 노력하는 것이었다면, 선종 불교는 그러한 이해를 바탕으로 직접 깨달아서 부처가 되겠다고 생각하는 불교입니다.

당시 중국에서 선종 불교가 유행했고 중국에 유학 갔던 승려들이 선종 불교를 공부하고 돌아옵니다. 그러나 신라 왕실과 결탁되어 있던 교종 불교의 벽을 넘지 못하고 선종 불교는 서울(경주)이 아

황소의 난 : 중국 당나라 말기에 일어난 농민 반란. 875년 소금 밀매업자이던 황소가 일으킨 것으로, 당나라의 수도 장안을 점령하였다. 5년 만에 진압되었지만, 당나라가 멸망하는 결정적인 계기가 되었다.

최치원(857~?) : 신라 말의 학자, 문장가. 12세에 당나라에 유학하였고, 18세에 당나라의 과거에 급제하여 관리가 되었다. 마침 황소의 난이 일어나자 격문을 써서 이름을 날렸다. 신라로 돌아와 왕에게 개혁을 건의하였으나 받아들여지지 않자 관직을 버리고 은둔하였다.

니라 지방 사회를 중심으로 성장하게 됩니다. 지방 사회에서 그들은 당연히 지방의 실력자였던 호족들과 손을 잡습니다. 서울에서 내려간 유학자들도 호족과 손을 잡았고 선종 불교의 승려인 선승들도 호족과 손을 잡았던 것이지요. 이제 호족들은 단순히 세력만 있는 것이 아니라 유학자와 선승을 주변에 두면서 훨씬 더 세련된 정치 감각을 익혀나가게 됩니다.

셋째, 풍수지리가 중요한 역할을 합니다. 요즘 풍수지리는 묫자리를 잡는 것 정도로 인식되지만 이것은 조선시대의 생각입니다. 고려시대까지는 도시의 입지를 선정하고 개발할 때 반드시 풍수지리를 고려합니다. 말하자면 요즘의 지리학과 같은 것이라고 할 수 있겠지요. 호족들이 지방에 도시를 건설할 때 풍수지리가 이론적 근거가 됐던 것입니다.

유교, 선종 불교, 풍수지리. 이 세 가지가 한꺼번에 우리나라에 들어와 호족들이 무언가 할 수 있는 이론적인 근거를 제공한 것이죠.

혼란과 가능성이 공존한 사회, 이런 사회에 영웅이 세 명이나 등장했다는 것은 당시 우리 역사의 역동성을 보여주는 좋은 사례가 될 것입니다.

왕건의 신분적 배경

이제 왕건 이야기를 해보죠. 개성에서 태어난 왕건은 주로 해상 활동, 요즘으로 말하면 무역을 통해 부자가 된 호족입니다. 세 사람 가운데 견훤과 궁예는 이 점에서 다릅니다.

궁예는 신라 왕실의 버려진 왕자입니다. 견훤은 신라의 군인 출신입니다. 둘 다 호족이 아니지요. 궁예는 왕실에서 버려진 다음에 도적이 되었다가 그 도적 집단을 접수해서 그 세력을 바탕으로 국가를 건설한 사람입니다. 견훤은 도적을 막기 위해 지방에 파견됐으나 오히려 도적들과 손을 잡고 세력을 키웁니다. 둘 다 새롭게 등장하고 있었던 호족들과는 거리가 먼 사람들입니다. 이 점이 왕건, 견훤, 궁예, 세 사람 가운데 왜 왕건이 승자가 되었는지를 풀 수 있는 실마리가 될 것입니다.

고려 때 김관의가 쓴 《편년통록》이라는 책에 왕건의 조상들에 대한 이야기가 있습니다. 이 책은 왕건의 6대조부터 계보를 정리해놓고 있는데, 재미있게도 계보가 갑자기 딸로 이어지고, 그 딸이 마침 신라에 왔던 당나라 숙종 황제와 혼인해서 왕건의 할아버지가 태어납니다. 그렇다면 '왕' 씨가 아니라 당나라 황실 성인 '이' 씨를 따라야 할 것 아닙니까? 이것은 뒤에 꾸며진 이야기라는 뜻이죠. 이는 뒷날 중국에서도 문제가 됩니다. 당나라 숙종 황제는 고려에 간 적이 없는데, 왜 고려 왕실에서는 숙종을 조상이라고 하

> **편년통록** : 고려 의종(재위 1146~1170) 때 김관의가 지은 역사책. 고려 왕실의 조상들에 대해 기록한 것이다. 지금 책은 남아 있지 않고 《고려사》의 맨 앞에 책의 내용이 인용되어 있다.

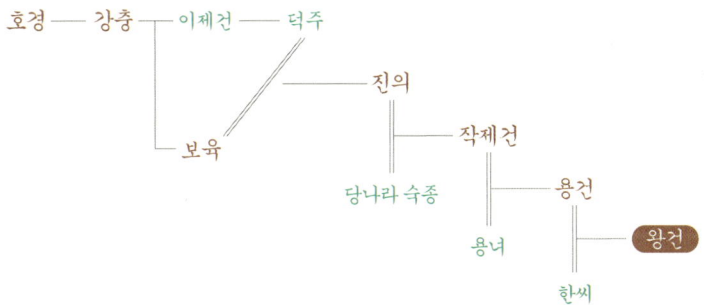

왕건의 가계

느냐는 문제 제기를 해온 적이 있습니다.

따라서 이것은 왕실의 신성성을 강조하기 위해서 만들어낸 이야기입니다. 하지만 그 전체가 허구인 것은 아닙니다. 최소한의 사실을 바탕으로 이야기를 꾸민 것이지요. 왕건의 할아버지 '작제건'부터 볼까요? 왕건의 할아버지는 '작제건'이고, 아버지는 '용건', 그 아들은 '왕건'입니다. 이상하죠? 성이 뒤에 있나요? 이 집안은 아직 성을 쓰지 않았던 거예요. 그러다가 왕건이 왕이 되면서 이름 가운데 첫 자가 성이 되고 두 번째 자가 이름이 된 것이죠. 이래서 고려의 왕실이 '왕' 씨가 된 겁니다.

왕건의 할아버지인 작제건에 대한 설화가 《편년통록》에 실려 있습니다. 작제건의 아버지인 당나라 숙종은 아들이 태어나는 것을 보지 못하고 당나라로 돌아갔습니다. 아이는 자라서 아버지가 당나라 황제인 것을 알고 배를 타고 당나라로 가다가 서해에 빠집니다. 거기에서 용왕을 만나요. 그런데 용왕의 도움을 받는 게 아니라 작제건은 오히려 용왕의 부탁을 들어주고, 그 대가로 용왕의 딸과 결혼합니다. 그러고는 가던 길을 되돌려 고려로 돌아옵니다. 그때 용왕이 "3대 뒤에 삼한을 통일할 아이를 얻을 것이다." 하고 예언합니다.

'서해로 간다', '용왕을 도와준다', '용왕의 딸과 결혼한다' 는 이야기들은 모두 해상 세력의 설화들입니다. 이 설화로부터 왕건의 선대가 개성을 중심으로 예성강을 타고 서해 바다를 건너서 중국과 무역을 하던 집안이었다는 것을 알 수 있습니다.

왕건, 후삼국을 통일하다

그러다가 왕건의 아버지, 용건 대에 궁예에게 귀부를 합니다. 귀부라는 것은 단순한 항복이 아니고 자기 세력을 그대로 유지한 채 더 큰 세력에 가서 붙는 겁니다. 그때 궁예는 이미 철원에서 강력한 세력을 형성하고 있었습니다. 용건이 궁예에게 귀부할 때 처음으로 왕건의 이름이 등장합니다.

당시 왕건은 스무 살입니다. 왕건은 궁예의 명을 받아 송악에 발어참성이라는 성을 쌓고 성주가 되는데, 이것이 지금까지 확인되는 왕건의 첫 번째 관직입니다. 첫 번째 관직이 성주라니 참 대단하죠? 다른 사람들은 평생을 노력해도 되지 못할 관직부터 시작하는 겁니다. 호족 출신이라서 가능한 것이죠.

왕건은 이때부터 궁예의 부하가 되어 전국 각지에서 전투를 벌

▪ **태조 왕건의 동상** ▪ 1992년 태조 왕건의 능인 현릉을 보수하던 중 출토되었다. (사진 ⓒ노명호)

입니다. 가장 인상적인 전투는 배를 타고 서해를 내려가서 나주를 점령한 일입니다. 당시 후백제의 견훤이 점령하고 있던 전라도 지역의 배후를 왕건이 점령한 겁니다. 이것은 궁예가 견훤과 싸우는 데 전략적으로 굉장히 중요한 의미가 있습니다. 그만큼 왕건의 평판이나 소문도 좋아졌을 것입니다.

왕건은 이밖에도 여러 차례 전공을 거두고 시중侍中에 오릅니다. 당시 궁예는 나라 이름을 후고구려에서 태봉으로 바꿨는데, 시중은 태봉에서 가장 높은 관직입니다. 시중이 된 왕건은 폭정을 하는 궁예를 몰아내고 새로운 왕을 세울 때 왕으로 추대됩니다.

918년, 왕이 된 왕건은 고려라는 국호를 쓰기 시작합니다. 이제 신라, 후백제, 후고구려의 후삼국이 신라, 후백제, 고려의 후삼국으로 바뀌는 것이죠. 이 가운데 신라는 힘이 없는 늙은 왕조이고

공산 전투 : 927년 대구 달성군 팔공산 일대에서 견훤과 왕건 사이에 벌어졌던 전투. 견훤이 경주를 공격하자 신라가 고려에 구원을 요청했고, 뒤늦게 출동한 고려군이 이미 경주를 약탈하고 돌아가는 후백제군을 공산에서 만나 전투를 벌였다. 여기서 왕건이 이끄는 고려군이 견훤이 이끄는 후백제군에게 크게 패하였다.

고창 전투 : 930년 안동에서 고려와 후백제군 사이에 벌어졌던 전투. 공산 전투 패배로 세력이 약해졌던 왕건이 이 전투에서 승리함으로써 견훤에게 타격을 주고 전세를 역전시켰다. 당시 안동 지역의 호족들이 왕건에게 협조하여 승리하는 데 기여하였다.

실제적인 힘은 견훤과 왕건 두 사람에게 있었습니다.

견훤과 왕건은 전투를 벌이는데 한마디로 난형난제입니다. 한 번 이기고 한 번 집니다. 왕건과 견훤이 대구 공산에서 전투를 벌인 적이 있는데 이때 왕건이 거의 죽을 지경에 이릅니다. 그때 왕건의 부하 신숭겸이 왕건의 복장을 하고 나가 싸우다 죽습니다. 왕건은 그 틈에 도망해서 구사일생으로 살아납니다. 그 뒤 고창, 지금의 안동에서 벌어진 전투에서는 왕건이 안동 지방 호족들의 도움을 받아서 후백제군에게 설욕합니다.

이렇게 일진일퇴를 거듭하고 있는데, 역시 더 강력한 적은 내부에 있는 법입니다. 후백제에서 내분이 일어나 견훤의 아들 신검이 아버지를 몰아내고 왕이 되는데, 이 내분을 거치면서 후백제가 약화됩니다. 이 일을 겪으며 견훤이 왕건에게 귀부하고, 이 소식을 전해들은 신라 경순왕은 나라를 더 유지하기가 어렵겠다고 판단하고 왕건에게 항복합니다.

이제 신검의 후백제만 남았습니다. 경상북도 선산에 있는 일리

신검 : 후백제의 제2대 왕(재위 935~936). 견훤의 첫째 아들로, 견훤이 넷째 아들 금강을 후계자로 삼자 견훤을 몰아내고 왕이 되었으나, 1년 뒤 고려군에게 패하여 항복하였다.

일리천 전투 : 936년 경상북도 구미시 선산의 낙동강 지류인 일리천에서 고려와 후백제 사이에 있었던 전투. 935년 신라가 고려에 항복한 가운데 이 전투에서 고려군이 후백제군을 격파함으로써 왕건은 후삼국을 통일하였다.

▪ **왕건의 초상화** ▪ 북한에서 제작한 왕건의 초상화. (사진 ⓒ노명호)

천이라고 하는 곳에서 치른 전투에서 후백제군이 고려군에게 패배하면서 후백제도 멸망하고 후삼국이 통일됩니다. 이렇게 왕건은 후삼국을 통일합니다.

왕건은 어떻게 승자가 될 수 있었을까?

그렇다면 왕건이 어떻게 해서 후삼국을 통일하고 승자가 될 수 있었을까요?

왕건은 평소에 스스로를 낮췄다고 합니다. 호족을 대할 때 '중폐비사重幣卑辭'라고 해서 자신을 낮추고 후하게 베풀었습니다. 각지의 호족들에게 세력을 그대로 인정해주겠다고 약속하는 거죠. "내가 왕이 되더라도 지방에서 호족의 세력을 침범하지 않겠다."고 하니까 많은 호족들이 안심하고 왕건 편을 들었습니다. 왕건의 이런 정책은 호족들의 지지를 얻기에 훨씬 더 유리했을 겁니다.

호족들을 우대하는 정책의 가장 대표적인 사례가 결혼 정책입니다. 왕건에게는 부인이 29명이나 있었습니다. 이 29명 가운데 왕후가 6명, 부인이라고 불린 사람이 23명입니다. 왕건은 왜 이렇게 결혼을 많이 했을까요? 부인의 아버지들, 즉 장인이 반드시 사위 편을 들 것이라는 믿음이 있었던 것이죠. 그래서 전국 각지의 유력한 호족들에게 딸이 있으면 혼인을 통해서 그 호족과 연합하는 정책을 폈던 것입니다. 어떤 사람들은 왕건이 부인이 29명이나 되어서 좋겠다고 하지만 사랑 없는 결혼을 29번 한 남자를 행복한 사람이라고 할 수는 없겠죠.

 호족을 내 편으로 끌어들이기 위해 나를 낮추고, 상대방의 세력을 인정하고, 필요하면 결혼하는 정책이 성공을 거두면서 왕건의 힘이 견훤에 비해서 더 커질 수가 있었습니다.

 그러면 왕건이 이런 정책을 펼칠 수 있었던 이유는 무엇이었을까요? 왕건 자신이 호족이었기 때문입니다. 그래서 호족들을 어떻게 하면 내 편으로 끌어들일 수 있는지 잘 알고 있었던 것이죠. 호족의 등장은 시대적인 흐름입니다. 왕건은 자기 자신이 호족이었고, 그랬기 때문에 시대적 흐름을 자기 편으로 만들 수 있었습니다. 그에 비해 견훤과 궁예는 그렇게 하지 못했던 것이죠.

 도적 출신인 궁예와 군인 출신인 견훤은 호족들을 어떻게 상대해야 할지 잘 몰랐습니다. 그래서 좀 더 강력한 왕권을 만들어서 호족들을 자신에게 복종시키려고 했습니다. 그렇게 하니까 호족들이 반발하고 복종하지 않았겠죠.

 호족들을 우대하는 정치를 펼치면서 왕건은 단지 호족들의 지지를 얻는 데 그치지 않았습니다. 호족뿐만 아니라 호족들이 지배하고 있는 일반 백성에게도 지지를 얻었습니다.

 많지 않은 《고려사》의 사료 가운데 왕건의 행동에 대해서 주목할 만한 기록이 있습니다. 왕건이 왕이 된 지 34일째 되는 날 신하들에게 이런 말을 합니다. "세금을 너무 많이 걷어 백성들이 살기가 어려우니 마음이 아프다. 지금부터는 1경頃의 토지에서 300두斗만 거두어라." 1경이 어느 정도 넓이인지, 300두라는 곡식의 양이 얼마나 되는지 지금은 알 수 없지만 당시 기록으로 비교해보면 이것은 그전에 걷던 양의 3분의 1에 불과합니다. 신라 말부터 살기가 어려워서 농민 반란이 일어나고 있던 상황에서 이런 조처는 매우 중요한 의미가 있었을 겁니다.

그런데 단순하게 세금을 3분의 1로 줄여주는 것이 아니라 그런 명령을 하게 되는 배경을 유교식으로 설명합니다. '마땅히 10분의 1만 거두어야 한다.'는 이야기였는데요. 생산량의 10분의 1만 세금으로 거두어야 한다는 것은 이전부터 유교 사상가들이 하던 이야기였습니다. 왕건은 당시 고려에 들어오고 있던 유교를 이해하고 있었고, 유학자들의 요구에 따라서 백성들의 세금을 감면해준 것입니다.

그리고 왕건 주변에는 많은 선종 승려들이 있었습니다. 왕건은 선종 사찰을 후원했고 선종 승려들은 왕건을 지지했습니다. 왕건이 개경에 수도를 정하고 도읍을 만들 때는 수많은 풍수가들이 도움을 줍니다. 왕건은 당시 위기 속에서 등장한 세 가지 가능성인 유교, 선종, 풍수지리를 모두 포용했던 겁니다.

새롭게 등장한 호족들의 지지를 얻고 유교, 선종, 풍수지리를 전부 포용하고, 그러면서 일반 백성들로부터도 지지를 받은 것이 왕건이 후삼국을 통일하고 견훤과 궁예에게 승리를 거둘 수 있었던 비결입니다.

왕건 사후의 고려는

왕건이 후삼국을 통일할 때는 많은 호족들의 도움이 필요했습니다. 문제는 후삼국을 통일한 다음에 이 사람들을 어떻게 대할 것인가 하는 것이었습니다.

호족들은 저마다 자기 세력 기반이 있습니다. 왕건이 아무리 왕이라도 불과 얼마 전까지만 해도 같은 호족이었죠. 그래서 왕건이 자신보다 우위에 있기는 하지만 역시 호족이라고 생각하는 사람들도 있었습니다. 그렇다면 어떻게 이런 사람들을 왕권 아래로 끌어들일까요?

이 문제 때문에 왕건은 '훈요십조', '계백료서' 등을 만들어서 후손들을 경계했지만 왕건이 죽자마자 우려가 현실로 나타납니다. 반란이 일어나고 아들들이 서로 왕이 되겠다고 다툽니다. 왕자 가운데 누구를 왕으로 추대하겠다는 사람도 나타납니다. 이런 혼란을 거치면서 아들 가운데 제4대 국왕이 된 광종이 등장합니다.

훈요십조 : 고려 태조가 후손들을 경계하도록 남긴 열 가지 가르침. 태조가 죽음을 앞두고 박술희에게 전한 것으로 알려져 있다. 《고려사》에 기록되어 있으며 태조 왕건의 정치사상을 보여주는 귀중한 자료이다.

계백료서 : 936년(태조 19) 고려 태조가 관료들을 경계케 하기 위해 지은 책. 현재 남아 있지 않지만 책 이름에서 내용을 추측할 수 있다. 후삼국을 통일한 해에 지었다는 점에서 통일 후 국왕과 신하의 관계를 재정립하기 위해 지은 것으로 보인다.

광종은 후삼국 통일에 공을 세웠던 공신들을 무자비하게 탄압합니다. 노비안검법과 과거제도를 실시하여 공신들의 세력을 약화시키기도 했고, 감옥에 가두고 죽인 사람도 많습니다. 광종이 죽고 그 아들 경종이 즉위했을 당시 사료를 보면 전대 공신 가운데 살아남은 사람이 마흔 명밖에 되지 않는다고 할 정도니까 얼마나 많은 사람이 죽었는지 짐작할 수 있습니다.

하지만 이런 강력한 탄압은 반발을 불러일으킵니다. 광종이 죽고 새로운 왕이 등장하면서 광종에 의해서 탄압받던 사람들이 들고 일어나 보복을 하는 바람에 정치적 혼란이 계속됩니다. 이 혼란은 그다음 성종 대에 가서 마무리됩니다.

성종은 지방의 호족들을 적극적으로 중앙의 관료로 편입시키려고 합니다. 국왕과 호족의 대립이 양극단으로 치닫는 것을 조종해서 서로 타협할 수 있는 정치를 합니다.

광종 : 고려 제4대 왕(재위 949~975). 이름은 소昭. 태조 왕건의 아들이다. 어머니가 같은 형인 제3대 정종의 양위를 받아 왕이 되었다. 호족 세력을 억누르고 왕권을 강화하는 데 힘을 기울여 큰 성과를 거두었다.

노비안검법 : 956년, 고려 광종 때 원래 양인이었다가 노비가 된 사람을 다시 양인이 될 수 있도록 조처한 법. 신라가 고려로 교체되는 사회적 혼란기에 억울하게 노비가 된 사람들을 해방시켜주었는데, 이로 인해 노비를 잃은 호족의 기반은 약화되고 왕권은 강화되었다.

성종 : 고려 제6대 왕(재위 981~997). 고려 초기의 여러 가지 문물제도를 정비하여 국가의 기반을 튼튼히 했다.

왕건이 만든 고려 왕조는 광종 대에 급격한 혼란을 거쳐 성종 대에 국가의 기틀을 마련합니다. 이는 고려왕조가 500년 가까이 유지될 수 있는 바탕을 마련한 것이라고 평가할 수 있습니다.

■ **현릉** ■ 고려 태조와 그의 비 신혜왕후 유씨의 능. 경기도 개풍군에 있다. (사진 ⓒ노명호)

| 역사토크  |

왕건

훈요십조에 담긴 논란거리

| **남경태** |

대개 정치가나 리더들은 자신의 뜻을 펼치기 위해서 부하들에게 뜻한 바를 설법합니다. 호족들은 자기 세력을 넓혀나갈 생각을 하는데, 왕건은 마치 자신의 정치이념이 없는 것처럼 우선 세력을 키우고 난 다음에 뜻을 펼치죠. 굉장히 그릇이 큰 지도자라는 생각이 듭니다.

어떻게 보면 왕건은 정치 철학도 없이 그저 닥치는 대로 뭉치기만 한 것으로 보일 수도 있습니다. 그것도 통혼을 통해 부인을 29명이나 거느리면서 말입니다. 그런데 사실 왕건의 정치 철학은 확실했습니다. 그것이 집약된 '훈요십조' 같은 유훈을 남겼는데요. 훈요십조에는 참 얄궂은 내용이 있습니다. '거란은 금수와 같은 나라니까 사귀지 마라.' 거란은 거의 국경을 맞대고 있는 나라인데 그렇게 말하죠. 특히 '전라도 지역 사람들을 등용하지 말라'는 말도 합니다. 우리는 이 유훈의 취지나 역사적인 의미를 어떻게 봐야 합니까?

| 이익주 |

그 조항에 대해서는 제가 왕건을 위해 변명을 해보도록 하겠습니다. 일반적으로 '전라도 지역 사람들을 등용하지 말라.'고 했다고 알려져 있지만, 사료의 원문인 '훈요십조' 제8조를 보면 차현 이남, 공주강 밖의 사람을 쓰지 말라고 되어 있습니다. 전라도 지역 사람을 쓰지 말라고 했다는 것은 이 문구를 해석한 것입니다. 그런데 해석에 문제가 있습니다. 차현은 차령입니다. 차령은 천안에서 공주로 넘어가는 고개죠. '차현 이남'이라고 하면 전라도가 될 수 있죠. 하지만 차현 이남에는 지금의 충청도 일부까지 포함됩니다. 문제는 '공주강 밖'이라는 표현입니다. 공주강은 백마강으로 알려진 백강입니다.

| 남경태 |

백강 역시 충청도 아닙니까?

| 이익주 |

그렇습니다. 백강은 금강의 지류입니다. 상식적으로 볼 때 두 가지

조건이 있으면 이것은 '어디부터 어디까지'라고 이해하는 것이 순리일 겁니다. '차현 이남부터 공주강 밖까지'라고 해석하면 전라도 지역 전체가 아니라 아주 좁은 지역이 되죠. 다시 말씀드려서 전라도 지역을 가리킬 거라면 차현 이남이라고만 하면 되는데 다른 단서가 있는 겁니다. 자, 이것을 엄밀하게 해석해야 하지 않을까요?

차령 이남부터 백강 밖에 이르는 지역은 실제로 그 지역의 호족들이 서로 향배가 엇갈리는 곳이었습니다. 나라를 세우는 혼란기에 그 지역 호족들이 끝까지 왕건에게 협조를 거부했어요. 이건 역사적인 사실입니다. 아마도 그래서 왕건은 그 지역 사람을 쓰지 말라고 한 것이라고 봅니다.

왕건을 이은 2대 왕 혜종은 외가가 전라도 나주입니다. 그래서 혜종 때는 나주 사람들이 중앙 정계에 많이 진출합니다. 만약 훈요십조가 가리키는 지역이 전라도라면 왕건 바로 다음 왕이 훈요십조를 어겼다는 말인데 이는 납득하기 어렵습니다. 그리고 더 나아가서 각지의 호족들을 자기 편으로 끌어들이려 했던 왕건이 국토의 3분의 1이나 되는 전라도 지역 사람들을 쓰지 말라고 했다는 것도 상식적으로 납득하기 어렵습니다.

| 남경태 |
그렇다면 훈요십조를 둘러싼 논란은 왕건의 의도를 곡해한 후대의 해석 차이 때문이라고 볼 수 있겠네요?

| 이익주 |

단지 '차현 이남 공주강 밖'이라고 하는 문구를 지금의 전라도 지역이라고 하는 것은 해석의 문제입니다. 문구를 어떻게 해석하느냐는 역사학자들마다 견해를 달리할 수 있습니다. 바로 그것 때문에 역사라고 하는 것이 계속 새롭게 해석되고, 새로운 역사상이 만들어지고, 그래서 재미있는 것이죠. 한 가지 사물에 한 가지 해석만 있다면 우리는 그것을 외우는 일밖에 할 일이 없을 테니까요.

| 남경태 |

역사에 대해서 중요한 말씀을 해주셨습니다. 역사는 다양한 해석이 가능한 것이라 자기가 처한 시점이나 특정한 정치 이념에 의해서 의도적으로 곡해하고 조작하는 일도 있습니다. 역사를 곡해하는 것은 누구나 다 금지해야 할 일이겠죠?

| 이익주 |

중대한 범죄입니다. 역사를 왜곡하는 것은 있어서는 안 되는 일입니다. 해석은 다양하게 할 수 있는 것이지만 왜곡과는 다른 것이지요.

왕건의 승리 요인은?

| 남경태 |

역사를 왜곡하고 곡해하는 입장에서는 자신의 해석 이외에 다른

해석을 금지하지 않습니까? 그것은 역사에 대한 파시즘이죠.

　신숭겸은 왕건을 위해 목숨을 바쳤고, 경순왕도 어떻게 보면 왕건이 무혈입성을 하게끔 도와줍니다. 호족들도 지도자로서 인정하고요. 후대에서 왕건을 미화한 측면도 있겠지만, 이런 것을 보면 왕건의 인덕과 인품뿐만 아니라 왕건이 승리한 요인을 알 수 있을 것 같습니다.

| 이익주 |

네. 이런 말이 있습니다. '현재를 지배하는 사람이 과거를 지배하고, 과거를 지배하는 사람이 미래를 지배한다.' 이것은 현재를 지배하는 사람 위주로 역사를 다시 쓸 수 있다는 이야기입니다. 하지만 역사학은 그것을 거부하는 학문입니다. 현재를 지배하는 사람이 과거를 지배하게 해서는 안 된다는 것입니다. 왕건은 견훤과 궁예에게 승리를 거뒀습니다. 그렇기 때문에 고려의 역사가 왕건을 중심으로 쓰인 것이 아니냐고 생각할 수 있습니다. 다시 이야기해서 왕건이 승자이기 때문에 더 훌륭한 사람이었고, 견훤이나 궁예는 나쁜 사람, 문제가 많은 사람이었다고 평가한 것이 아니냐고 생각하는 것이죠.

| 남경태 |

보통 사극 드라마도 승자의 기록이라는 느낌을 받게 합니다.

| 이익주 |

네. 하지만 그것 때문에 패배한 사람들이 억울하다, 동정을 받아야 한다는 생각 또한 문제가 있습니다. 오늘날 우리 국민들이 패배자에 대한 동정을 우선하는 경향이 있는 것 같습니다. 그래서 이긴 사람은 뭔가 올바르지 않은 방법을 썼을 것이며, 그 이후에 올바르지 않은 방법으로 패배자의 역사를 왜곡했을 것이라고 생각하는 겁니다. 예를 들어서 고려 말 역사에서 이성계보다는 최영을, 정도전보다는 정몽주를 더 높이 평가하는 경향이 있다는 것이죠.

이것은 이런 문제가 있습니다. 우리가 역사를 공부하면서 승리한 사람으로부터는 승리의 이유를 배울 수 있어야 합니다. 그래야 그것이 내가 승리할 수 있는 힘이 됩니다. 패배한 사람을 동정하는 데서 그친다면 이것은 역사에서 긍정적인 에너지를 얻지 못하는 중요한 오류를 범하게 되는 거죠. 왕건과 궁예와 견훤 세 사람을 비교할 때 물론 견훤과 궁예가 왜 패배했는지 따져봐야 합니다. 그렇지만 그보다 먼저 해야 할 일은 왕건이 어떻게 해서 승리할 수 있었는가, 승리의 힘이 어디에서 나온 것인가 생각하는 것입니다.

우리가 패배자를 동정하는 역사인식을 갖는 이유는 자명합니다. 한국의 현대사회가 늘 부도덕한 강자에 의해서 지배되어 왔다고 생각하기 때문이죠.

| 남경태 |

승리가 정당한 과정을 통해 이루어지지 않고, 투명하지 않은 경우가 많기 때문에 그런 생각을 하는 것이겠지요.

| 이익주 |

그렇습니다. 하지만 그것 때문에 패배자를 동정만 한다면 앞으로 우리는 투명한 승리자를 만들어갈 수 없을 것입니다.

　저는 궁예와 견훤이 실패했고, 왕건이 성공한 것은 시대의 새로운 변화를 타고, 그것에 역행하지 않고, 그 시대를 자기 것으로 만들 수 있었던 사람과 그렇지 못한 사람의 차이라고 생각합니다.

| 남경태 |

그러면 과거만의 문제가 아니네요. 지금의 리더십과도 연결되는 문제입니다.

| 이익주 |

그렇습니다. 그래서 우리나라 사회가 좀 더 긍정적이고 적극적이며 인정받는 리더십을 만들기 위해서는 역사에 대한 생각을 달리 해볼 필요가 있습니다.

| 남경태 |

선거에는 두 가지 전술이 있습니다. 상대방을 깎아내리는 것과 나를 광고하는 것. 그런데 사실 대부분의 정치인들이 안타깝게도 상대방을 깎아내리는 것부터 시작하거든요. 자기가 승리할 수 있는 것은 자기 실력으로 해야 하지 않겠습니까? 왕건은 그것을 실천한 군주라고 할 수 있겠네요.

| 이익주 |

예. 우리 역사 속에서 적극적인 리더십으로 성공한 대표적인 사례가 왕건입니다. 왕건은 신라 말의 사회 혼란을 수습하고 새로운 세상을 열어간, 그럼으로써 한국사에서 아주 의미 있는 발전을 이루어낸 사람이라고 평가할 수 있습니다. 왕건이 그럴 수 있었던 것은 격변하는 시대에 살면서 유교, 선종 불교, 풍수지리 사상 등 새로운 가능성들을 모두 받아들여 자기 것으로 만들었고, 자기 자신이 호족이었기 때문입니다. 그리고 각 지방의 호족들을 자기편으로 끌어들일 수 있는 포용의 리더십이 있었기 때문입니다. 새로운 변화에 대한 개방성과 포용의 리더십, 이 두 가지가 왕건을 역사의 주인공으로 만들었다고 해도 과언이 아닐 것입니다.

왕건이 자신의 권력의 끝을 예상했더라면?

| 남경태 |

왕건은 자신의 권력이 어디까지 갈 것인지 예감했던 모양입니다. 그러니 당연히 후대의 문제를 걱정하지 않을 수 없습니다. 만약에 왕건이 후대에 권력 문제가 생길 것을 알았다면 이를 예방할 조처를 취할 수는 없었을까요?

| 이익주 |

역사 속 인물, 사건에는 늘 의미와 한계가 같이합니다. 왕건은 호

족들의 도움을 얻어서 후삼국을 통일할 수 있었죠. 이것은 시대의 흐름입니다. 하지만 시대의 흐름은 문제를 같이 안고 있습니다. 이것은 어느 한 사람이 다 해결할 수는 없습니다. 그다음 사람이 해결해야 하는 것이죠. 그렇기 때문에 누구에게나 자기 시대에 주어진 과제가 있을 수밖에 없습니다. 후삼국을 통일하는 과정에서 도움되었던 것이 시간이 지나면서 방해가 되기도 합니다. 역사라는 것이 그런 것 아니겠습니까?

그렇게 되면 뒷사람은 자기 시대의 과제를 또 해결해나가야 하는 것이고, 이것이 해결되어도 시간이 지나가면 또 다른 문제가 발생하기도 합니다. 모든 세대는 자기 세대의 과제를 가지고 있고, 그 과제를 해결하기 위해서 노력해야 하는 역사적 책무가 있습니다. 왕건 개인이 그 문제까지 다 해결했다면 슈퍼맨이 되는 거죠.

| 남경태 |
왕건 본인은 어떤 문제가 발생할지 예감은 했겠죠?

| 이익주 |
대비는 했습니다. 그래서 '훈요십조', '계백료서'를 남겨서 막으려고 했지만, 이것은 세상을 떠난 왕건이 할 수 있는 일은 아니었던 것이죠.

왕건에게 배우는 지도자의 자격은?

| 남경태 |

지금까지 왕건에 대해 알아보았는데요, 지금 우리 시대의 지도자, 대통령이 왕건에게 배울 수 있는 지도자로서의 자격이나 덕목은 무엇이 있을까요?

| 이익주 |

우리가 왕건에게서 찾을 수 있는 변화에 대한 개방적인 태도와 포용의 리더십, 이 두 가지는 비록 시대가 바뀌었어도 여전히 유효한 지도자의 덕목입니다. 지도자는 역사에서 변화와 발전을 읽을 줄 알아야 합니다. 그래야만 지금 자기가 살고 있는 공동체의 미래에 대한 비전을 제시할 수 있고, 그 미래를 만들어나갈 수 있습니다. 변화를 두려워하고 거부하는 사람은 지도자가 될 수 없고, 되어서도 안 됩니다.

지금 우리가 살고 있는 시대와 왕건의 시대가 다른 점이 있습니다. 왕건은 역사의 주인공이 되기는 했지만, 엄밀히 말하면 왕건이 그 길을 선택했다기보다 역사가 그를 선택한 것입니다. 왕건은 호족으로서 자기 일을 했을 뿐이고, 당시 역사가 호족을 새로운 주인공으로 선택하는 바람에 역사의 주인공이 될 수 있었던 것이죠. 그래서 거기에는 우연적인 요소가 있습니다. 그러나 지금은 다릅니다. 지금 우리는 시대의 과제가 무엇인지를 스스로 판단하고 자신의 행동을 결정할 수 있습니다. 공동체의 현재와 미래에 대한 역사적 안목이 그것을 가능하게 하는 것이지요. 올바른 역사인식을 가지고 시대적 과제를 올바르게 인식한 사람, 그래서 공동체의 변화와 발전을 이끌 수 있는 사람. 이런 사람이 지도자가 될 수 있을 것입니다.

| 남경태 |

과거의 역사는 오늘의 현실을 성찰하는 거울일 뿐만 아니라 내일의 역사를 밝히는 등불입니다. 그런 의미에서 태조 왕건의 통합적 리더십은 민족 통일과 지역 갈등 해소라는 과제를 안고 있는 오늘의 우리 사회에도 타산지석이 되지 않을까 싶습니다.

| 연보 |

877년   송악군(지금 개성)에서 출생

896년   아버지 용건이 궁예에게 귀부함

903년   수군을 이끌고 나주 점령

918년   철원에서 왕위에 올라 국호를 고려로 고침

919년   송악으로 천도

927년   공산 전투에서 견훤에게 크게 패함

930년   고창 전투에서 견훤에게 크게 이김

935년   견훤의 귀부를 받음
        신라 경순왕이 항복함

936년   일리천 전투에서 신검의 후백제 군대 격파
        후삼국 통일
        《계백료서》 지음

943년   죽음, 훈요십조를 남김

3부

―

개혁 사상으로
조선을 세운 설계자

―

정도전

김경록

서울대학교 국사학과와 동 대학원을 졸업하고, 박사과정을 수료하였다. 공군사관학교 역사학과 교수를 역임하고 현재 군사편찬연구소 선임연구원으로 재직 중이다. 조선시대 한중관계사 및 정치외교사를 전공하였으며, 전근대 동아시아 국제질서 및 관계사, 군사사 분야로 관심분야를 확대하였다. 한중관계사를 전공하며, 정치외교사의 기초가 되는 자료의 발굴에 노력하여 기존 학계에서 연구가 전무하였던 전통시대 외교문서를 본격적으로 연구하였다. 전근대 외교활동과 제도로서 사행(使行), 외교문서, 외교정책 등을 정리하여 학계에 연구성과를 발표하였다. 조선시대 국제질서, 정치외교사, 외교사건 등을 분석하여 대외관계의 본질을 정리하는 연구를 진행 중이며, 동아시아 국제질서의 성격과 의미를 분석 중이다. 〈조선시대 국제질서와 한중관계의 전개양상〉, 〈조선시대 대중국 외교문서와 외교정보의 수집·보존체계〉, 〈조선시대 국제질서와 조명관계〉, 〈조선시대 서울의 외교활동 공간〉, 〈중종반정 이후 승습외교와 조명관계〉, 〈공민왕대 국제정세와 대외관계의 전개양상〉 등 55편의 학술논문이 있고, 공저로 《이미 우리가 된 이방인들》, 《전통시대 동아시아 국제질서》 등이 있다.

> 14세기 근세 지성이자 새로운 세상을 꿈꿨던 개혁가 정도전. 삼봉 정도전은 무려 600년 전 서울을 디자인하고 조선을 설계했습니다. 오늘날도 많은 사람들에 의해 성공한 혁명가로, 탁월한 재상으로 재평가되고 있는데요. 도대체 왜 우리는 정도전에게 관심을 갖는 것일까요?
> 정도전은 백성이 근본이 되는 나라를 원했습니다. 임금보다는 현명한 재상들이 이끌어가는 나라를 원했죠. 고려의 신하로서 고려를 외면하고 혁명을 선택했던 삼봉 정도전. 과연 그는 조선 건국의 주역이었을까요? 아니면 실패한 개혁가일까요? 삼봉 정도전은 왜 정치적 동지이자 라이벌이었던 이방원의 손에 최후를 맞이해야 했을까요? 지금, 정도전을 만나봅니다.
>
> — 남경태

정도전, 개혁의 시작

삼봉 정도전, 이름은 다들 잘 알고 계실 것입니다. 경상도 봉화에서 출생한 정도전이 본격적으로 정치활동을 하였던 시기는 고려시대입니다. 고려는 불교 국가였지만, 유교를 정치이념으로 삼았습니다. 백성들의 정신세계와 생활 전반에 대한 지침으로 불교사상이 적합하더라도 현실 정치·행정체계에 있어서는 인간관계 및 조직 성격이 보다 강한 유교사상이 필요했기 때문입니다.

고려는 높은 불교문화를 이루고, 대륙에서 한족의 송나라, 거란족의 요나라, 여진족의 금나라, 몽골족의 원나라가 교체되는 격변기에도 굳건하게 독립된 국가를 유지하였습니다. 이런 고려가 무인정변, 원 간섭 그리고 원·명 교체라는 국내외적 변화를 맞으며 혼란에 빠져들게 됩니다. 그 과정에서 새로운 정치사상으로서 성리학을 내세웠던 신흥사대부가 등장하였으며, 그 중심에 있었던 인물이 바로 정도전입니다.

사실, 정도전 이전에도 수많은 사람들이 성리학을 내세우려고 시도했습니다. 그런데 그중에서도 우리는 왜 특히 정도전에게 주목해야 할까요? 정도전이 생각했던 성리학이 진정한 개혁의 의미에 적합했기 때문에 그렇습니다. 역사에서 개혁이란 어떤 의미일까요? '개혁'이라는 단어에서 '혁革'은 가죽을 뜻하죠. 동물의 가죽은 수많은 가공을 거쳐서 인간에게 유용한 성격으로 탈바꿈합니다. 즉, 바꾸고자 하는 분명한 생각과 목표를 가지고, 수많은 노력과 실천 과정을 거쳐 전혀 새롭고 보다 유익한 결과물을 창조해내는 것이 개혁입니다. '혁신', '혁명'이라는 단어도 '개혁'과 마찬가지로 변화에 방점이 찍혀 있습니다.

정도전은 500년을 지탱해온 고려라는 한 시대를 600년 역사의 조선시대로 바꾼 진정한 개혁가입니다. 그 내용을 하나씩 살펴보도록 하겠습니다.

조선이 개국되고 6년째 되던 해 '설장수'라는 조선의 사신이 명나라에 갔다가 돌아옵니다. 조상이 서역인이었던 설장수는 중국어에 능숙한 학자이자 정치가였습니다. 고려 말 여러 차례 사신으로 활동하였고, 노련한 외교관이었던 설장수가 귀국하여 긴급하게 명나라 예부禮部에서 보내온 '자문咨文'이라고 하는 외교 문서를 태조에게 보고합니다. 그런데 이 외교 문서가 국왕에게 전달되자 조선 조정이 발칵 뒤집힙니다. 과연 설장수가 가져온 외교 문서가 어떤 내용이기에 그랬던 것일까요? 내용이 장황한데 요약하면 이렇습니다.

'조선이 살아남으려면 중국 고전에 나와 있는 것처럼 주변국가 특히, 강대국과의 관계를 잘 유지해야 한다. 그런데 지금 조선에 있는 어느 한 사람으로 인해 조선은 위험에 처하게 된다.'

그 한 사람을 '화'의 근본이라는 뜻으로 '화본禍本'이라고 합니다. 그 사람이 누구냐? 바로 정도전이었습니다. 개국공신으로서 강력한 권력도 있었고, 개혁 작업도 진행하고 있었고, 사병을 혁파하고 관병을 조직하느라 군사 지휘권도 있었던, 그래서 태조 이성계 밑에서 실질적인 2인자였던 정도전을 지목해서 '조선을 망하게 하는 사람'이라고 하는 것입니다.

이 말을 들은 사람들은 모두 놀랍니다. 무엇보다 정도전은 고려 말부터 강력하게 성리학을 내세웠던 사람이기 때문입니다. 성리학에는 기본적으로 '사대자소事大字小', 즉 작은 나라가 큰 나라를 섬기고, 큰 나라가 작은 나라를 보호한다는 개념이 있습니다. 즉 외교 관계에서도 왕의 국가인 조선이 강대국 특히 황제국을 모신다는 '사대' 개념을 가지고 있습니다. 성리학자 정도전에게 있어 외

설장수(1341~1399) : 고려 말기와 조선 초기의 문신으로 위구르족 출신의 귀화인이다. 중국어와 몽골어에 모두 능통해 중국과의 외교와 외국어 교육기관인 사역원의 교육 체계화에 기여하였다.

교 관계에서 사대의 대상은 명이었으며, 친명정책을 누구보다 강력하게 주장하고 실천하였던 인물이 정도전이었기에 의외의 지목이었던 것입니다.

실제 고려 말 원·명 교체기 때 원나라와 외교 관계를 맺으려고 하는 권신 이인임에게 하급관리였던 정도전은 강력하게 반발하였습니다. 그리고 그 일로 인해 유배까지 가게 됩니다. 이렇게 친명정책을 주장한 정도전을 지목해서 명에서는 '나쁜 사람'이라고 한 것입니다.

명은 왜 정도전을 비난했을까?

여기서 명과 조선의 외교 관계를 간략하게 살펴볼 필요가 있습니다. 명나라 이전에 중국을 통치하였던 원나라는 몽골족이 세운 국가입니다. 유목민족이었던 몽골족은 방대한 지역과 다양한 민족을 국가 영역에 포함시켜 원활한 통치를 하기 위해 지역과 민족의 특성을 인정하는 다소 개방적인 통치 정책을 펼쳤습니다.

원나라는 주변 지역과 민족을 원 황제에게 복속시켜 조공을 받고 원 황실과 혼인 관계를 맺게 하여 정치적 결속을 강화하며, 몽

> **이인임**(?~1388) : 고려 시대의 문신. 공민왕이 암살된 후 우왕을 옹립하여 정권을 잡고, 친원 정책을 취하여 친명파를 추방하는 등 전횡을 일삼았다.

골의 풍습과 관례를 해당 지역과 민족에 적용할 것을 강요했습니다. 이러한 통치를 위해 원나라는 모든 지역과 민족에 적용이 가능한 법령체계를 갖추었습니다.

고려의 경우가 그러했습니다. 고려 국왕은 원 황실과 혼인을 맺고 일정 기간 동안 원에 가서 생활하고, 고려에 원의 풍습과 관례를 적용하며, 정치·군사·경제·문화적으로 원의 간섭을 받았습니다. 그러나 원은 고려라는 나라를 원에 편입시키지는 않았습니다. 현대적인 의미로 보면 군사권과 외교권이 중앙정부에 존재하는 연방제와 유사하다고나 할까요? 이러한 형태는 유목민족 몽골이 통치하는 상황에서는 가능하였습니다. 그러나 농경민족이었던 한족은 황제 중심의 중앙집권적인 통치 체제를 선호하였습니다.

원 말의 혼란 상황에서 봉기하였던 주원장은 명을 건국한 뒤 황제 중심의 중앙집권적인 통치 체제를 이전 어느 시기보다 강화하였습니다. 이는 중화주의라는 한족 중심의 사상에서 이념적인 토대를 가져왔습니다. 중화주의는 한족의 사상으로 성리학과 밀접하게 연관되어 있었습니다. 성리학적 명분론과 정통론을 중시하였던 점에서 명나라는 정통론에 입각한 국가를 자부하고, 동아시아에 명 중심 조공 체제를 구축하고자 하였습니다. 이러한 명나라의 의도에 가장 적극적인 반응을 보였던 국가가 신생 조선이었으며, 이를 주도하였던 인물이 정도전이었습니다.

그러면 도대체 왜 명 태조 주원장은 대표적 친명 인사인 정도전을 지목해서 '국가를 망하게 하는 나쁜 사람'이라고 했을까요?

이것은 주원장의 기본적인 정치 스타일을 보면 알 수 있습니다. 중국 역사에서 천인 출신으로 황제가 된 인물이 두 사람인데 한 사람이 한 고조 유방, 그리고 나머지 한 사람이 바로 명 태조 주원장입니다.

주원장은 황제가 되어서도 출신 신분이 문제가 되었습니다. 국가를 운영하려면 균형과 견제를 위해 기본적으로 다양한 세력이 형성되어야 합니다. 그런데 일부 세력이 자신의 이익만 내세우는 이익 집단이면 실질적으로 국가 운영이 힘들겠지요. 이럴 때 황제 주변에 소위 유력가문이 있으면 더 유리합니다. 그러나 주원장에게는 이런 배경이 없었지요.

■ **주원장** ■ 중국 명(明)나라의 초대 황제(재위 1368~1398).

유력가문 출신이 아니었던 주원장이 명을 건국하는 데 크게 두 집단이 뒷받침이 되었습니다. 첫 번째 집단은 주원장이 반원을 천명하며 홍건군으로 봉기할 때부터 무력 기반을 형성하였던 무장 세력입니다. 이들은 출신성분이 미천하였지만, 주원장의 가장 강력한 기반으로 향후 명의 군사적 기반이 되기도 합니다. 두 번째 집단은 봉기 이후 풍부한 물산을 바탕으로 체계적인 통치이념과 경제적인 기반을 제공하였던 강남 세력입니다. 이 두 세력은 명 건국 이후 서로 대립하는 양상을 보여 주원장의 정국 운영에 부정적인 영향을 주었으며, 무엇보다 자신들의 세력을 과도하게 강화하려고 했기 때문에 황제 중심의 일원적 국가 경영을 추구하였던 주원장과 충돌하는 경향이 있었습니다.

태조로서 국가 운영이 힘드니 주원장은 억압적인 공안정치를 펼쳤습니다. 이를 일반적으로 '문자정책文字政策'이라 하며, 그 결과로 나타난 비극적인 사건이 바로 '문자옥文字獄'입니다. 요즘으로 치면 이메일을 검색하고, 전화를 도청하는 것이죠. 말 그대로 문자 탄압을 통해 국가에 위협이 되는 요소를 제거하는 것입니다. 문자옥은 실질적으로 네다섯 차례 실행되는데 한 번 행해질 때마다 사회적으로 수만 명씩 희생됩니다.

이렇게 명나라에서 실시하던 공안정치를 외교라는 형태로 조선에 적용시킨 것이 바로 '표전문사건'입니다. 주원장이 정도전을 '화의 근본'이라고 했던 것도 이 표전문사건의 내용입니다. 정도전이 주도한 조선의 개국, 이후 일련의 개혁 정치와 제도 정비는 신생 조선의 안정에 크게 이바지하였습니다. 특히, 사병을 혁파하여 관병으로 포용함으로써 국방력을 강화하고, 진법 훈련 등을 지속적으로 추진하였던 점에 대해 명나라는 적지 않은 위협을 느꼈을 것입니다. 당시 명과 조선의 사이에 요동이라는 광대한 지역이 실질적인 주인 없이 존재하였기 때문입니다.

명나라는 군사적인 충돌을 염두에 두고 있었기 때문에 표전문사건이라는 외교적인 빌미를 적절하게 활용하고자 하였습니다. 그리고 이 사건의 핵심인물로 조선의 실력자였던 정도전을 연관시킴으로써 조선에 대한 압박을 강화하고자 하였던 것입니다.

그러면 이런 것에 대해서 정도전은 어떻게 대응을 했느냐? 정도전은 적극적으로 대응하지 않고 외면하는 방법을 택합니다. 그리고 국내에서 자기가 해야 하는 일들을 꿋꿋하게 진행합니다. 하지

문자옥 : 공문서와 개인 문집 등에 사용된 문자나 글 때문에 화를 입거나 옥살이를 하는 일. 젊은 시절 승려였다가 도적이 되었던 주원장은 그 시절을 부끄러워하며 상소문이나 공문서 등에 '광光' '승僧', '적賊' 자 등을 쓰면 무조건 처벌했다. '광'은 승려의 깎은 머리를, '승'은 승려를, '적'은 도적을 뜻한다는 이유였다. 이 사건으로 수많은 인물들이 목숨을 잃었다.

표전문사건 : '표문'이란 국왕이 중국의 황제에게 올리는 글이고, '전문'은 황태후·황후 또는 황태자에게 올리는 글을 뜻한다. 조선 건국 초기 명나라에 보낸 표전문의 글귀가 예의에 어긋났다고 명에서 트집을 잡아서 양국 사이에 외교적 마찰이 일어난다. 명에서는 표문의 작성자 정도전의 소환을 요구하지만, 조선 조정은 표문의 작성자로 정총을 내세우며 정도전을 명으로 보내지 않았다.

만 그가 펼치려는 정책과 이해관계가 상충되는 세력들이 이를 가만히 두고 보지 않죠. 당연히 정도전은 정치적 외압을 받습니다.

정도전이 이성계와 손을 잡은 이유

그러면 정도전은 어떻게 다양한 정치 개혁을 할 수 있었을까요?
먼저 정도전의 출신에 대해서 알아봐야 합니다. 고려 말에는 다양한 신분 계층이 등장하는데 크게 두 가지로 분류됩니다. 한 부류는 당시 수도인 개성을 중심으로 유력가문에서 성장해온 세력들입니다. 다른 하나는 지방에 있는 향촌 세력들이 관직을 통해 서울로 진출하면서 형성된 세력입니다. 이 두 세력들이 중앙에서 정치 세력화하면서 대립하게 됩니다. 이것이 바로 교과서에도 나오는 고려 말 귀족가문 세력들과, 성리학을 바탕으로 등장하는 사대부 세력입니다.

그중에서도 정도전의 배경은 매우 독특합니다. 첫째, 당시 신분제 사회에서 가장 꺼리던 천인 신분의 영향을 많이 받았습니다. 정도전의 어머니와 아내가 모두 연안 차씨延安車氏 차공윤車公胤 가문 천첩의 자식으로 노비의 혈통이었습니다. 그래서 정도전은 신분제 사회에서 자신의 능력과 상관없이 사회적 괄시를 받고 일정한 벽을 느끼게 되는 것이죠. 그 과정에서 정도전은 신분의 한계를 극복하기 위해서 노력합니다. 무엇보다 당시 중앙에서 권력층에 있었던 이곡의 아들, 이색李穡의 문하에서 수학하면서 김구용金九容, 정몽주鄭夢周, 박상충朴尙衷, 박의중朴宜中, 이숭인李崇仁 등 많은 학자들을 만나게 됩니다. 경학적인 능력, 처세적인 능력을 쌓고 다양한 사람들과 관계를 만들어가지요.

정도전은 공민왕 9년 과거를 통해서 중앙 관직에 진출합니다. 이후 1362년(공민왕 11)에 진사, 이듬해 충주사록을 거쳐 전교시주부·통례문지후를 지냈고, 부모상으로 벼슬을 그만두었다가 1370년 성균박사가 되고 다음 해에 태상박사를 거쳐 예조정랑 겸 성균 태상박사가 되어 인재 선발을 관장하였습니다. 또한, 1375년(우왕 1)에 성균사예·예문응교·지제교 등을 역임하였습니다.

그런데 관직 생활을 하다가 당시 최고 권력가였던 이인임과 정면충돌하게 됩니다. 물론 충돌이 아니라 반항에 가깝습니다. 정도전은 왜 그랬을까요? 이인임은 공민왕이 죽자 외교 관계의 주체를 명에서 원으로 바꾸려고 합니다. 이에 대항해서 정도전은 '친명을 해야 한다. 그래야 고려가 잘살 수 있다.'고 주장합니다. 물론 이 주장은 실행되지 못하고, 정도전은 유배까지 가게 됩니다. 그리고 장장 9년간 중앙 관직에 나아가지 못합니다. 이 과정에서 정도전은 신분적으로, 정치적으로 많은 어려움을 겪습니다.

이 시기에 정도전은 주자학적 입장에서 형이상학적 관념론보다는 공리적인 성격이 강한 부분을 현실 정치에 적용시키는 현실 정치 지도자로서의 역량을 강화하였습니다. 그러면서 자신이 생각했던 개혁을 실질적으로 펼칠 수 있는 기반이 필요함을 절감하게 됩니다. 그래서 정도전은 그 기반으로서 한 사람을 선택합니다. 바로 '이성계'라는 인물입니다.

정도전은 왜 이성계를 선택했을까요? 당시 무장 세력의 최고 권력자이자 가장 강력한 장군이 한 명 있었습니다. 여러분이 잘 아는 '최영' 장군입니다. 최영은 국왕의 장인이자 무장이며 고려에 엄청난 애착을 지녔던 장수입니다. 그런데 정도전은 최영이 아니라 이성계를 택합니다. 바로 출신 때문입니다.

정도전은 기득권 세력은 시대를 변화시킬 수 없다고 생각했습니다. 내부 개혁은 불가능하다는 것이지요. 그래서 서북 지방 세력이었던 이성계를 선택하고 회동합니다. 이것이 바로 '함흥에서의 회담'입니다. 그리고 자기 나름대로 새로운 국가 건설 또는 시대 변화에 대한 개혁 작업에 착수합니다. 그 뒤 정도전은 이성계의 추천으로 화려하게 중앙 정계에 재등장합니다.

중앙 정계에 등장한 이후 조선을 건국하기까지 정도전은 이성계와 함께 일련의 과정들을 거칩니다. 그 시발점이 '위화도 회군'입니다. 위화도 회군을 통해서 이성계는 중앙 권력에서 최고의 권력자가 됩니다.

최영(1316~1388) : 고려 말기의 명장, 재상. 우왕의 장인. 친원파로서 1388년에 팔도도통사가 되어 명나라를 치러 출정하였으나 이성계의 회군으로 실패하고 후에 그에게 피살되었다.

위화도 회군 : 고려 말기인 1388년(우왕 14) 요동 정벌차 군사를 이끌고 나선 이성계 등이 압록강 하류의 위화도에서 군사를 돌려 개경으로 돌아와 정변을 일으키고 권력을 장악한 사건. 조선 왕조 창건의 기반이 되었다.

정도전의 주요 활동 여섯 가지

정도전은 중앙 정계에 복귀한 뒤 조선 개국의 밑거름이 되는 다양한 입법, 개혁 활동을 펼칩니다. 그 주요 활동을 크게 여섯 가지로 이야기해보겠습니다.

첫 번째 활동은 왕위 계승과 전제개혁에 대한 강력한 추진입니다. 위화도 회군 이후 이성계가 최대 실력자가 되었다고는 하지만, 여전히 보수 성향의 세력이 완고하게 존재하였습니다. 위화도 회군으로 우왕을 폐위시키고, 우왕의 아들 창왕을 옹립하고자 하는 조민수, 이색 등의 주장에 밀려 창왕을 옹립하였습니다. 그러나 창왕의 치세에서 우왕 대의 사회불안이나 부조리를 개혁하기는 어려웠습니다. 정도전은 혁신 세력을 결집하여 창왕을 폐위시키고 공양왕을 옹립함으로써 개혁의 걸림돌을 제거하였습니다.

혁신과 보수 세력 사이에서 왕위 계승은 단순한 권력 투쟁이 아니었습니다. 이색을 중심으로 한 세력은 의리적 군신 관념에 입각하여 왕권의 절대성을 강조하는 입장이었지만, 정도전을 중심으로 한 혁신 세력은 대의멸친大義滅親을 강조하였습니다. 큰 의리를 위해서는 부모형제도 돌보지 않는다는 거죠. 창왕의 폐위와 공양왕의 옹립은 왕위의 교체까지 간여할 수 있는 신권론에 대한 논쟁을 불러일으키는 계기가 되었으며, 향후 정도전이 조선 건국 이후 독단적인 왕권의 강화가 아닌 자질을 갖춘 재상을 중심으로 한 재상정치를 추구하였던 일단을 살펴볼 수 있는 사건이었습니다.

왕위 계승 문제뿐만 아니라 전제개혁도 정도전의 주요 활동 가운데 하나였습니다. 처음 조준趙浚에 의해 제기된 전제개혁은 사전私田 혁파가 핵심사항이었습니다. 집권 세력의 경제적 기반이자 기득권의 상징이었던 사전을 전면적으로 혁파하고자 하였던 정도전에 반해 보수 세력은 이에 반대하였습니다. 전제개혁은 두 세력의 경제 기반과도 관련되지만, 궁극적으로 국가 경제와 연관된 것이지요. 기존의 토지제도는 결국 1391년(공양왕 3)에 전면 혁파되고 과전법이 시행되었습니다. 이와 같이 정도전은 정치적·경제적 당면 문제에 대해 자신의 소신과 인식에 입각하여 강력한 추진력으로 활동하였습니다.

두 번째 활동은 고려와 조선의 국제질서에 대한 입장, 즉 친명 외교정책 노선의 설정입니다. 정도전은 이미 고려 말 성리학적 세계관에 입각하여 당시 국제정세를 냉철하게 판단하였습니다. 그 결과 신흥 명나라와 외교 관계를 설정함으로써 고려와 조선의 국가안보를 담보하고, 경제적인 교류를 확대하며, 문화교류를 통해

> **과전법** : 고려의 문란한 토지제도를 바로잡기 위하여 1391년(공양왕 3) 실시한 토지제도. 권문세족들의 토지를 몰수하여 신진 관료들에게 재분배하였다. 과전법은 관리들에게 토지의 소유권을 주는 것이 아니라 세금을 거둘 수 있는 수조권만 줌으로써 관료들이 토지와 농민을 지배하는 것을 막고 국가의 토지 지배권을 강화하였다.

문명국가로 발전할 수 있다고 생각하였습니다. 그 과정에서 이인임 정권 시기에 원과의 교류를 반대하였으며, 명과의 관계에서 발생하는 각종 외교사건에 대해 주요하게 활동하게 되었습니다. 위화도 회군 이후 이성계가 실력자가 되었지만, 그 유명한 윤이·이초 사건이 발생하자 정도전은 명나라에 사신으로 파견되어 원만하게 사건을 처리하였습니다.

조선이 건국되자 정도전은 조선의 건국 사실을 우선적으로 명나라에 통보함으로써 국제적인 공인을 받고자 하였으며, 친명 정책을 채택하여 명 중심 조공 체제에 편입됨으로써 신생 조선의 발전을 도모하였습니다. 조선시대의 국제질서는 현대 사회의 만국 체제가 아닌 조공 체제였습니다. 조공 체제는 황제국과 조공국으로 구성되는데, 이는 단순한 국력의 서열 관계에 의해 규정되기보다 정치·군사·경제·문화적으로 우월성을 가진 황제국과, 조공국에 편입되어 안정적인 발전을 도모하는 조공국으로 구성됩니다.

조공 체제에서 황제국과 조공국은 서로 권리와 의무를 가지는데, 조공국은 황제국의 정삭(正朔, 황제국이 정하는 역법과 시간 규정)을 채택하고, 사행을 파견하여 조공합니다. 이에 황제국은 조공국에 대

윤이·이초의 사건 : 고려 공양왕 2년(1390)에 이성계 일파가 실권을 장악하자 고려의 무신 윤이와 이초가 명나라에 몰래 들어가, 이성계가 장차 명나라를 치려 한다고 밀고한 사건. 이후 정도전이 명나라에 가서 이 사건이 무고임을 해명하였다.

■ 명대 조선 사행의 사행 모습

해 봉전封典이라 하여 국왕과 왕비, 왕세자 등을 책봉하고, 조공국에서 건의하는 각종 사안에 대해 처리하는 의무가 있습니다.

비록 국제 관계에서 서열이 존재하는 측면이 있지만, 이는 매우 의례적인 성격이 강하고 현실적인 이익 관계에 따라 황제국과 조공국은 상호 간에 치열한 외교활동을 전개하기도 합니다. 황제국은 조공국의 안전과 발전을 보호할 의무가 있기 때문에 조공 체제에서 벗어난 세력에 의해 조공국이 위협받으면 이를 군사적으로 지원하여 격퇴시킬 의무가 있습니다. 임진왜란이 그런 경우에 해당됩니다. 물론 조공국도 황제국이 정벌과 토벌에 나서면 근왕군을 파견하여 지원해야 합니다.

정도전은 조선을 명 중심 조공 체제에 편입시킴으로써 대외적으로 침략의 위협, 무엇보다 조선에 대한 명의 침략 위협을 제거하고자 하였습니다. 또한 대내적으로 신생 조선 왕실의 정통성을 인정받아 조선의 안정적인 발전을 도모하고자 하였습니다. 개별 외교 사건에 대해서는 권리와 의무의 관계를 적절히 활용하면서 조선의 국익을 위해 치열하게 외교 정책을 시행하였던 것입니다.

세 번째 활동은 건국 과정의 설계를 위한 각종 기초 활동입니다. '즉위교서'가 대표적이지요. 태조 이성계가 조선을 건국하고 난 뒤에 '나는 조선이라는 국가를 이렇게 만들었고, 이렇게 운영하겠다' 라는 강령을 발표하는데 이것이 즉위교서입니다. 이것을 실질적으로 지은 사람이 바로 정도전입니다. 즉, 이성계라는 왕의 입을 통해 정도전이 자신의 이상을 말하는 것이겠죠. 그 내용을 보면 매우 자세합니다. 국가와 왕실, 신하의 역할부터 인재 등용까지 다양한 내용들을 담고 있습니다. 한마디로 조선이라고 하는 국가의 기본 국정 운영 방향과 청사진을 제시한 것입니다.

이 청사진에서 가장 근본이 되는 것은 두 가지입니다. 첫째는 '백성이 으뜸'이라는 민본적인 생각입니다. 또 하나는 '왕과 신하가 함께 국가를 운영한다' 는 것입니다. 국왕이 절대권력을 누리는 것이 아니라 신하들을 대표하는 재상이 국왕과 함께 국왕을 보좌해서 국가를 운영하는 것이죠. 이것은 현대적인 용어로 관료정치라고 할 수 있습니다. 정도전이 꿈꿨던 국가는 민본주의를 바탕으로 하되, 관료가 국가정책을 운영하는 관료체제를 갖춘 나라입니다. 뿐만 아니라 즉위교서 말미에 이색, 우현보 등 보수세력에 대한 엄중한 처벌을 요구함으로써 구체제의 청산 작업도 추진하였습니다.

그리고 즉위교서 이후 각종 제도를 새롭게 만들고 이전의 제도를 정비하였습니다. 이는 어찌 보면, 정도전이 추구했던 개혁 정치 중 가장 큰 개혁 활동입니다. 제도 정비를 위해서 정도전은 다양한 저술을 편찬합니다. 《조선경국전朝鮮經國典》, 《심기리편心氣理篇》, 《고려사高麗史》, 《경제문감經濟文鑑》 등이 있는데, 그중에서 우리가 잘 아는 것이 《조선경국전》이라는 책입니다. 이 책은 정도전의 시문집인 《삼봉집三峯集》에 수록되어 있습니다. 단행본으로 나온 것은 아닙니다.

《조선경국전》은 기본적으로 육전六典 체제입니다. 이전, 호전, 예전, 병전, 형전, 공전이 육전입니다. 중국 주나라 왕실의 관직 제도와 전국시대 각국의 제도를 기록한 《주례周禮》라는 책의 체제를 조선의 현실에 맞게 조정하였지요. 《조선경국전》을 좀 더 발전시킨 것이 성종 대에 만든 《경국대전》입니다. 《조선경국전》은 조선의 기본적인 법률로, 헌법에 가깝습니다. 이것을 정도전이 만든 겁니다. 그러면서 정도전은 여기에 중요한 단서를 포함시킵니다. 바로 규정과 법에 의해서 국가를 운영하자는 것이지요.

많은 사람들이 왕국에서 왕은 무소불이의 권력을 휘두를 수 있다고 자연스럽게 인식합니다. 그러나 왕국이라 하더라도 백성들을 생각한다면 그렇게 해서는 안 된다는 것이 《조선경국전》에 담긴

> **조선경국전**朝鮮經國典 : 조선 태조 3년(1394)에 정도전이 지은 법전. 조선 개국의 기본 강령과 육전에 관한 사무를 규정하였다.

생각입니다. 왕도 규정을 지켜야 한다는 겁니다. 과연 어떤 규정일까요? '왕이 한 말에 대해서는 왕이 책임을 지고, 그 말을 할 때는 재상과 함께 해달라'는 것입니다. 요즘 말로 하면 철저한 법치주의에 가까운 것입니다. 당시 사람들의 생각에서는 대단히 개혁적이라고 할 수 있습니다.

정도전은 이처럼 백성이 나라의 근본이므로 백성을 사랑하고 위하고 보호하고 존중하는 것은 지도자에게 요구되는 도덕규범이며, 이러한 민본, 위민의 도덕규범을 저버리고 악정을 베풀 때는 혁명을 할 수 있다고 주장하였습니다.

네 번째 활동은 사병 혁파와 진법 훈련으로 대변되는 군사력 강화 활동입니다. 이 개혁은 정도전의 개혁에서 가장 많은 반발을 삽니다. 무정부 상태에 가까웠던 고려 말, 수많은 세력가들이 자기 나름대로 무장 세력, 즉 사병을 키웁니다. 이 사병 세력들은 이성계를 중심으로 뭉쳐 조선 건국에 일정한 역할을 합니다. 그런데 조선이 건국된 다음에는 이 병력들은 더 이상 필요 없으니 해산되어야 합니다. 그런데 다들 사병을 해산하지 않습니다. 대표적으로 이방원 역시 사병을 그대로 둡니다. 조선 건국의 일등공신이자 왕자 신분인 이방원의 사병을 해체하기란 사실 쉽지 않죠.

그런데 문제는 이 사병 혁파의 성격입니다. 정도전이 생각했던 사병 혁파는 무장 세력을 갖고 있던 개국 공신을 제거하겠다는 것이 아닙니다. 신생 국가인 조선에는 국방력이 필요합니다. 정도전은 사병들을 관병으로 흡수하여 국방력을 강화하겠다고 생각한 겁니다. 그런데 현실적으로 이해관계가 상충하면서 사병 혁파는 쉽지 않은 일이 됩니다.

사병 혁파는 사실 강력한 국방 건설을 위한 시발점이었습니다. 사병을 혁파하는 것은 누구나 생각할 수 있습니다. 그런데 정도전은 그 이상을 이야기합니다. 국방력을 건설하기 위한 군사 훈련 방법과 군대 편성 방법 등 전문적 내용까지 언급하는 거지요. 그것을 모아 《진법》이라는 책을 엮습니다. 정도전은 《오진도五陣圖》,《수수도蒐狩圖》등 군사 진법과 관련한 다양한 책을 펴냈습니다. 또한 정도전은 총지휘관이 돼서 다양한 훈련을 직접 시행합니다. 이것은 자칫 다른 정파적인 성격에 입각해서 보면 요동을 정벌하려는 것처럼 보일 수도 있습니다. 요동 정벌은 아직 학계에서 논란이 있는, 대단히 흥미로운 부분입니다.

다섯 번째 활동은 성리학적 통치 이념의 실현입니다. 정도전은 모든 유학자들이 그러하듯이 중국 고대의 국가를 이상향으로 보았고 특히, 주나라에 관심이 많았습니다. 유교의 이상국가로 인식되었던 주나라의 정치를 현실적으로 고려와 조선에 적용시켜 재현하고자 하였습니다. 구체적으로 주나라의 정치를 기술한 《주례》에 의거하여 민본국가의 건설을 추가하되, 지도자는 능력과 지식에

진법 : 정도전이 저술한 병서. 역대의 병서를 참작하여 당시 조선의 현실에 맞게 만든 책으로, 병제의 운영 원리와 편제 등을 살펴볼 수 있다.

따라 역할을 한다고 하였습니다.

"대개 군주는 국가에 의존하고 국가는 백성에게 의존하니 백성은 국가의 근본이며 군주의 하늘이다. 따라서 《주례》에서는 군주에게 호적戶籍을 바칠 때 왕이 엎드려 받았으니 이는 자신의 하늘을 소중히 여기는 까닭이다. 사람의 인군人君 된 자가 이 뜻을 안다면 백성을 사랑하는 것도 불가불 지극해야 한다." 《조선경국전鮮徑國典》 부전賦典의 판적版籍 항목)

정도전의 통치 이념이 가지는 가치를 잘 보여주는 대목으로, 민본주의에 입각하여 백성을 높이고 사랑해야 함을 강조하고 있습니다. 민본주의는 백성, 즉 민에 대한 정의를 통해 구체화됩니다. 민은 양인良人을 의미한다고 할 것입니다. 양인은 천인과 대비되며, 세부적으로 사농공상士農工商의 구분이 있는데 이는 직업상 직책의 경중을 차별한 것입니다. 즉 양인은 4민으로 분화된 능력과 직능의 소지자였으며, 통치의 대상이자 통치권의 발동 근거가 됩니다. 양인의 중심은 사士이며, '사관일치士官一致', '사농일치士農一致'의 관념을 형성하였던 것입니다. 또한 민의 주요 생업기반으로서 농업의 중요성을 강조하였으며, 관과 민, 관과 사의 관계는 도덕적 고하에 의한 것임을 밝혀 이는 예禮로 표현하였습니다. 사상적인 내용을 말씀드리다 보니 좀 어려운데요, 이를 정리하면, 정도전의 이상은 양인을 근간으로 한 민본국가의 형성이며, 그 중심은 사士이며, 농업에 기반한 각 직능이 적합한 조화를 이루는데, 그 구성 원리는 예禮에 의한 것이라는 말입니다.

추가하면, 정도전은 조선이 고려처럼 정치사상과 종교사상, 사회사상이 불교, 유학 등으로 분리되어서는 안 된다고 생각합니다. 그래서 하나의 정치사상이자 백성들을 다스리는 통치의 최고 사상으로서 '성리학'을 주장합니다. 그리고 그것에 관련되는 다양한 편찬 작업들을 합니다. 당시 사람들에게 송나라 때 나왔던 성리학을 좀 더 발전시켜서, 고려 말 혼란 상황에서 조선이라고 하는 국가를 건설하고, 이 사상에 입각해서 국가를 운영해가는 것은 대단히 중요한 의미였습니다.

여섯 번째 활동은 '사상과 실천의 합치'입니다. 이제부터 다소 여러분이 이해하기에 어려운 사상적인 측면을 설명하도록 하겠습니다. 정도전의 정치인식은 수기修己와 치인治人의 연속이라는 성리학적 정치인식의 대전제에서 출발합니다. 그는 《삼봉집》에서 "덕이란 얻는 것得이니 마음에서 얻는 것이며, 정치란 바로잡는 것이니 자신의 몸을 바로잡는 것"이라 주장하였습니다. 일반적으로 정도전은 현실적인 성격이 강한 인물이기 때문에 현실 정치에 치중한 나머지 내면적 성찰과 도덕적 실천의 중요성을 간과하였다고 보는데, 전혀 잘못된 인식입니다. 정도전은 유학의 대표적인 다스림 경전인 《서경書經》을 《대학》의 '수신제가치국평천하'의 논리로 재해석하여 이상적인 정치의 전형典型은 '수신'에서부터 출발함을 분명히 하였습니다.

수신과 치인의 결합을 이상적인 정치 형태의 전형으로 인식함과 동시에 도덕과 정치는 동전의 양면과 같이 공존한다고 생각하였습니다. 즉, 정도전은 정치가 배제된 도덕은 공허한 것이며, 도덕이 배제된 정치는 형식적이라 생각하였습니다. 수신과 치인의 결합과 마찬가지로 도덕과 정치의 통합을 지향하였습니다.

수신과 치인에 있어 어느 것에 방점을 두느냐는 매우 중요한 문제입니다. 수신론적 정치인식은 인간 본연의 성性을 회복하기 위한 도덕적 실천에 초점을 맞추고 보편적 질서에 순응하는 것을 강조하는 인식입니다. 이에 비하여 치인론적 정치인식은 보편적 질서에 순응하는 것을 거부하고 현실을 합리적으로 인식하여 새로운 정치질서를 창출하려는 정치인식입니다. 정도전은 이 양자의 결합을 이상적이라 인식하고 이를 추구하였던 지도자였습니다.

또한 정도전은 이전의 개혁가들과는 달리 자신의 사상을 실천했던 사람입니다. 그 과정에서 갖은 위험과 고난을 겪었음에도 그것을 극복하고 강력하게 추진해나갔던 사람, 새로운 나라 조선을 건국하면서 왕궁 하나, 전각 하나, 집 하나의 이름과 관직 명칭까지도 직접 지을 만큼 노력했던 사람이 정도전입니다. 정도전이 결국 정계에서 제거되고 난 뒤 후대 사람들은 겉으로는 정도전을 '반역가'라고 평하면서도 그가 꿈꿔왔던 다양한 개혁과 이상을 바탕으로 새로운 개혁을 시도했습니다.

우리는 왜 정도전 같은 지도자를 갈망하는가?

시대와 역사가 변화할 때, 많은 사람들은 시대의 고난을 극복하도록 이끌어줄 수 있는 지도자, 개혁가를 갈망합니다. 그런 갈망으로 인해서 변혁의 시대, 고난의 시대에 정도전만큼 많이 언급된 인물이 없습니다. 그리고 그만큼 논쟁을 불러일으킨 인물도 없습니다. 지금도 TV 드라마, 언론 매체, 출판물을 막론하고 정도전에 대한 다양한 해석이 담긴 결과물이 나오고 있습니다.

우리는 왜 여전히 위대한 지도자를 갈망할까요? 현대사회에서 우리가 경험한 지도자들에게 늘 실망했기 때문은 아닐까요? 적지 않은 지도자들이 국민들의 기대와는 달리 자질 부족과 능력 부족을 적나라하게 표출하며 개인의 이익만을 추구하는 모습을 우리는 너무도 자주 보아왔습니다. 때문에 역사 속에서 우리가 원하는 지도자를 찾으려는 갈증이 변혁기마다, 선거 때마다 반복되었고, 그때마다 우리는 정도전이란 인물에서 그 모습을 찾았던 것입니다.

앞에서 우리는 지도자로서, 개혁가로서의 정도전의 모습을 다양하게 살펴보았습니다. 역사인물을 살펴볼 때 우리는 한 가지 중요한 사실을 잊는 경향이 있습니다. 그 인물이 살았던 시대의 전반적인 시대 상황입니다. 시대 상황을 저버리고 역사인물을 현대사회에 적용하면 커다란 괴리가 생깁니다. 정도전의 경우도 마찬가지입니다. 그러므로 우리는 정도전을 평가할 때 당시의 신분제 사회에서 정도전이 처해 있던 상황과 해당 신분에 대한 시대 인식과 사회적 처우를 고려해야 하며, 당시에는 불교적인 세계관과 성리학적 세계관이 혼재되어 적지 않은 대립과 충돌이 있었다는 점을 감안해야 합니다.

정치인은 정치 지도자로 성장하며 정치권력을 추구하는 것이 당연합니다. 그러나 단순히 권력 자체만을 추구한다면 시정잡배보다 못한 정치인으로 평가될 것입니다. 그러나 정도전은 성리학자로서 학문적인 자기 성찰과 지향의 이론적인 배경을 가졌던 인물이며, 이에 기반하여 자신의 정치활동 및 정치관을 정립하고 실천하였던 인물입니다. 학자이자 사상가였으며, 이를 현실정치에 반영하여 다양한 정치활동을 전개하였다는 점에서 정도전은 단순한 정치인이라기보다는 지도자로서의 모습을 갖추었다고 할 것입니다. 이런 점에서 우리는 변혁의 시기, 혼란의 시기, 개혁의 시기에 정도전을 되짚어보는 것이 아닐까요?

정도전은 성리학을 필두로 정치, 경제, 교육, 문학, 병법에 이르기까지 신생 국가 조선에 영향을 미치지 않은 분야가 없을 정도로 다재다능한 인물이었습니다. 또한 여말선초 격변기에 조선 건국의 사상적 기초를 제공하고, 독자적인 개혁론을 주장하였던 당대 최대의 개혁 사상가이자, 철저한 민본주의 사상을 바탕으로 재상 중심 통치 구조를 구상하고 구축하고자 하였던 행정 개혁가이며 행정 실무자였습니다.

생각 없는 행동은 개혁이라기보다 이익관계에 의해 취사선택되는 정치적, 군사적, 사회적 표현에 불과합니다. 그에 비해서 정도전은 치밀한 사상에 입각해서 그것을 행동으로 옮기고, 이해관계와 부딪히더라도 자신의 의지를 꺾지 않았던 개혁가입니다. 정도전은 조선이라는 국가를 설계하고 만들었던, 그리고 후대에 수많은 영향을 끼친 조선의 진정한 개창자이자 개혁가입니다.

| 역사토크  |

정도전

만약에 신분상 제약이 없었다면 정도전은 개혁을 꿈꾸었을까?

| 남경태 |

정도전은 어떻게 보면 참 희한한 인물이라는 생각이 듭니다. 그가 손을 대지 않은 구석이 없습니다. 문장가로 이름났고, 군사 조련도 했으며 경복궁이라는 이름도 지었습니다. 심지어 역사책도 썼지요. 도대체 이 사람이 하지 못한 것은 무엇일까요? 그래서 그런 궁금증이 듭니다. 만약에 어머니와 부인이 노비 출신이라는 신분상의 문제가 없었더라도 정도전이 개혁을 꿈꾸고 심지어 조선 건국까지 기획했을까요?

| 김경록 |

역사를 전공하는 입장에서 역사를 가정한다는 것이 적절하지 않지만, '만약'이라는 단서를 달고 생각해보겠습니다. 신분상의 제약이 없었더라면 개혁가 정도전도 없었을 거라고 봅니다. 정도전이 활동했던 시기에도 다양한 정치적인 인물들이 있습니다. 그중에는 성리학을 공부하고 정도전과 유사한 처지에 있던 사람들도 있습니다. 그런데 그 사람들은 결코 조선 개국을 꿈꾸는 세력으로 발전하지 않습니다. 그렇다면 왜 정도전만 그렇게 됐을까요? 그것은 그가 꿈꿔왔던 것을 이루어나가는 데 신분이 제약이 되었기 때문이라고 생각합니다.

이색이라는 같은 스승에게서 수학하였던 많은 동료들은 정도전과 달리 보수적인 색채의 정치 경향을 보였습니다. 현실정치에 있어 대립 관계를 형성하여 충돌하는 인물이 대부분이라 할 정도였으니 말입니다. 그런 의미에서 본다면 정도전이 동료들과 같이 사회적, 경제적 여건이 갖추어졌다면 학문의 발전 방향도 자신의 관점에서 바라봤을 것이기에 다른 이들과 유사한 정치 성향을 가졌을 것이라 보는 것이 합당할 듯합니다.

| 남경태 |

남도 속담에 이런 게 있다고 합니다. '내 팔자에 무슨 난리야?' 난리라는 것은 좋지 않은 것이지만 속되게 말해서 '없는 놈 팔자에는 난리라도 나야 질서가 뒤집히지 않겠느냐?' 는 건데요. 유럽의 르네상스도 그렇고 개혁적인 것은 변방에서 일어나죠. 기득권층이

개혁을 꿈꾸지는 않으니까요. 그렇게 보면 정도전 같은 사람이 자기 역량에 비해서 제약이 많으니까 근본적이고 급진적인 개혁이 필요하다는 생각을 할 수 있었겠네요.

| 김경록 |

정도전의 개혁과 비교해볼 만한 것이 있습니다. 바로 고려 말 '무인정권'입니다. 무인정권도 사회적 신분 제약으로 어려운 상태에서 변화를 시도하고자 나온 것입니다. 그러나 그들은 결국 자신들의 개인적 상황을 좀 더 낫게 만드는 데서 그칩니다. 즉, 개인이나 집단의 처지를 향상시켜 재물을 모으는 것을 목적으로 하거나 개인의 권력을 강화하고자 하였던 이기적인 측면이 강하였습니다. 이들은 시대상황, 백성들의 고충, 역사적인 어려움 등은 전혀 염두에 두지 않았습니다. 그래서 지도자로서의 자질이나 백성들의 지지를 기대할 수 없었으며, 결국 단기적인 집권으로 마무리되는 것입니다.

그에 비해서 정도전은 온 나라의 백성들을 가장 중앙에 두고, 어떻게 하면 백성들이 좀 더 편안하게 잘살 수 있을지, 그리고 백성들을 사회적으로 안전하게 해줄 수 있는 정치가 무엇인지 생각하는 거죠. 단순히 권력만을 지향하는 비열한 정치가 아니라 명확한 시대인식과 이에 근거한 문제 해결책을 제시하고 강력하게 추진하여 권력을 차지했습니다. 그리고 효과적으로 정책을 펼쳤습니다. 그렇기 때문에 정도전은 조선이라는 새로운 국가를 건국할 수 있었던 것입니다. 정도전이 이룩한 역성혁명은 동일한 왕조의 통치권에서 권력을 차지하는 것과 엄청난 차이가 있습니다. 개인의 영달을 위한 집권욕이라면 결코 성공할 수 없었던 일입니다. 그래서 우리는 정도전의 고민을 개혁이라고 부를 수 있는 것입니다.

| 남경태 |

고려 말, 이색이나 정몽주 같은 이들은 정도전과 비슷한 연배에 신진사료이자 친명파이기도 했습니다. 그런데도 정도전처럼 개혁 마인드는 갖지 않았지요. 이것 역시 출신의 차이 때문일까요?

| 김경록 |

충분히 그럴 개연성이 있습니다. 실제 이색의 문하에서 수학하였던 정도전의 경우, 동문이었던 인물들과 다른 학문관, 정치관, 세계관을 가졌습니다. 같은 스승 밑에서 배운 제자들이 다른 생각과 지향을 한다는 점이 언뜻 이해가 안 되지만, 이들의 출신성분을 살펴보면 자연스럽게 이해가 될 것입니다.

원 간섭기 이후 고려사회는 권문세가의 영향력이 매우 강하여 왕권을 제약할 정도였습니다. 물론 권문세가라고 하더라도 세부적으로 따져보면 다양하지만, 대체적으로 중앙의 관직을 독점하고, 방대한 장원을 보유하였으며, 상호 간에 결혼을 통하여 인친관계를 맺은 이들이었습니다. 이들도 성리학을 배워 정치사상적 측면에서 현실사회에 대한 개선책을 나름대로 제시한다고 하였지만, 현실 정책에 있어 자신들의 기득권을 제약하지는 못하였습니다.

이에 비하여 정도전은 기득권에 대한 이익관계가 없어 자신이 학문적·사상적으로 습득한 바를 추진할 수 있었던 입장이었습니다. 고려 말에 사회개혁, 정치개혁, 경제개혁에 있어 보수적인 성향을 지녔던 동문들과 달리 정도전은 고려 사회의 전반적인 개혁을 구상하고 이를 추진하였던 것입니다.

특히나 조선이라는 국가를 건국하고 난 뒤에 다양한 사람들이 '조선을 이렇게 움직여보자' 하는 의견을 제시합니다. 그 의견을 정리하면 한 가지는 정도전이 말하는 바와 같이 재상을 중심으로, 특히 성리학적 교양을 갖춘 지식인들이 사회를 움직여가자는 것입니다. 다른 하나는, 조선은 기본적으로 왕국이므로 강력한 왕권을 바탕으로 움직여가자는 생각입니다. 그런 생각은 물론 왕실을 중심으로 나온 거죠. 이 생각을 가장 정치적인 행동으로 표현한 사람이 이방원입니다. 그래서 이방원은 '왕자의 난'을 통해 정권을 잡고 왕에 즉위해서 태종이 되는 것이죠.

이방원과 정도전이 대립하지 않았다면?

| 남경태 |

이방원은 왕권을 대변하는 사람이고 정도전은 신권을 대변하는 사람입니다. 만약 이방원과 정도전이 대립하지 않고 정치적인 동지로 왕권과 신권의 조화를 이루어냈다면 조선 초기의 역사가 어떻게 되었을까 궁금합니다.

| **김경록** |

조선 건국에는 두 축이 역할을 합니다. 하나는 성리학을 공부한 사대부들입니다. 이들은 조선이라고 하는 국가의 기본이념부터 각종 제도를 뒷받침하죠. 다른 부류는 무장 세력입니다. 이성계도 바로 이런 신흥 무장 세력이라고 할 수 있습니다.

 조선 건국 후, 국가 운영에 대한 의견 차이로 인해 이 두 세력에서 다양한 분파가 생겨나기 시작합니다. 이런 다양한 목소리 자체는 어느 사회나 조직에서든 바람직합니다. 중요한 것은 정치적으로 타협과 공감을 통해서 다양한 목소리를 하나로 모으는 것입니다. 그런데 시대 상황에 따라서 의견을 하나로 모으는 방법이 과격하게 나올 수 있고 조금 유하게 나올 수도 있습니다. 특히 새로운 국가를 건국한 초기, 정치적으로 견해가 다른 세력들은 서로 타협하고 공감할 만한 여유가 없었습니다. 더 큰 문제는 이 둘 사이에 근본적인 정신의 차이가 워낙 컸습니다.

 조선이라는 국가의 가장 근본되는 성격은 관료적 성격입니다. 근대서양사를 보면 근대국가의 조건으로 상비군체제, 전문관료제, 국가재정체계 등이 중요한 기준이 됩니다. 만약에 두 사람 간에 타협이 이루었다면 1390년대 조선에도 관군이라는 상비군체제, 학문과 실무를 겸비한 관료제, 합리적인 조세제도와 국가기관의 재정체계 등 근대국가의 모든 기준을 한번 적용시켜볼 만했을 것입니다. 조선은 강력한 통치력도 있으면서, 수많은 지식인들이 효율적인 관료체제로 움직이는 두 가지가 공존할 수 있었겠죠. 그러나 현실적으로는 거의 불가능하지 않았을까 하는 생각이 듭니다.

| 남경태 |

영국이 세계 최초의 입헌군주국이 되어 '왕은 군림하되 통치하지 않는다.'고 천명한 것이 17세기 말입니다. 만약에 두 사람이 타협을 이루었다면 어쩌면 영국보다 거의 300년 먼저 조선에서 입헌군주국을 이루었을지 모르겠습니다.

그 이후의 이야기를 해보겠습니다. 결국 이방원이 정몽주에 이어 정도전마저 살해하면서 조선은 왕국화되어 갑니다. 그런데 결국 이방원도 왕자의 난이라는 고초를 치르지 않습니까?

| 김경록 |

그렇습니다. 실질적으로 이방원은 조선을 건설하는 데는 일정한 역할을 할 수 있었습니다. 그러나 국가를 만드는 것보다 더욱더 중요한 것은 국가의 청사진을 제시하고 제반 분야에 있어 구체적인 개혁 정책을 설정하여 그것을 실행할 수 있는 능력입니다. 그러나 이방원은 국가 최고 지도자, 국왕으로서의 자질은 있지만 실제로 조선을 설계하고 제도화하여 시행하는 것은 조금 힘든 인물이라고 볼 수 있습니다.

국가경영에 있어 국왕과 달리 재상의 역할론은 차이가 있습니다. 오히려 국왕보다 재상의 자질이 갖추기 어려운 것이 아닌가 싶습니다. 국왕이 혈통적 우연성으로 어려서부터 제왕론에 맞는 교육을 받고 결단과 자제의 어려움을 이겨내야 한다면, 재상은 학문적, 정치적, 경제적 경쟁을 통하여 다수의 인정을 받아서 재상에 오르고 재상이 된 뒤에는 국정 전반을 총괄하는 방대한 직무를 수행합니다. 이런 의미에서 재상을 일반적으로 총재總宰라고 합니다. 위로 국왕을 보필하여 국정 전반을 아우른다는 점에서 재상은 지도자의 가장 대표적인 표본이며, 총재의 자질은 지도자가 갖추어야 하는 근원적인 모범이라고 할 것입니다.

 이방원과 정도전의 경우는 근본적으로 지향하였던 바가 크게 달랐던 인물들입니다. 강력한 왕권을 바탕으로 왕실을 안정시키고 국가의 초석을 다지고자 하였던 이방원에 비하여 정도전은 독재로 이어질 수 있는 왕권 강화보다는 지도자의 자질을 갖춘 재상이 중심이 되어 국정의 서무를 하고 국왕을 보좌하는 군신공치君臣共治의 합리적인 국가 운영을 지향하였습니다. 이방원의 입장에서 정도전은 조선 건국에 필요했다 하더라도 건국 이후 화합하기 어려운 인물이었습니다. 이방원의 정치 지향을 공조하면서 보좌의 능력을 갖춘 새로운 인물이 필요하였겠죠.

 그래서 그런 역할을 태종 때 했던 인물이 있습니다. '하륜'이라는 사람입니다. 태조 이성계의 장자방이 정도전이라면 태종의 장자방은 하륜입니다. 그런데 하륜이 시행했던 각종 정책이나 활동들을 보면 실질적으로는 정도전이 꿈꿔오고 시행하려고 했던 내용들을 많이 가져다가 활용하고 있습니다.

| 남경태 |

그러면 결국 이방원도 정도전의 이념과 정책을 완전히 무시할 처지가 아니었고 무시한 것도 아니었군요. 다만 왕권에 대해서 도전하는 예리한 부분만 잘라내고 나머지는 취한 셈이 되겠네요.

| 김경록 |

그렇게 봐야 될 것 같습니다. 정도전은 조선 건국 이전은 물론이고 건국 이후 국가율령체계의 정립, 정치구조의 조성, 관료체계, 경제체계, 과거를 비롯한 관리양성체계, 예악체계, 군사지휘체계, 국방구조, 사회제도, 각종 행정체계, 대민구휼제도 등 국가형성의 모든 분야에 걸쳐 동양의 고전과 전통에 입각하여 체계를 세웠습니다. 정도전의 이러한 능력과 실천 자체에 대해 이방원도 충분히 인정하고 그 결과를 받아들였던 것으로 보입니다.

다만, 일부 정치적 지향성에 있어 차이가 있는 부분이 있었으며, 그런 내용이 반영된 체계와 제도에 대해서는 이방원이 지향하였던 방향으로 바꾸었습니다. 그러나 정도전이 사망한 뒤 그가 구상하고 체계를 세웠던 많은 부분이 태종 대 이후 지속되었으며, 오히려 더 발전되었던 것이 사실입니다. 그런 의미에서 정도전의 개혁정치, 또는 조선이라는 나라에 대한 기본적인 구상은 단절된 것이 아니라 자연스럽게 계속 이어져 갔다고 할 수 있습니다.

실질적인 조선 건국자는 누구인가?

| 남경태 |

정도전이 중앙 관직에 진출했다가 이인임에 의해서 쫓겨난 후 9년간 중앙관직에 오르지 못합니다. 한참 활동할 시기의 9년은 굉장히 큰 공백기인데요. 제 생각에는 아마 그때 조선 건국에 대해 어

느 정도 구상하지 않았을까 싶습니다. 그러니까 즉시 이성계를 만나러 갔고요. 그렇게 보면 우리는 이성계가 조선을 건국했다고 알고 있지만 사실은 정도전이 이성계를 낙점했다는 생각이 듭니다.

| 김경록 |

예. 그 점이 가장 잘 드러나는 것이 실록에 있는 《즉위교서》입니다. 《즉위교서》는 정도전이 직접 작성하고 국왕 이름으로 발표된 것이죠. 그 내용을 보면 실질적으로 고려 제도를 그대로 계승합니다. 그것은 물론 기존 세력을 포용하겠다는 거죠. 또 한편으로는 왕실 제도도 이야기합니다. 왕실에 대한 권위가 높아질수록 그만큼 책임이 따릅니다. 그래서 정당한 군주, 자질을 갖춘 군주들이 나와야 한다고 이야기합니다. 또한 토지제도, 세금제도까지 꼭꼭 짚어서 천명하고 있습니다. 그런 것을 보면 많은 학자들이 평가하다시피 정도전에게는 '조선의 설계자'라는 표현이 가장 적당하지 않나 생각합니다.

정도전은 정말로 요동 정벌을 추진했을까?

| 남경태 |

정도전의 요동 정벌에 관해 학자들의 의견이 다양하고 흥미로운 요소가 있다고 하셨습니다. 정도전이 조선 건국의 브레인으로서 참모 역할을 했다면 위화도 회군에도 정도전의 의견이 반영되었을

것 같습니다. 당시 조선과 명, 두 신생국이 자존심 싸움을 했습니다. 과연 정도전은 정말 요동 정벌을 추진한 것인지, 그저 제스처에 불과했는지, 아니면 아예 관계가 없었는지 궁금합니다.

| 김경록 |
정도전의 제거 명분 중 하나가 '요동 정벌'입니다. 표전문사건으로 정치 위기를 맞은 정도전이 이를 극복하기 위해서 요동을 공략하려 했다는 인식입니다.

| 남경태 |
표전문사건 자체는 명나라한테 밉보였다는 이야기입니다. 그런데 그것을 만회하려면 당연히 명나라에게 숙이고 들어가야 할 텐데 오히려 요동을 정벌하겠다고 나오는 것은 이해가 되지 않습니다.

| 김경록 |
정도전의 인생역정을 살펴보면 충분히 요동 정벌을 주장할 수 있다고 봅니다. 정도전이 요동을 공격하려고 했던 것에 대해서는 실록에 가장 자세히 남아 있습니다. 그런데 실록 자체가 후대 왕이 적는 거죠. 그렇다면 태종 당시에는 정도전이라는 인물을 어떻게 평가하고 기록으로 남겼을까요? 실록은 물론 공로와 과실을 한꺼번에 적고, 편찬 기준도 엄격하지만 편찬자의 의도가 일정하게 반영됩니다. 같은 일이라도 보는 관점에 따라서 달리 표현될 수 있는 거지요.

정도전은 성리학적 세계관을 갖고 있는 사람입니다. 자연스럽게 중화사상에 입각하여 문명적이며 이성적인 화華와 반문명적이며 이성적이지 못한 이夷를 구분하여 세계를 인식하였을 것입니다. 이렇게 볼 때 정도전이 절대적인 중화에 해당되는 명을 공격하였다는 것은 적절한 역사분석이 아니라고 봅니다.

물론 당시 요동을 둘러싼 국제정치와 외교가 치열하게 전개되었던 시대상황을 감안하고, 조선의 건국과 국방력 강화를 꾸준하게 추진하였던 정도전의 정치적 지향을 고려할 수 있습니다. 조선의 국제적 영향력을 높이고 국가안보를 담보하려면 요동에 대한 조선의 영향력을 강화해야 했습니다. 조선의 설계자이자 지도자로서 정도전은 요동에 높은 관심을 가졌을 것입니다. 그러나 명 중심 조공체제를 인식하고 있던 정도전이 자칫 명, 몽골과 군사적 대립을 초래할 수 있는 요동 정벌을 과연 추진하였는가는 세밀한 관찰과 분석이 필요하다고 생각됩니다.

정도전은 냉철한 정치가, 외교가였습니다. 그런 정도전은 왜 원을 거부하고 명을 중심으로 해야 한다고 고려 말 권력자들에게 대항하였을까요? 물론 국제정치적인 맥락도 있겠지만 성리학의 이념도 있다는 거죠. 현실적인 정치, 외교, 군사 상황과 필요성, 목적 등을 종합적으로 고려하는 동시에 자신의 정치이념, 정치사상에 입각하여 판단하고 실천하였던 정도전은 무엇보다 개국 초 조선의 체제정비와 안정화에 중점을 두었을 것입니다.

| 남경태 |

원나라를 오랑캐라고 본 것이군요.

| 김경록 |

그렇죠. 그러다 보니까 실질적으로 정도전처럼 친명 성향을 가지고 있는 사람이 없습니다. 그리고 정도전은 냉정하게 국제 정세를 판단합니다. 명과 전쟁을 벌였을 때 조선이 이기지 못한다는 것을 명확하게 압니다. 그런 상황에서 어떻게, 왜 요동 정벌을 했을까요? 그러면 요동 정벌의 빌미가 된 게 무엇인지 살펴볼 필요가 있습니다.

앞서 말한 것처럼 사병을 혁파한 뒤에는 그 사병들을 관병으로 바꾸어야 합니다. 새로운 국가를 건설했지만 국방력이 너무나 허약하기 때문입니다. 특히나 고려 말에는 홍건적의 난이 일어났고, 왜구가 출몰합니다. 대내외적으로 강력한 군사력이 필요한 상황이었죠. 그래서 정도전은 군사력을 빨리 조성하기 위해서 직접 진법책을 쓰고 군사 조련까지 하는 겁니다.

그래서 '만약에'라는 단서를 달고 말하자면, 정도전은 요동 정벌을 구상하지 않았을 수도 있습니다. 그저 사병을 혁파하고 신생 국가인 조선의 국방력을 키우려고 한 것이, 요동 정벌을 하려는 것처럼 보였고 이것이 정도전을 끌어내리는 빌미를 제공한 것이지요. 정도전처럼 치밀한 사람이 군사적, 국제 정치적 판단력이 흐렸다고는 볼 수 없습니다.

정도전에게 배우는 지도자의 자격은?

| 남경태 |

지금까지 정도전에 대해 알아보았는데요, 알면 알수록 대단한 인물이라는 생각이 듭니다. 앞서 정도전의 개혁에 대해 말씀해주셨는데 지금의 우리가 정도전으로부터 배울 수 있는 지도자의 자격, 혹은 대통령의 자격은 어떤 것이 있을까요?

| 김경록 |

현대 사회의 대통령을 비롯한 지도자를 전통시대 군주에 대입하는 것이 적절하지는 않지만, 이렇게 한번 생각해볼 수 있을 것 같습니다. 지도자의 자질과 관련하여 가장 일반적으로 언급되는 마키아벨리는 이렇게 말했습니다. "군주는 여우와 사자의 기질을 모방해야 한다. 왜냐하면 사자는 함정에 빠지기 쉽고 여우는 늑대를 물리칠 수 없기 때문이다. 따라서 함정을 알아채기 위해서는 여우가 되어야 하고 늑대를 혼내주려면 사자가 되어야 한다."

정신적 지도자와 마찬가지로 정치 지도자 역시 대중에게 현실에 대한 정치적 청사진을 제시하고 정치권력을 추구하여 정치 활동을 펼치는 인물입니다. 이런 점에서 지도자는 높은 도덕성을 갖추고, 시대상황에 대한 명확한 인식을 바탕으로 개혁과 개선의 발전적인 청사진을 제시하며, 이를 정치적으로 실현할 수 있는 인물이어야 할 것입니다.

정도전은 고려 말 혼란한 시대상황에 대한 분명한 인식을 가졌던 인물이었습니다. 원 간섭기의 잔재로 여전히 부원 세력이 집권 세력으로 사회 전반에서 자기이익을 추구하였던 모순, 국가 경제 구조의 붕괴로 인한 무거운 조세제도와 가혹한 고리대로 인한 신분제의 붕괴, 사회적 정방향의 역할론을 상실하고 모순적인 모습으로 고려 사회에 만연한 불교의 부패상, 홍건적과 왜구의 침략으로 인한 피폐 상황 등 총체적인 고려사회를 정확하게 인식하였습니다. 이에 대해 성리학적 인식과 학문에서 출발하여 성리학적 정치 이념을 바탕으로 새로운 조선사회를 구상하고 제시하였습니다. 역성혁명 이후 자신이 꿈꾸고 제시하였던 조선사회를 만들기 위해 정치, 군사, 제도, 사상 등 모든 측면에서 구상을 철저히 실천에 옮겼습니다. 군주에게 집중되는 권력을 방지하고 자질을 갖춘 재상이 중심이 되는 군신공치의 통치를 추구하였습니다.

앞에서도 말씀드린 바와 같이 수신과 치인의 결합을 통해 사상을 실천하였던 정도전의 정치론은 일명 창업의 정치학이라 할 수 있습니다. 수성의 정치학이 정치의 도덕적 보편성을 강조한다면 창업의 정치학은 변혁기의 냉혹한 시대상황에 맞서 새로운 정치질서를 수립하는 혁명의 정치학입니다.

물론 현재 한국사회에 필요한 정치론, 정치학이 수성의 정치학인지, 창업의 정치학인지 단정할 수는 없습니다. 그러나 정치·사회·경제·문화적으로 개혁이 필요함은 보편적으로 인정할 것 같습니다. 일제강점 이후, 민족분단의 전쟁을 경험하였으며, 민주사회의 발전을 방해하는 독재정권 또한 경험하였습니다. 우리에게는 경제발전과 건전한 민주사회의 조화를 이룰 수 있는, 시대상황을 냉철하게 인식하고 한국사회에 존재하는 각종 문제점을 개혁할 수 있는 지도자가 필요한 것이 아닐까요? 그런 의미에서 저는 정도전의 정치론, 정도전이 고려 말 시대상황을 개혁하고 추구하였던 문명국가 조선의 모습을 되새겨봐야 한다고 봅니다.

또한 정도전이 인식하였던 정치는 만민의 통치였지 이기적인 권력 투쟁이 아니었습니다. 이 점에서 현대사회의 지도자들에게 요구되는 지도자의 자격, 대통령의 자격을 유추해볼 수 있습니다. 지도자, 대통령이 되기 위해서는 물론 정치권력을 추구해야 하지만, 이기적인 권력투쟁으로써 정치권력을 추구해서는 안 됩니다. 비이성적인 정치권력을 행사하거나, 경제적 이익을 추구하려는 목적으로 지도자가 되려고 해서도 안 됩니다. 만약에 우리가 이런 지도자를 보고도 모른 체한다면 현대 한국사회가 경험하였던 부패한 지도자의 재등장을 방기하는 것이나 다름없습니다.

| 남경태 |

'백성의 마음을 얻어라. 그렇지 못한다면 백성이 군주를 버릴 것이다.' 정도전은 역성혁명에 성공하고도 왕이 아닌 신하로 남을 것을 자처했습니다. 왜일까요? 그것은 한없이 높은 왕이 아닌 지극히 낮은 백성에게 시선이 있었기 때문입니다.

백성이 등 따습고 배부르게 살 수 있는 세상, 그런 세상을 만들고자 했던 정도전. 600년 전 세계 어느 곳에서도 시도되지 못했던 민본정치라는 정도전의 거대한 실험, 그의 정신은 지금 우리에게 어떤 이야기를 들려주고 있을까요?

| 연보 |

1342년(충혜왕 복위 3)	충북 담양군 삼봉산 아래에서 출생, 이후 이색李穡의 문하에서 수학
1360년(공민왕 9)	성균시 합격
1362년(공민왕 11)	진사시 합격
1370년(공민왕 19)	성균관 박사
1371년(공민왕 20)	태상박사太常博士 임명
1375년(우왕 1)	성균사예成均司藝 · 예문응교藝文應敎 · 지제교知製敎 등 역임
	권신 이인임李仁任 · 경복흥慶復興 등의 친원배명정책에 반대하여 전라도 나주목 회진현會津縣 관하의 거평부곡居平部曲에 유배
1377년(우왕 3)	유형을 마치고 고향 영주에서 거주
1380년(우왕 6)	삼각산三角山 밑에 초려草廬를 짓고 후학 양성
1383년(우왕 9)	함주 막사로 이성계를 찾아감
1384년(우왕 10)	전교부령典校副令으로 성절사 정몽주의 서장관이 되어 명나라에 다녀옴
1385년(우왕 11)	이성계의 천거로 성균관대사성이 됨
1388년(우왕 14)	6월 위화도 회군 이후 밀직부사로 승진
1389년(창왕 1)	창왕을 폐위하고 공양왕 옹립한 공으로 좌명공신佐命功臣에 봉해짐
1390년(공양왕 2)	지경연사知經筵事로 성절사겸변무사聖節使兼辨誣使가 되어 명나라에 사신으로 감
1391년(공양왕 3)	삼군도총제부 우군총제사三軍都摠制府右軍摠制使가 되어 병권을 장악
1392년(태조 1)	7월 조선 개국 주역을 담당

1393년(태조 2)	〈문덕곡文德曲〉·〈몽금척蒙金尺〉·〈수보록受寶籙〉 등 악사樂詞를 지어 조선의 창업을 찬송함 문하시랑찬성사로서 동북면도안무사東北面都安撫使가 되어 동북면 개척
1394년(태조 3)	판의흥삼군부사判義興三軍府事로서 경상·전라·양광삼도도총제사慶尙全羅楊廣三道都摠制使가 되어 재정·지방 병권 장악 《조선경국전朝鮮經國典》을 찬진
1395년(태조 4)	정총鄭摠 등과 함께 《고려국사高麗國史》 37권 찬진, 《감사요약監司要約》, 《경제문감經濟文鑑》 저술
1396년(태조 5)	군량미 확보, 진법훈련陣法訓鍊, 사병혁파 추진
1397년(태조 6)	《경제문감별집經濟文鑑別集》 저술
1398년(태조 7)	《불씨잡변佛氏雜辨》 저술, 9월 1차 왕자의 난으로 피살됨

4부

조선을 경영한
창조와 소통의 리더십

세종

박현모

서울대학교에서 정조에 관한 논문으로 박사학위를 취득했다. 조선왕조실록을 '문화 콘텐츠'의 보고 내지 '국왕의 리더십 과정'에 관한 좋은 텍스트로 보면 전혀 새로운 면모가 드러난다고 말하는 저자는 '텍스트로서 역사 읽기'를 시도하고 있으며, 외국인들에게 영어로 《세종실록》을 강의하는 꿈을 꾸고 있다. 현재 여주대학교 세종리더십연구소장으로 세종실록학교, 연세대학교 등에서 세종과 정조의 리더십을 강의하고 있다. 한국학중앙연구원 연구교수와 '역사와 사회'의 편집위원장을 지냈고, 중앙일보와 동아일보 칼럼니스트, 2006 광주비엔날레 전시자문위원으로 활동했다. 저서로는 《세종이라면》, 《세종의 적솔력》, 《세종처럼》, 《정치가 정조》, 《정조 사후 63년》 등이 있고, 역서로는 《몸의 정치》, 《휴머니즘과 폭력》(공역) 등이 있으며, 〈경국대전의 정치학〉, 〈정약용의 군주론〉, 〈Max Weber의 정치가론 연구〉, 〈고대 그리스 비극의 정치성〉 등 80여 편의 연구논문을 발표했다.

> 우리 역사상 가장 존경받는 왕은 누구일까요? 프랑스에 루이14세가 있고, 영국에 헨리8세가 있다면 우리에게는 이분이 있죠. 그런데 앞의 두 왕과 달리 우리는 이분을 지칭할 때 반드시 대왕이라는 말을 붙입니다. 바로 세종대왕이죠. 세종은 조선의 왕 가운데 가장 능력이 뛰어났고, 또 많은 역사적 업적을 남깁니다. 세종대왕, 그는 과연 어떤 인물이었을까요? 그리고 우리가 역사상 최고의 성군으로 세종을 꼽는 이유는 무엇일까요?
>
> ― 남경태

세종대왕이 창조의 군주가 되기까지

태종의 셋째 아들로 태어나 1418년, 22세에 왕위를 이은 조선의 4대 왕, 세종대왕. 세종대왕은 이탈리아의 카스텔리보다 200년이나 앞서 측우기를 만들고, 한글을 창제했습니다. 활자 인쇄술을 개량하여 많은 책을 펴내기도 했지요. 창조적 활동을 게을리 하지 않는 세종의 창조적 에너지는 과연 어디에서 나온 것일까요? 세종이 훌륭한 창조의 군주가 되기까지의 성장 과정, 이른바 세종 리더십의 형성과정과 창조 리더십의 다섯 가지 비결에 대해 알아보겠습니다.

세종대왕을 가장 많이 소개하고 있는 책은 《세종실록》입니다. 《세종실록》을 보면 세종대왕이 후계자를 키울 때 가장 중요하게 생각한 점이 기록되어 있습니다.

"대저 세자를 교양하는 길이란, 반드시 훌륭한 사람을 가까이하고 아름다운 일을 들려주는 데 있다. 그것은 마치 초나라에서 나고 자라면 초나라 말을 먼저 배울 수 있는 것과 같은 이치다." (세종실록 13년 1월 30일)

이 말을 다르게 해석하면, 우리가 세종대왕의 이야기를 많이 듣고, 세종이 쓴 글을 많이 읽게 되면 우리도 자연스럽게 세종대왕처럼 되고자 하는 마음이 생기고, 그것이 우리 마음속에 새겨진다는 뜻으로 볼 수 있습니다.

세종대왕은 사람들의 마음을 감화하기 위해서 《삼강행실도》라는 책을 만듭니다. 재위 10년째 되는 1428년, 세종은 경상도의 김화라는 사람이 아버지를 죽인 사건을 보고 받습니다. "어떻게 하면 좋겠는가?"라고 묻는 세종에게 옆에 있던 허조許稠라는 신하가 "요즘 처벌 수위가 너무 약해서 그렇습니다. 법을 강화하소서."라고 대답합니다. 그러자 그 옆에 있던 변계량卞季良이라는 신하는 다음과 같이 말합니다. "이런 종류의 일은 법을 강화해서 될 것이 아니라 사람들에게 좋은 이야기를 많이 들려줘야 합니다. 《효행록》과 같은 책을 널리 반포해서 백성들로 하여금 이를 항상 읽고 외우게 하여 점차로 효도하고 예의를 지키는 당으로 들어오게 하소서." 이렇게 해서 만들어진 책이 《삼강행실도》입니다. 당시는 한글이 만들어지기 전이어서 책 내용을 이야기와 함께 판화처럼 그림으로 새겨넣었지요.

좋은 리더를 기르기 위해서는 그 사람이 좋은 이야기를 많이 듣게 해야 합니다. 좋은 이야기를 들으면, 좋은 생각을 하게 되고, 좋은 생각을 하면 또 그런 말과 행동을 합니다. 이것이 세종 시대의 왕과 신하들이 지도자와 자녀를 기르는 방법이었습니다.

그런데 세종의 어릴 적 모습은 어땠을까요? 세종의 업적에 대해서는 어느 정도 알려져 있지만, 그가 훌륭한 지도자가 되기까지의 성장 과정에 대해서는 잘 모르는 분들이 많습니다. 뜻밖에도 세종은 불우한 가정환경에서 나고 자랐습니다. 태어난 직후부터 유년 시절에 이르기까지 피비린내 나는 권력 다툼인 제1·2차 왕자의 난을 겪었습니다. 게다가 세종의 큰형인 양녕대군은 당시 아주 악명 높은 문제아였습니다. 여자와 사냥에 빠져서 아버지 태종과 어머니 원경왕후를 불안하게 만들었죠.

왕자의 난: 제1차 왕자의 난은 1398년(태조 7), 제2차 왕자의 난은 1400년(정종 2)에 일어났다. 태조는 첫째 부인 한씨에게서 방우, 방과(정종), 방원 등 여섯 형제를 두었고, 둘째 부인인 강씨와의 사이에 방번, 방석을 두었다. 태조는 한씨 소생 왕자들이 반발함에도 불구하고 총애하던 강씨 소생의 여덟째 아들 방석을 세자에 책봉했다. 정도전, 남은 등이 신생국가 조선의 중앙집권체제를 강화하려는 목적에서 왕실 권력 기반인 사병을 없애려 하자 방원은 반대세력을 제거하고, 세자 방석과 방번을 살해했다. 이 사건이 제1차 왕자의 난이다. 이후 방원은 방과를 세자로 내세웠는데 방과는 정종으로 즉위한다. 정종은 아들이 없어, 후계 문제로 방원과 방간이 대립해 방원이 승리했다. 이것이 제2차 왕자의 난이다. 이후 방원은 1400년(정종 2)에 세자로 책봉되어 정종으로부터 왕위를 물려받아 태종이 되었다.

세종의 부모, 즉 태종과 원경왕후는 사이가 좋지 않았습니다. 태종이 왕이 된 후에 후궁을 들이는 문제로 둘 사이는 멀어졌지요. 설상가상으로 태종이 원경왕후의 동생들, 즉 세종의 외삼촌들을 제거하는 과정에서 문제가 더욱 불거져 원경왕후는 왕비의 자리에서 쫓겨날 위기를 맞기도 했습니다. 이런 가정환경에서 자란 청소년이라면 삐뚤어진 성정을 갖기 십상입니다. 그 때문이었을까요? 어린 세종, 즉 충녕은 고자질쟁이의 면모를 보입니다. 실록을 보면 19세 때 외삼촌 민무회로부터 아버지 태종에 대한 안 좋은 말을 듣고 바로 태종에게 일러바칩니다. 그로 인해 외갓집이 풍비박산되고 말지요. 22세 때는 형 양녕이 충녕에게 따진 일도 있었습니다. 양녕의 애첩인 어리가 곤경에 처한 일이 있는데 충녕이 고자질했기 때문에 그렇게 된 것이 아니냐는 거지요.

또한 충녕은 '잘난 체하기'를 좋아한 왕자였습니다. 시구를 던지면 그 말을 받아서 잇는 '지식 경쟁'이 경회루에서 있었습니다. 집안 어른과 대신들이 참석한 그 자리에서 충녕이 "저요!" 하면서 《서경》의 한 구절을 딱 들이대면서 끝말을 이었습니다. 그러자 태종이 크게 칭찬하고, 좌중도 다들 감탄합니다. 그런데 태종이 뒤돌아보면서 양녕에게 "왜 너는 동생보다 못하느냐?" 하고 꾸짖습니다. 그때 세종의 나이가 20세니까 자신이 그렇게 나서면 틀림없이 형이 곤경에 처한다는 것쯤은 알았을 텐데 말입니다.

게다가 세종은 뚱뚱했습니다. 22세에 아버지 태종이 "주상은 몸이 비중(肥重, 살이 찌고 몸무게가 많이 나감)하니 운동을 하시라."(세종실록 즉위년 10월 9일) 하고 말했고, 형도 "다른 건 좋은데 군사 문제에 대해

■ 광화문 광장에 있는 세종대왕 동상

서 약하고 용맹하지 못합니다."(태종실록 16년 2월 9일)라고 말한 적이 있습니다.

'왕따' 충녕대군은 어떻게 세종대왕이 되었을까?

사실 이 정도면 '왕따'의 조건을 충분히 갖추었다고 볼 수 있습니다. 우리가 생각하는 훌륭한 임금과는 완전히 다른 모습이지요. 이런 충녕대군이 어떻게 세종대왕이 될 수 있었을까요?

첫째, 세종은 공부를 매우 좋아했습니다. 태종이 다음과 같이 말한 적이 있습니다. "충녕은 배우기를 좋아하여 몹시 추운 때나 몹시 더운 때를 당하더라도 밤이 새도록 책을 읽었다. 나는 그가 병이 날까 두려워하여 항상 밤에 글 읽는 것을 금지하였으나, 그는 나의 큰 책들을 모두 가져가서 읽었다."(태종실록 16년 7월 18일) 그야말로 공부하기가 취미이자 특기인 사람이 세종이었습니다. 세종은 아버지의 책을 모두 가져다 읽으면서 책을 통해서 경험을 넓히고 스스로를 돌아보았습니다.

둘째, 운동을 좋아했습니다. 세종은 세자 때 뚱뚱했고 왕위 초반부에 비중하다는 말을 들었는데, 그 때문인지 격구라는 운동을 매우 좋아했습니다. 격구는 채를 이용해 나무공을 구멍에 넣는 운동인데, 하키나 골프와 비슷합니다. 또한 2천여 명의 군사를 데리고 20~30일씩 돌아다니면서 군사 훈련을 하였습니다. 재위 중반부가 되면 세종은 제법 무예에 뛰어난 모습을 보이기도 합니다. 이와 관련해 세종은 다음과 같이 말합니다. "격구는 본시 무예를 연습하기 위함이요, 오락이 아니다."(세종실록 12년 9월 21일)

셋째, 세종은 음악에 조예가 깊었습니다. 세종은 소리의 길이를 정확하게 표시할 수 있는 '정간보井間譜'라는 악보를 만들기도 했습니다. 세종이 음악을 배우게 된 것은 아버지 덕분이었습니다. 태종은 "너는 셋째 아들이니까 아예 왕이 될 생각은 하지 마라. 내가 다섯째 아들로서 왕이 되어 보니 여러 가지 문제가 많았다. 양녕에게 왕위를 물려줄 테니, 너는 평안하게 즐기거나 하라."고 말하면서, 거문고, 비파, 붓글씨와 같은 취미 생활을 할 수 있게 해주었지요. 《태종실록》에는 충녕이 양녕에게 거문고와 비파를 가르쳤다는 구절이 나옵니다. "둘 사이에 화목하여 틈이 없었다."(태종실록 13년 12월 30일)는 구절도 나오는데, 형과 동생이 이렇게 악기를 가르쳐주고 배우는 과정을 지켜보면서 태종은 아주 흐뭇해했습니다.

지금까지 말한 세 가지를 정리해봅니다. 세종은 책이라는 훌륭한 스승을 통해서 견문을 넓혔고 운동과 무예를 통해서 문약, 즉 문만 중시하고 무를 경시하는 풍조에 빠지지 않았습니다. 문약에 빠지면 대개 결단력이 약해진다고 보았기 때문입니다. 무를 배움으로써 유혹이나 우유부단을 떨치고 나아갈 수 있는 힘을 쌓아야 한다고 보았습니다. 어려운 가정환경이었지만, 세종은 문무를 겸비하고 음악을 통해서 정서적 감화를 이룸으로써 부드러운 카리스마를 가진 지도자가 될 수 있었습니다.

그런데 이것이 다가 아닙니다. 그보다 더 중요한 것이 '문제아 세종'을 '대왕 세종'으로 바꾸어 놓았습니다. 그것은 바로 스스로를 성찰하고 자기를 고쳐나가는 세종의 힘입니다. 세종은 책을 통해 세상을 넓게 바라보면서 이웃나라 명이 커가는 것, 고려가 패망한 이유, 그리고 앞으로 조선을 어떻게 이끌어가야 할지 생각했습니다. 동시에 '나는 저러지 말아야지.'라고 하며 형을 반면교사로 삼았지요. 그것이 그를 훌륭한 지도자로 변모시켰습니다.

지도자의 중요한 조건 중 하나는 자신이 과연 누구를 위해 존재해야 하는지를 분명히 깨닫는 것입니다. 세종은 어려서부터 아버지를 따라 다니면서 견문을 넓혔습니다. 세종 즉위 당시만 해도 조선왕조가 세워진 지 27년밖에 되지 않아 여전히 많은 백성들 사이에 고려왕조에 대한 미련이 남아 있었고 조선왕조가 아직 뿌리를 내리지 못한 상태였습니다.

세종은 백성의 마음을 추스르지 못하면 조선이 오래갈 수 없다고 판단했습니다. 그래서 기본적으로 왕은 군림해서는 안 된다고 생각했습니다. "백성이 추대했다 立君長"(세종실록 13년 6월 20일)는 자신의 말처럼 세종은 '백성이 나라의 뿌리이고, 왕과 신료들은 나무의 열매요 가지에 불과하다' 라는 마음을 갖고 있었지요. 따라서 중요한 정책 결정을 내릴 때, 세종이 제일 먼저 생각한 것은 나라에서 가장 열악한 위치에 있는 사람들이 이를 어떻게 받아들일까 하는 점이었습니다. 그다음에 세종은 그런 목표, 즉 백성들의 복지를 향상시킬 수 있는 방법을 인재들에게 묻고 그들에게 일을 위임했습니다. 이것이 세종이 일하는 방식입니다. 세종은 가장 밑바닥 백성들의 수준을 끌어올려야 나라의 국격 國格 이 올라가고 자연스럽게 조선왕조가 안정되고 튼튼해질 수 있다고 보았습니다.

세종, 창조의 비결 다섯 가지

이제 본론을 이야기하겠습니다. 매년 가을 노벨상 수상자 발표 시점이 되면, 사람들은 "왜 우리가 유독 노벨상만은 일본을 못 따라가느냐."고 개탄하곤 합니다. 평화상을 빼면 우리나라는 과학분야에서만 노벨상을 20개 이상 수상한 일본과 달리, 노벨상을 한 개도 받지 못했지요. 이유가 무엇일까요? 이 문제를 세종에게 여쭤보면 뭐라고 말씀하실까요? 아마도 "내가 했던 방식으로 해보라."라고 말씀하실 듯합니다.

그런데 세종 때 정말로 과학기술 성과가 뛰어났을까요? 그것은 일본에서 발표된 자료를 통해 확인할 수 있습니다. 1983년 도쿄에서 간행된 《과학사기술사 사전》을 보면 1418년부터 1450년까지, 즉 세종 재위 기간에 조선에서는 과학기술 업적이 21건 나왔다고 합니다. 중국에서는 4건이 나왔고, 일본에서는 한 건도 나오지 않았습니다. 흥미로운 것은 한중일을 제외하면 유럽과 아랍 지역을 다 합쳐도 19건에 불과합니다. 다시 말해서 세종시대의 과학기술 성과는 21건으로 유럽과 아랍 지역을 합친 것보다 2건이 더 많습니다. 이에 대해서 과학사를 전공하는 전상운 교수는 《한국과학사》에서 이렇게 평가합니다. "이렇게 수준 높은 학문, 문화, 예술의 성과가 짧은 동안에 총체적으로 나타난 적은 한국의 역사에서 일찍이 없었다. 15세기 전반기의 과학기술사에서 세종 때와 같은 유형의 발전은 지구상의 다른 어느 지역에서도 찾아볼 수 없다."

이것이 어떻게 가능했을까요? 이에 답하기 위해서는 《농사직설》이라는 유명한 책의 서문을 읽어볼 필요가 있습니다.

"우리 주상 전하께서 오방五方의 풍토가 같지 아니하여 곡식을 심고 가꾸는 법이 각기 적성이 있어, 옛글과 다 같을 수 없다 하여, 여러 도의 감사에게 명하여 주현의 노농老農들을 방문하게 하고, 농토의 이미 시험한 증험에 따라 갖춰 아뢰게 하셨다. 또 신 등에게 그것을 읽고 참고하여 그 중복된 것을 버리고 그 절요한 것만 뽑아서 찬집하여 한 편을 만들되, 책 제목을 《농사직설》이라고 하라 하셨다. 농사 외에는 다른 설은 섞지 아니하고 간략하고 바른 것에 힘을 써서 산야의 백성들에게도 환히 쉽게 알도록 하였다. 이를 주자소에 내려서 약간 본을 인쇄하여 중외에 널리 반포하게 하셨다."(세종실록 11년 5월 16일)

이 서문에는 다섯 개의 창조의 비결이 숨어 있습니다.

첫째, 우리를 '다르다'는 눈으로 바라보는 것입니다. 오방, 즉 동서남북과 중앙의 여러 지역과 같을 수는 없다는 것이죠. 중국과 다른 우리의 독특함을 인정해야만 지적 열등감에서 벗어나고, 창의적인 생각이 나온다는 것입니다. 세종은 중국의 앞선 문물을 근원original으로 여기고 따라잡거나 베끼려 한다면 도저히 창조는 불가능하다고 보았습니다. 대신에 중국과는 '다른' 우리만의 것을 찾아 거기서 '새로운' 것을 만들고자 했습니다. 예컨대, 《향약집성방》이라는 책을 만들면서도 천 리나 백 리가 떨어져 있으면 풍속이 다르고 초목도 다르기 때문에 중국의 책을 그대로 옮기는 것은 올바른 것이 아니고 그 지역에 나는 약초를 가지고 병을 치유해야 된다고 말했고, 《훈민정음》의 서문에서는 사방의 풍토가 다르면 사람의 생각과 기운도 다를 수밖에 없다고 했습니다. 중국의 것과 다르다고 해서 우리가 틀린 것이 아니라는 인식을 심어주어 지적 열등감에서 벗어나게 하는 것이 창조의 첫 번째 비결로 볼 수 있습니다.

둘째, 각 지역들을 찾아가서 좋은 사례를 뽑는 것입니다. 집대성의 정신이지요. 각 지방의 노농, 즉 숙련된 농부들의 노하우를 다 모아 오게 합니다. 세종은 집현전에 장서각이라는 도서관을 만들어 전국의 책을 모았고, 중국 책, 심지어는 아랍의 책까지 모아 학자들로 하여금 공부하게 했습니다. 축적하는 것, 이것이 바로 창조의 두 번째 비결입니다. 계속해서 새 것만 만들려고 하는 것이 아니라 있는 것을 잘 축적해나가는 것이지요.

셋째, 모은 것을 토대로 창의적으로 테스트해보는 실험 정신입니다. 세종 때는 유독 실험할 '시試' 자가 자주 등장합니다. 세종은 1437년에 경기관찰사 김맹성이 유난히 이삭이 많이 달린 보리를 발견해 올리자 그에게 그 보리 종자를 잘 심어 좋은 품종으로 개량해 바치라고 지시합니다(세종실록 19년 5월 8일). 또한 세종은 온수현(온양)으로 가면서 1리里마다 북을 쳐서 거리를 알려주는 기리고記里鼓를 사용했습니다. 이 기리고차는 반半자동 거리 측정 수레인데, 이후 장영실이 왕명을 받아 중국에 유학한 후 더욱 정교하게 개량하였습니다.

넷째, 직설의 정신, 즉 실용의 정신입니다. 세종은 그렇게 모으고 실험한 결과를 책으로 만들되 이 과정에서 다른 것을 섞지 말라고 합니다. 《농사직설》이라는 책 제목처럼, 농사짓는 책에다가 무엇이 옳고 그른가 시시비비를 따지는 주장을 싣지 말라는 것입니다. '직설'이라는 말 그대로, 실용적이지 않은, 관념적인 것은 섞지 말라는 것이지요.

다섯째는, 소통의 정신입니다. 책을 만들어 궁궐에 보관하지 말고 전국 방방곡곡으로 알려서 고급 농사 지식을 활용할 수 있게 하라는 것입니다. 창조한 것을 널리 알리고 소통하게 하는 것이 마지막 비결입니다.

저는 이 다섯 가지 핵심어에 창조의 비밀이 숨어 있고, 우리도 이를 잘 적용한다면 얼마든지 창조 작업을 할 수 있다고 믿습니다. 세종은 창조적인 생각을 하면서도 늘 '삼가는 마음'과 '현자에게 묻는 것'을 잊지 않았습니다.

재위 말년에 세종은 이런 말을 한 적이 있습니다. "옛사람들은 큰일을 당할 적에, 반드시 일에 임해서는 두려워하고 지모智謀를 내어 성사시키라 하였다. 일에 임해서 두려워하는 것은 두려울 것이 없지 않다는 것을 말함이요, 지모를 내어 성사시킴은 두려워하기만 할 것이 아니라는 것을 말함이다."(세종실록 31년 9월 2일)

이 말 속에는 매우 중요한 뜻이 담겨 있습니다. 한자로 표기하면, 臨事而懼 好謨而成(임사이구 호모이성)으로 일에 임해서는 먼저 두려움懼이 필요하다는 것입니다. 우리가 어떤 중요한 일을 하려고 할 때, 근거도 없이 '괜찮아. 잘 되겠지.' 하고 방심하고 있다가 갑자기 복병이 나타나면 일을 망칩니다. 때문에 먼저 '큰일이 생길 수도 있다. 이건 정말 중요한 일이니 실수 없이 잘해야 될 텐데.' 라는 두려운 마음을 먼저 가져야 됩니다.

그다음으로 두려운 마음과 함께 지혜로운 말謀을 들어야 합니다. 두려움을 갖되 지혜로운 사람들의 말을 들어 일을 이루라成 는 것이지요. 세종은 중국의 한 제후를 예로 듭니다. 이 제후는 남방 오랑캐들이 성을 포위하자 자결하려고 합니다. 그러자 옆에 있던 부관이 말립니다. "싸우다가 완전히 패배한 다음에 죽어도 늦지 않는데 왜 빨리 죽으려 하십니까?" 하지만 제후는 이 말을 듣지 않고 자결하고 맙니다. 그런데 남은 부관과 국민이 힘을 모아서 오랑캐를 물리쳤습니다. 결과적으로 제후는 죽지 않아도 되는데 죽고 만 것이지요. 두려워하기만 하고 지혜를 모으지 않아 헛되이 죽고 말았습니다.

다른 한편으로 세종은 두려워하지 않아서 실패한 사례로 고려의 공민왕을 듭니다. 공민왕은 홍건적이 온다는 보고를 들었습니다. 그런데 '그까짓 오랑캐들'이라고 하면서 대비하지 않고 있다가 홍건적이 평양까지 쳐들어오니까 부랴부랴 경상도 안동으로 도피하고 맙니다. 지금도 안동에는 공민왕 유적지가 남아 있습니다. 아무런 대비를 하지 않고 있다가 크게 당한 공민왕과 두려워하기만 하다가 자결한 중국의 제후. 한쪽은 지나치고, 다른 쪽은 모자란 경우이죠.

세종은 중요한 일에 대처할 때는 먼저 두려운 마음을 가진 다음, 이 일을 해결할 수 있는 인재들에게 물어 대비책을 세우면, 즉 두려운 마음을 갖되 지혜를 갖고 추진하면 일을 이룰 수 있다고 강조합니다. 한글 창제 과정에서 얼마나 많은 반대와 방해가 있었습니까? 최만리의 상소를 비롯해 수많은 반대가 있었을 때, 세종은 두려운 마음을 가질 수밖에 없었을 것입니다. 하지만 세종은 먼저 두려운 마음으로 대비한 다음, 이 문제를 풀 수 있는 사람들의 지혜를 모아 최만리조차도 논리적으로 설득합니다. 그리고 결국 한글 창제라는 창조적인 성과를 이루었습니다.

- **자격루自擊漏** • 조선 세종 때의 물시계로, 자동으로 시간마다 종이 울리도록 만들어졌다. 1434년(세종 16) 왕명으로 장영실·김조·이천 등이 제작하였다. 세종 때 만든 것은 모두 없어졌고 이후 1536년(중종 31) 이전의 자격루를 개량하여 다시 제작한 것이 남아 있으며 국보 제229호로 지정되었다.

신하들과 자유롭게 토론하는 소통의 리더십

세종의 국가 경영 마인드맵

1. 인간 세종
❶ 가족관계
- 아버지 태종
- 형 양녕대군
- 왕비 소헌왕후 심씨

❷ 교육과정
- 스승 이수
- 경연관 변계량
- 자녀교육(세자·왕자)

❸ 건강과 성격
- 체중과 운동
- 군사훈련
- 질병

2. 인재경영
❶ 인재관
- 인재정의(인재는 나라의 보배다)
- 강점경영
- 정승론

❷ 교육과정
- 인재선발
- 검증절차
- 배치와 재교육

❸ 인재 쓰기 사례
- 황희
- 조말생
- 김윤수
- 설순

3. 지식경영
❶ 회의하는 법
- 어전회의 방법
- 자유로운 회의 규칙
- 토론의 예방적 효과(파저강 토벌 3단계 대토론)

❷ 싱크탱크
- 집현전의 조직과 기능
- 교과과정과 학습효과 높이기
- 학사들의 학문과 성향

❸ 경연의 운영방식
- 구도
- '말'과 '일'을 엮는다
- 첫교재《대학연의》의 정치학
- 독서경영의 방법

4. 국방·외교경영
❶ 중국 외교
- 명나라 사신 달래기
- 소 1만 마리 매매
- 처녀 공납문제

❷ 일본 외교
- 대마도 정벌
- 대장경 요청문제
- 재팬타운 운영
- 왜구 문제

❸ 여진족 외교
- 집단귀화 현상
- 1·2차 파저강 토벌

5. 북방영토 경영
❶ 영토관
- 용성후퇴논쟁
- 백두산 확보

❷ 4군6진 개척
- 축성
- 농토 개척
- 여진족 전투

❸ 사민입거
- 이주정책
- 반대극복방법

6. 창조경영
❶ 과학기술
- 발명과 활동
- 기술자 양성 우대

❷ 훈민정음
- 창제 동기와 원리
- 장애물 극복 방식
- 창제 후 활용

❸ 악보 창안
- 아악 정비
- 향악 작곡
- 정간보

7. 감동경영
❶ 사대부
- 경청
- 설득
- 세종식 화법

❷ 백성
- 노비 출산휴가
- 경로의 정치
- 의녀제도

세종 나무

4부 — 세종 • 147

세종은 조선 건국 27년째 되던 해에 왕위에 올랐습니다. 그리고 32년 동안 통치하면서 많은 성과를 냈습니다. 그러한 성과는 '세종 나무'에서 보듯이 재능 있는 인재는 신분이나 학벌을 따지지 않고 등용하는 인재경영, 그런 인재를 모아 창조적 업적을 이루는 창조경영, 정확한 정보와 중요한 지식을 받아들여 정책 결정에 활용하는 지식경영을 통해 이루어졌습니다. 중국과의 관계에서 실리외교를 추구하는 외교경영은 또 얼마나 배울 게 많습니까?

이중에서 저는 '한국형 리더십'과 가장 연관되는 것은 감동경영이라고 봅니다. 관노비에게 출산휴가를 준 데에서도 나타나듯이 세종은 신하들과 백성들의 마음을 감동시켜 각자가 이 나라의 주인이라는 마음을 갖도록 하였지요. 이러한 감동경영은 세종시대의 재상 허조가 임종에 이르러 "스스로 국가의 일을 내 책임이라 여기며 살아왔다."고 회고한 데에서도 단면이 드러납니다. 신하들과 백성에게 왕은 세종이었지만 나라의 주인은 '나'라는 책임의식을 심어주었던 것입니다.

세종의 업적을 가능하게 한 가장 중요한 요소는 인재 쓰기로 볼 수 있습니다. 좋은 인재라면 그 사람이 노비 출신이라도 등용했습니다. 장영실도 노비 출신이었고, 황희 정승도 아버지는 군수였지만 어머니는 천인이었습니다. 강릉군수 황군서의 얼자(아버지는 양반 어머니는 천인)였지요. 외국 망명객이라도 재주가 있으면 등용하는 열린 인재경영은 지금 우리가 배울 점입니다.

그런데 여기서 주목해야 할 점은 인재들을 데리고 회의하는 방식입니다. 아무리 좋은 인재를 모아도 그들의 말을 듣지 않으면 이른바 '인간 병풍'에 지나지 않습니다. 많은 사람들이 세종대왕에게서 꼭 배워야 할 것으로 소통을 말합니다. 앞에서 창조적 업적을 가능하게 한 다섯 가지 비결을 알아보았지만, 창조적인 작업의 바탕이 된 것이 바로 '회의'를 통한 정보의 소통입니다. 세종대왕은 어떻게 어전회의를 했을까요? 인재들의 아이디어를 잘 듣는 회의, 이것이 바로 세종 리더십의 핵심입니다.

세종 때의 신하들도 처음에는 회의에 적응하지 못했던 듯합니다. 세종은 회의와 관련해 이렇게 말합니다.

"지금으로 말하면 (…) 아직 과감한 말로 면전에서 시비를 쟁간爭諫하는 자는 보지 못하였으며, 또 말하는 것이 매우 절실하고 강직하지 않다. 어째서 지금 사람은 옛사람 같지 못한가. (…) 의논하라고 내린 일로 보아도, 그것을 논의할 적에 한 사람이 옳다고 하면, 다 옳다고 말하고, 한 사람이 그르다고 말하면, 다 그르다고 말한다. (…) 한 사람도 여러 사람의 의견에 반대하여 논란한 자가 없었다."(세종실록 7년 12월 8일)

어떻습니까? 요즘 분위기하고 비슷하지 않습니까? 세종은 왕 앞에서 "이건 안 됩니다. 이렇게 하여 주시옵소서."라고 강력하게 주장하는 자가 없다고 말합니다. "한번 의논해보라."고 해도 주위 눈치를 본다고도 말합니다. 이처럼 다른 사람의 말을 따라 다 옳다거나 그르다고 말하는 방식으로는 도저히 좋은 회의를 할 수 없다는 게 세종의 생각이었습니다.

세종은 회의할 때 매우 '절실하고 강직하게' 말하라고 주문합니다. 예를 들어 회사에서 상사가 강압적으로 내리 누른다고 해서 침묵하면, 그것은 절실한 말을 강직하지 않게 하는 것이고, 또 반대로 사사로운 이야기를 핏대를 세워 말하는 것은 절실하지 않은 내용을 강직하게 말하는 것입니다. 나라 혹은 회사에 정말 필요한 내용이라면 강직하게 말해야 한다는 게 세종 회의의 제일 요건입니다.

나아가 세종은 침묵하는 분위기를 바꾸기 위해 자유롭게 토론할 수 있는 분위기를 만들었습니다. 세종은 묻기를 좋아하는 임금입니다. 실록에는 "어떻게 하면 좋겠는가? 의논해보아라."와 같은 구절이 자주 등장합니다. 세종은 신하들로 하여금 거리낌 없이 직언하게 하고 속마음을 마음껏 이야기하게 했습니다. 또한 신하들이 말하면 일단 "네 말이 아름답다."거나 "그 뜻이 좋다."라는 식으로 수긍을 합니다. 이것은 조선 후기 정조가 상대방의 말을 "그렇지 않다."라고 일단 부정한 다음에 논쟁적으로 자신의 주장을 펼치는 것과 대조를 이룹니다.

세종 때의 회의 분위기를 짐작케 하는 일화가 있습니다. 신하들 중에 이름이 고약해高若海인, 정말 고약한 신하가 있었습니다. 이 신하는 회의를 하다가 세종 앞에서 반대 의견을 펼치며 자리에서 벌떡 일어서기도 했습니다. 세종이 "알아들었으니 다시 자리에 앉으라." 하고 말할 정도였지요. 한번은 세종이 강무講武라는 군사훈련을 겸한 사냥을 실시하겠다고 하자 "강무는 유희에 가깝다고 생각되옵니다. 백성들이 쉴 수 있도록 강무 일수를 줄여주시는 게 좋다고 보옵니다."라고 말하며 집요하게 반대합니다. 세종은 끝까지 듣고 있다가 말합니다. "경의 말이 옳다." 신하가 이렇게 반대하고 나서면 화가 나기 마련일 텐데도 일단 수긍하는 것이지요. 그런 다음, 다음과 같이 결론을 내립니다. "강무는 유희가 아니다. 강무는 종묘를 받들고 빈객을 접대하고 무예를 익히는 일로서 관계되는 바가 가볍지 않다. (…) 경의 말이 비록 옳다고는 하나 강무를 폐지할 수는 없다."(세종실록 14년 1월 24일) 이처럼 세종은 신하들의 의견을 끝까지 듣고 난 후, 일단 수긍하되 곧이어 자신의 의견을 주장하는 방식으로 회의를 진행했습니다.

태종 때는 너무도 경직된 시절이었습니다. 왕자의 난을 비롯해 여러 가지 정변이 있었기 때문에 말을 잘못했다가 유배 가는 일도 있어서 모두가 긴장할 수밖에 없었습니다. 세종은 이런 경직된 회의 분위기를 친근하게 바꾸기 위해 노력했습니다. 실록에는 심지어 세종이 신하인 윤회尹淮의 별명을 불러서 희롱했다는 기록이 있습니다. 남재南在라는 신하가 일어나 멋들어지게 춤을 추니까 세종이 그에게 '남로南老'라고, 지금으로 말하면 '남짱' 쯤 되는 칭찬의 의미가 담긴 별명을 붙여주기도 했습니다. 태종과 세종, 두 임금이 일어나 춤을 추니까 남재는 세종의 허리를 안고 춤을 추기까지 했고요. 얼마나 자유로운 분위기입니까? 세종 시절에는 이렇게 자유로운 토론 분위기 속에서 회의가 진행되었습니다.

한번은 윤회가 술에 취해 서연(書筵, 왕세자에게 유학의 경전과 사서를 가르친 강의)에 참석하지 않자, 세종은 다음과 같이 말합니다. "경이 술을 마시어 도를 지나치는 일이 한 차례가 아니었고, 내가 경에게 술을 많이 마시지 못하게 한 것도 한두 번이 아니었다. 신하가 임금의 명령에 대하여는 물이나 불속을 들어가라 하여도 오히려 피하지 않을 터인데, 하물며 그밖의 일이겠는가. 자기의 주량을 생각하여 한두 잔쯤 마시든지, 반잔쯤만 마신다면 그렇게 정신이 없고 체면을 잃기까지야 되겠는가." (세종실록 12년 12월 22일)

여러분 같으면 이런 부하직원이나 자녀들을 어떻게 대하시겠습니까? 세종은 윤회의 술 중독을 고치기 위해서 두 가지 조처를 취합니다. 첫째, 세종은 집현전 학자들에게 술 때문에 패가망신한 옛 사례를 다 뽑아오게 합니다. 그런 다음 이렇게 말합니다. "상나라의 주왕紂王과 주나라의 여왕厲王은 술로 그 나라를 망하게 하였으며, 동진의 풍속은 술 때문에 나라를 망하게 하였다. 정나라의 대부 백유는 땅굴을 파서 집을 만들고 그 속에서 밤에 술을 마시다가 자석에게 불태워져 죽었으며, 전한의 교위 진준은 매양 손님들과 크게 마시기를 좋아하여 손님이 오면 문득 손님이 떠나가지 못하도록 문을 닫고 타고 온 수레를 움직일 수 없게 만들더니, 흉노에게 사자로 갔다가 술에 취하여 살해되었다." (세종실록 15년 10월 28일)

둘째, 세종은 윤회를 불러 최고급 술잔을 주면서 이렇게 말합니다. "앞으로는 이 잔으로 한 잔만 마셔라." 이렇게 세종은 스스로 제어할 수 있게 정확한 기준을 주어 점차 술을 줄여나가도록 하고, 다른 한편으로는 역사적 사례를 통해 신하들을 깨우쳐주었습니다. 이것이 세종이 신하들의 술 중독에 대처했던 방법이었습니다.

회의 분위기와 관련해 가장 중요한 것은 화를 내지 않는 일입니다. 회의 중에 상사가 화를 내면 그것으로 회의는 끝나는 것이 보통입니다. 집안에서도 아버지가 화를 내면 분위기가 냉각되고 더 이상 정상적인 대화를 하기 어려운 것과 마찬가지죠.

세종은 좀처럼 화를 내지 않는 성격이었습니다. 《세종실록》에서 세종이 화를 낸 것은 총 19회로 나타납니다. 참고로 태종이 97회이고, 영조는 151회입니다. 세종이 화를 낸 횟수는 성종보다는 많지만 다른 왕보다는 훨씬 적습니다. 화를 내는 경우도 사신의 접대 문제나 여진족의 변경 침입과 같은 공적인 문제가 원인이었습니다. 예를 들면, 여진족이 쳐들어왔을 때, 세종은 "이놈들이 우리가 도와줬는데 이럴 수가 있느냐?"고 화를 낸 것입니다.

회의 때는 평정심을 유지하는 것이 아주 중요합니다. 이와 관련해 황희 정승이 중요한 역할을 했습니다. 황희는 무려 24년간 정승 직에 있었습니다. 직업이 정승이라고 말할 수 있을 정도입니다. 그런데 황희는 세종이 왕위에 오르는 것을 반대한 인물이었습니다. 정적政敵이었던 셈입니다. 게다가 황희는 어머니가 노비였습니다. 우리가 생각하는 것처럼 처음부터 청백리였던 것도 아니었고, 비리 사건을 비롯해 여러 가지 스캔들에 휘말리는 등 결격 사유가 많았던 사람입니다. 세종대왕이 완벽한 인간이 아니었던 것처럼, 황희도 마찬가지였죠.

이런 사람이 24년간 정승을 할 수 있었던 비결 가운데 하나는 바로 회의를 잘 이끌어간 것에 있습니다. 세종이 회의 의제를 던져놓고 의논하게 하면, 어떤 신하는 의견을 내고 고약해 허조 같은 신하는 비판을 합니다. 이렇게 논란이 붙으면 황희가 나서서 중재하는 것이지요. 예를 들어, "지금 김종서가 이 제안을 했는데, 허조가 이렇게 반대하고 있습니다. 허조의 제안을 이런 식으로 바꿔보면 김종서의 그 제안을 받아들이시는 것도 좋겠습니다." 그러면 세종이 "황희 말대로 하라."고 하여 회의를 종결짓는 식입니다. 《세종실록》에는 "황희 말대로 하라."는 기록이 많이 등장합니다. 왕이 처음부터 회의를 주도하지 않고 의논하게 해놓으면 황희가 정리해 실행 가능한 의견을 던지는 것이지요. 그러면 세종은 "황희 말대로 하라."고 말하며 황희에게 힘을 실어줍니다.

세종은 어떻게 회의를 진행하였나?

조선시대의 독특한 회의 형식으로 경연을 들 수 있습니다. 경연은 언관과 재상들이 왕 앞에 앉아서 고전을 놓고 공부하면서 당면과제를 풀어가는 독특한 회의 형식입니다. 세종은 즉위하자마자 그전까지 형식적으로 운영되던 경연을 본격화하고 국정 토론의 중심지로 만들었지요. 또한 흥미로운 것은 사관을 통해 경연의 모든 토론 내용을 기록하게 한 점입니다. 회의를 기록하면 회의 자체도 진지해지고 또 건설적으로 바뀌게 됩니다.

> **경연** 經筵 : 군주에게 유교의 경서와 역사를 가르치던 교육제도. 중국에서 황제에게 유교 경전을 강의하는 관례가 생기며 제도화되었고, 고려 중기 예종이 경연 제도를 도입했으나 무신정권 때 폐지되었다. 조선시대 제도가 정비되고 강화되어 세종 이후부터 비약적으로 발전하였다.

여기서 잠깐 세종이 어떻게 하루를 보냈는지를 살펴보기로 하겠습니다.

| 세종의 하루 일과 |

1. 해 뜨기 전에 기상, 대비나 왕대비 등 어른에게 문안
2. 문안인사가 끝나면 해 뜰 무렵쯤 아침 경연
3. 경연 끝나면 아침식사
4. 조회(정기조회인 조참朝參과 약식조회인 상참常參) : 공식 업무의 시작
5. 업무보고 받고(조계朝啓), 관리들과의 윤대(輪對, 신하들이 왕에게 업무를 보고하고 지시받는 정기적인 국정회의) : 오전 업무의 종결
6. 점심식사 후 낮 경연 : 1시간 내외
7. 지방관 면담 : 당부, 보고
8. 야간의 궁궐 수비, 숙직 업무(호위군사 및 숙직관료 명단 확인, 야간 암호 결정) : 공식 업무 종결, 오후 5시쯤
9. 저녁 경연 참석
10. 저녁식사, 휴식, 취침 들기 전 대비와 왕대비 문안

이처럼 세종은 경연을 하루에 세 번씩 하는 것을 원칙으로 삼았습니다. 경연은 고전을 읽으며 함께 의논하는 '세미나식 회의'라서 공부를 싫어하는 임금에게는 매우 피곤한 일이었습니다.

조선시대의 회의는 크게 두 가지로 나뉩니다. 하나는 시사視事회의인데, 일종의 정무 토론으로 공식 업무를 보고받고 의사결정을 하는 것이지요. 조참, 상참, 조계, 윤대 등이 이에 해당합니다. 이

보다 더 중요한 회의가 바로 경연입니다. 하루에 세 번 이상 경연을 하게 되는데, 고전을 읽고 함께 토론하면서 문제에 대한 창의적 해법을 찾는 것입니다. 《경국대전》에는 경연을, 왕에게 경사를 강독하고 논평, 사려하는 임무로 규정하고 있습니다.

조선시대 주요 임금들의 경연 횟수를 살펴보면 다음과 같습니다.

임금	태조	정종	태종	세종	문종	성종	영조
총 횟수	23회	36회	80회	1,898회	210회	9,006회	3,458회
월평균	0.2회	1.3회	0.4회	5회	7회	29회	5회

세종은 경연을 총 1,898회나 했습니다. 월평균 5회이고요. 세종이 경연을 얼마나 중요시했는지가 드러납니다.

세종이 행한 첫 번째 경연의 좌석배치를 보면 왕이 앉고, 그 다음에 두 명의 사관이 앉습니다. 그 다음에 재상인 영사와 지사가 앉습니다. 맨끝에 언관인 부검토, 검토관, 시강관, 시독관, 참찬관이 자리를 잡습니다. 이 언관들이 세미나를 주도하는 사람들입니다. 예를 들면, 먼저 언관들이 논어나 대학을 읽으면서 세미나를 시작하고 가운데에 있는 재상들이 "그런데 말이죠." 하면서 끼어들면서 당면한 일을 엮습니다.

세종이 추구한 경연 방식은 이처럼 말과 일을 엮는 것이었습니다. 말만으로 끝나지 않고 일을 엮어서 회의를 진행하기 때문에 현실과 동떨어지지 않고 창의적인 해법도 나왔던 것이죠. 앞에서

'남짱' 남재가 세종의 허리를 안고 춤을 추었다는 말을 했듯이, 세종은 노는 시간을 만들기도 했습니다. 친근감 있게 최대한 편하게 이야기할 수 있도록 배려한 것입니다. 또한 고약해나 허조처럼 반대 의견을 가진 사람도 한 자리에 모이게 합니다. 그래서 일방적인 결정이 나지 않도록 배려한 것이지요. 회의하다가 충분치 않으면 하루 종일 사후 토론까지 했습니다. 요즘 유행하는 '끝장 토론'은 세종이 자주 활용한 회의법이었습니다.

| 세종의 회의 진행 |

1. '말'과 '일'을 엮는 회의 (문제의 패턴 발견과 추상화 작업)
2. '노는 시간'에 친근감 형성 (문제의 내면화와 구체화)
3. 반대자도 참여해 토론하게 함 (집단 사고 방지)
4. 본 회의 후에 사후 토론, 식사 토론 (원만한 합의도출)

루트번스타인 부부가 쓴 《생각의 탄생》을 보면 세종 회의법의 비결을 발견할 수 있는 대목이 있습니다. 이 책의 영어 제목은 'Sparks of Genius'입니다. 우리말로 옮기면 "언제 천재들은 스파크를 일으켰는가?"가 되겠지요. 저자는 생각이 탄생하는 과정을 다음과 같이 설명합니다.

| 창의적 사고의 탄생 과정 |

1. 어떤 문제를 이미지나 모형으로 우선 바꿔본다.
2. 면밀한 관찰과 실험을 통해 패턴을 찾아낸다.

3. 패턴 중에서 가장 중요한 것들을 추상화해 다시 그것을 모형화한다.
4. 감정이입과 역할 연기를 통해 다양한 해결책을 모색하며 '놀아본다'.
5. 자신이 깨달은 것을 가장 잘 표현할 수 있는 '언어'를 찾는다.

이 과정은 세종이 회의를 진행했던 방식과 거의 비슷합니다.

세종이 진행한 회의의 예를 들어보겠습니다. 이른바 파저강 토벌을 위한 논쟁입니다. 대마도 정벌은 알지만 파저강 토벌을 모르는 분들이 많습니다. 대마도 토벌은 세종 초년 태종이 실시했던 것이고, 세종의 작품이 바로 재위 중반부에 나온 파저강 토벌입니다.

먼저 파저강 토벌 사건의 배경이 되는 당시의 북방 사정을 살펴보겠습니다. "우리나라의 외환은 주로 북방에 있다."는 세종의 말처럼, 압록강과 두만강 지역은 늘 위태위태했습니다. 명 태조 주원장이 1393년에 중원대륙을 통일했다고 하지만, 만주지역은 여전히 여러 정치 세력의 각축장으로 남아 있었습니다. 여진족 오랑캐 추장 이만주는 파저강 근처에 자리 잡게 되었는데 이 때문에 여연 지역 주민과 충돌이 잦아졌습니다. 백두산 아래의 여연 지역은 오랑캐 접경지대로 조선의 군사적 요충지였습니다. 1432년(세종 14) 오랑캐 추장 이만주는 400여 기병을 이끌고 여연 지역에 침입해 쑥대밭을 만들었습니다. 이 도전을 받고 세종이 어떻게 문제를 해결해 가느냐가 바로 우리의 관심사항입니다. '세종이라면 오늘날의 외교 현안을 어떻게 풀 것인가'를 생각해보는 것도 흥미롭지 않을까 생각합니다.

세종은 여진족의 여연 침입 소식을 듣자 크게 분노합니다. "임금이 심히 노하여 황희, 조말생 등을 불러 의논했다."(세종실록 14년 12월 9일)라는 기록이 그것이지요. 이후 세종은 세 차례에 걸친 대토론을 벌입니다.

| 파저강 토벌을 위한 대논쟁 |

1단계 논쟁: '토벌'을 중국에 보고할 것인가 (1432년 12월 9일~21일)
2단계 논쟁: '토벌'을 실제로 감행할 것인가 (1433년 1월 11일~19일)
3단계 논쟁: '토벌'의 시기와 방법(전략과 전술)을 어떻게 할 것인가
　　　　　　(1433년 2월 15일~28일)

첫 번째 의제는 토벌을 명나라에 보고할 것인지의 여부입니다. 이런 고민을 한 이유는 여진족 추장 이만주가 중국 황제로부터 벼슬을 받은 사람이었기 때문입니다. 중국이 이만주 편을 들어버리면 조선이 곤경에 처합니다. 따라서 중국이 조선을 지지하도록 유도하는 것이 중요했습니다. 두 번째 의제는 정말 토벌할 것인지의 여부입니다. 그런데 총사령관이었던 최윤덕을 포함해서 신하들 대부분이 토벌을 반대했습니다. 압록강을 건널 때 적들이 공격할 수도 있고, 또 압록강을 건너면 숲이 빽빽한 지역인데 적들이 매복해 있을 수 있다는 것이 주된 이유였습니다. 허조는 이 문제를 외교적으로 풀자며 이른바 조용한 외교론을 펼쳤습니다. 이렇게 신하들의 대부분이 반대하는데, 황희는 "이제는 군대를 훈련하여 마땅히 무위武威를 보여야 할 때라고 생각하옵니다."(세종실록 15년 1월 11일) 하고 주장하며 토벌에 찬성하고 나섭니다. 우리가 이번에도 참으면

여진족들이 계속 우리를 공격해올 것이니 지금 한번 가서 따끔하게 혼을 내줘야 한다는 것이지요. 회의 끝에 세종은 "황희 말대로 하라."고 말합니다.

| 수직, 수평적 의사소통 |

구분		횟수	비율
왕 (65건)	회의	41회	63%
	지시	19회	29%
	단순반응	5회	8%
신료 (59건)	보고	20회	34%
	토론	33회	56%
	대응	6회	10%

이런 식으로 3단계에 걸쳐 대토론을 벌였는데, 왕과 신하들 사이의 의사소통 과정을 살펴보면 몇 가지 흥미로운 사실이 드러납니다. 우선 이 기간에 왕이 총 65건 정도 회의를 요구하거나 지시하거나 또는 신하들의 말에 "잘했다", "못했다" 등의 단순반응을 했는데, 가장 많은 것이 41회(63%)로 "회의하라"는 것이었습니다. 신하들도 총 59건 중에서 33회(56%)나 토론을 했습니다. 한마디로 왕이나 신하들이 회의와 토론에 집중한 것이 이 기간의 특징이라고 볼 수 있습니다.

두 번째 특징은 다양한 의사소통 채널을 가동시킨 것입니다. 왕이 직접 어전회의를 주재하는 것은 물론이고, 어떤 때는 참석자 23명 모두에게 한마디씩 물어보는 경우도 있었습니다. 그리고 왕이 삼 정승에게 승지를 보내 의견을 듣고 보고하게 한 경우도 있었습니다. 왕이 있으면 말을 못하는 경우가 있기 때문입니다. 이렇게 다양한 의사소통 채널을 가동시킨 이유는, 어떤 일이 발생할지 모르는 상황에서 나올 수 있는 모든 시나리오를 다 물어보고 그에 대한 대책을 세워야 했기 때문입니다.

세종은 이런 의사소통을 거친 후, 토벌을 지시했는데 최윤덕도 결국 찬성합니다. 결과적으로 토벌은 대성공이었습니다. 최윤덕이 지휘하는 총 1만 4,962명의 토벌군은 1433년(세종 15) 4월 19일 새벽에 기습 공격을 감행해 여진족 431명을 참살하거나 생포하는 대성공을 거두었습니다.

파저강 토벌의 장애 요인은 무엇이었습니까? 첫 번째 장애는 명나라의 태도였습니다. 두 번째 장애는 여진족에 대한 정보가 불분명하다는 점이었습니다. 세 번째 장애는 험난한 자연환경이었습니다. 마지막 장애는 신하들의 반대였습니다. 명나라에는 사신을 파견해 외교적 협력을 얻어냈고, 파저강 주변 현장에는 홍사석이라는 사람을 보내서 정확하게 어떤 일이 발생했는지 파악하게 했습니다. 자연환경의 장애를 극복하기 위해 봄에 물이 마르는 시기를 택해 공격 일정을 짰습니다.

다음과 같은 세종의 말은 이러한 중요한 국가 대사를 처리할 때 세종이 어떤 마음가짐을 하고 있었는지를 잘 보여줍니다.

"대개 일을 쉽게 여기고 하면 성공하지 못하나, 그 일을 어렵게 여겨서 하

는 이는 반드시 성공하는 것이니 너는 그것에 힘쓰라."(세종실록 9년 12월 8일)

세종은 늘 일을 시작하기 전에 두려움을 갖는 자세를 강조합니다. 일을 어렵게 여긴 다음에 관련된 대안을 놓고 여러 가지 발생 가능한 상황들을 상정해보아야 합니다. 이때 가장 중요한 것은 집중하는 자세입니다. 호랑이가 토끼를 잡을 때도 집중해서 잡는 것처럼, 온 마음을 집중해서 성공시키라고 세종은 말합니다. 그렇게 성취된 것을 가지고, 그다음 문제에 또 집중해서 성취를 하는 것, 이것이 바로 세종의 일하는 방식입니다.

■ **영릉** ■ 세종과 소헌왕후 심씨의 합장릉으로 경기도 여주군 능서면에 위치한다.

역사토크

세종

농사직설이 이룩한 성과는?

| 남경태 |

세종대왕은 아주 근엄하고 우러러보아야 할 것 같은 분인데, 선생님 말씀을 들어 보니까 거의 친구처럼 느껴집니다.

| 박현모 |

네, 《세종실록》에 그려진 세종의 모습은 요즘 말로 하면 '훈남'입니다. 함께 일하고 싶은 마음이 확 드는 분이지요.

| 남경태 |

몸매는 훈남과는 거리가 먼 것 같은데, 다른 면은 모두 훈남이신 것 같더라고요. 앞서 《농사직설》에 대해 말씀하셨는데 이 책은 단순한 농사 이론서가 아닙니다. 실제 농사 경험을 통해 이론을 만들고 실험까지 해보지 않습니까? 실험 결과는 어떠했나요?

| 박현모 |

《농사직설》은 세종 전반부에 만들어진 책입니다. 대략 세종 재위 10년부터 14년까지가 생산력 증가에 전념한 시기였는데, 아직 건국 초창기였지요. 《세종실록지리지》에 나와 있는 생산량을 살펴보면, 그전 시기보다 두 배 이상 올랐다는 기록이 있습니다. 이렇게 된 데에는 《농사직설》의 첨단 농사기법들이 큰 역할을 했습니다. 예컨대 퇴비를 사용하는 법이라든가, 병충해를 방제하는 법 등 아주 세부적인 내용이 실려 있는데, 이것을 전국으로 전파해 생산력 혁명이 이루어진 것이지요. 세종이 이렇게 먹고사는 문제를 해결했기 때문에 이후 문화 등 다른 분야에서도 성과를 이룰 수 있었습니다. 세종이 "먹는 것, 곧 밥은 백성의 하늘이다."라고 말한 것도 이런 맥락으로 이해할 수 있습니다.

만약에 세종이 한글을 창제하지 않았다면?

| 남경태 |

세종은 왕이 아니라 과학자 같다는 인상을 받게 됩니다. 우리가 세종대왕을 떠올리면 제일 먼저 생각나는 업적이 한글 창제인데요.

만약에 세종대왕이 한글을 창제하지 않았더라면 당시의 역사, 혹은 지금까지의 역사는 어떻게 되었을까요?

| 박현모 |

우선 한글날이 없었겠죠. 그리고 국어 시간에 중국어를 배우거나 영어를 배우고 있을 수도 있겠죠. 세종은 한글을 창제할 때 백성이 자기 죄가 어떻게 기록되는지를 알게 하겠다고 했습니다. 예를 들어 죄인 취급을 받는 백성이 있다고 합시다. 아전이 뇌물을 받고 그 사람이 죄를 저질렀다고 문서를 작성하면, 무지한 백성은 무슨 내용인지도 모르고 그 문서에 지장을 찍는 일이 많았습니다. 영락없이 죄인이 되고 마는 것이지요. 나중에 항의해도 "네가 인정하지 않았느냐?"라고 해버리면 어쩔 수 없었습니다. 한글 창제를 함으로써 이런 억울한 처지에 놓일 사람들이 크게 줄어들었습니다. 중요한 변화 중 하나이죠.

| 남경태 |

한문은 백성이 익히기 어려운 문자였죠. 그래서 문자를 몰라서 억울한 송사를 당했다는 말씀이지요?

| 박현모 |

그렇습니다. 한글 창제로 우리 백성이 글을 알고 문자를 쓰게 됨으로써 나타난 가장 중요한 효과는 민도가 높아진 것입니다. 말로 들어서 아는 것과 문자를 통해서 배우고 익히는 것은 차원이 다릅니

다. 정보량 면에서도 큰 차이가 나고요. 우리나라 국민들이 굉장히 비판의식도 강하고 수준도 높잖아요? 저는 그 결정적인 원인이 바로 한글 창제라고 생각합니다. 세종이 한글을 창제해서 백성에게 문자를 전해주었기 때문에 국민의 수준이 높아질 수 있었던 것입니다. 민주주의의 발전도 이와 관련이 있습니다. 한국학중앙연구원에는 외국인 유학생들이 많습니다. 이 학생들이 흔히 질문하는 것이 어떻게 대한민국이 민주화와 산업화를 동시에, 그것도 이렇게 빨리 이룰 수 있었는가 하는 것입니다. 저는 한글을 통해 일찍부터 고급지식을 접할 수 있었던 것이 큰 역할을 했다고 생각합니다. 한글에 그런 힘이 있습니다.

| 남경태 |
한글은 생일이 확실하고 만든 사람도 있습니다. 세계적으로 이런 문자가 있나요?

| 박현모 |
에스페란토어가 있긴 하지만, 공용어로 쓰이는 것은 아닙니다. 한글이 세계 유일의 문자인 셈이죠. 실제로 세종대왕이 한글 창제의 핵심 역할을 했고 성삼문, 신숙주, 정인지 등과 같은 집현전 학자들도 처음에는 한글 창제 자체에 대해서는 몰랐습니다. 한글은 세종대왕이 만들고, 집현전 학자들, 아들 수양대군, 둘째 딸인 정의공주 등이 참여했습니다. 나중에 정인지 등 집현전 소장학자들이 본격 합류했지요.

| 남경태 |

우리글인 한글과 우리 실정에 맞는 농사법인 《농사직설》, 의약서인 《향약집성방》, 역서인 《칠정산》 등을 놓고 보면, 세종대왕은 국가 체제를 정비하면서 주체노선을 걸은 것을 알 수 있습니다. 선생님의 말씀을 들어보면, 세종 시대는 왕조 시대가 아니라 민주적인 공화국 시대인 것 같은 인상도 받을 수 있습니다. 시대의 분위기가 정말 모던한 느낌을 주는데요.

| 박현모 |

그렇죠. 실제로 세종이 국정을 운영하고 신하들과 회의하는 것을 보면 그야말로 자유로운 토론 그 자체입니다. 세종은 왕이긴 했지만, 이른바 공론과 자유토론을 중시하는 운영체계를 이루어 자유롭게 이야기할 수 있는 분위기를 만들었습니다. 신하들에게는 조언자 역할을 하기도 했고, 가장 낮은 백성들을 찾아가서 농사가 아주 가물면 백성들의 손을 직접 잡으며 이 지역에 힘든 일이 없는지, 도와줄 게 없는지 물어보기도 했습니다. 너무 마음이 아파서 점심을 굶는 경우도 있었어요. 앞에서 말했듯이, 왕은 군림하는 자가 아니라 "백성이 추대한 자"라는 게 세종의 생각이었습니다.

| 남경태 |

정말 그 발상이 놀랍습니다. 왕조 시대에 말입니다.

| 박현모 |

세종은 신하들과 논쟁하다가 왜 왕이 생겼는지에 대해 말합니다. "민생들이 하고자 함이 있는데 임금이 없으면 어지러워지므로 반드시 임금을 세워서立君長 다스리게"(세종실록 13년 6월 20일) 했다고 말입니다. 이러한 국왕추대설은 서양에서 민주주의의 기본원리로 내세우는 사회계약설을 연상시킵니다. 사회계약설은 정치사회의 성립 근거를 개인 간의 계약에서 찾는 정치이론으로 17세기와 18세기 영국과 프랑스에서 전개되었습니다. 그런데 세종은 15세기에 벌써 이와 유사한 말을 하고 있습니다.

세종의 정책 중 실패한 것은?

| 남경태 |

이번에는 조금 다른 질문을 하겠습니다. 어떤 인물의 장점만 부각되고 단점은 지적되지 않으면 거부감이 들 수 있습니다. 세종대왕의 단점이나 정치적인 실수 또는 개인적인 결점은 없었나요?

| 박현모 |

정책적으로 실패한 것은 화폐개혁입니다. 화폐를 개혁해서 백성들의 삶과 국가 재정도를 개선하려고 했던 것인데, 세종이 젊었을 때라 아주 강하게 추진하였습니다. 동전을 사용하게 하는 것은 태종 때부터 추진된 것인데, 물물교환을 하다가 잡히면 전 재산을 몰수

하는 일종의 극약처방을 내리니까 반발이 심했습니다. 백성들이 불을 질러 감옥부터 창덕궁 앞까지 불타기도 했습니다. 세종은 이를 계기로 아무리 좋은 개혁이더라도 밀어붙이는 것은 위험하다고 생각하게 되었지요. 이후로 공법이라는 세제개혁 때는 조심스럽게 접근합니다. 전국을 돌며 17만 명을 대상으로 여론 조사를 하며 점진적인 방법을 썼지요.

또 다른 예는, 왕위 계승 문제입니다. 세종이 승하한 뒤 문종이 약 2년 반, 단종이 약 2년 반 통치하면서 거의 5년 만에 세종 대의 안정적인 치세가 무너지고 '정치적 홍역'을 치르게 됩니다. 문종이 병약했던 것을 세종도 알았는데, 만약 세종이 아버지 태종처럼 결단을 내려 대안을 모색했다면 이런 혼란을 피할 수 있지 않았을까 생각합니다. 많은 아쉬움이 남습니다.

| 남경태 |
세종의 화폐개혁이 비록 실패하긴 했지만, 화폐경제의 필요성을 일찍부터 깨달은 점은 높이 평가해야 할 것 같습니다. 이처럼 세종은 시대를 내다보며 우리 문자나 달력, 화폐경제가 필요하다고 판단했습니다. 민주정치의 형태를 보여주기도 하지요. 당시에 어떻게 이런 일이 가능했나요?

| 박현모 |
국제적으로 볼 때 세종이 임금이 되기 전, 중국을 다스렸던 원나라를 통해 국제사회에 대해 이해하고 있었습니다. 세계 각지로 뻗어

나간 원나라는 개방적으로 세계 문물을 받아들였습니다. 국내적으로는 아버지 태종의 뒷받침이 중요했습니다. 태종이 이미 상당한 기반을 닦아놓았지요. 특히 태종은 정쟁의 요소를 제거함으로써 이른바 정치적 설거지 작업을 해준 셈입니다.

또한 세종 자신도 뛰어났지만 주위의 인재들도 중요한 역할을 했습니다. 세종 때는 황희, 맹사성, 허조 등 그야말로 탁월한 인재들이 모였습니다. 세종이 위대한 것은 다양한 인재들을 주위에 모으고 이들로 하여금 본인들의 재능을 맘껏 펼칠 수 있는 여건을 만든 점입니다. 신하들이 자신이 주인인 것처럼 책임감을 느끼며 일하도록 하는 것, 이것이 바로 세종의 참된 리더십입니다.

| 남경태 |

왕위 계승 문제에서 태조 이성계나 태종 이방원은 재위 중에 왕위를 물려주고 은퇴하지 않았습니까? 세종도 조금 일찍 은퇴하고 아들에게 왕위를 물려주었다면 왕위 계승이 매끄럽지 않았을까요?

| 박현모 |

사실 세종도 재위 18년 때부터 왕위 승계를 준비했습니다. 재상들에게 일을 맡기는 의정부 서사제를 실시하고, 재위 23년부터 말년으로 가면서 세자의 국정을 보좌하는 기구를 만들고 세자에게 대리청정을 시키는 등 후계 문제에 상당히 신경을 썼습니다.

그런데 말년에 부인인 소헌왕후가 죽고 아들 두 명이 순식간에 죽는 개인적인 불행을 겪습니다. 세종은 큰 충격을 받아 불교에 귀의한 뒤, 창덕궁 한쪽에 내불당이라는 절을 짓겠다고 생각합니다. 그러자 유교를 신봉하는 신하들이 반대를 하고 나섭니다. 이렇게 신하들과 기싸움을 하느라 결정적 기회를 놓쳐버렸습니다. 게다가 죽기 직전에는 명나라에서 십만 명을 파병해달라는 요청을 합니다. 이런 내우외환으로 인해 왕위 승계의 시기를 놓치게 됩니다.

| 남경태 |

세종은 몸매가 상당히 비대했고, 병으로 고생도 많이 했지요.

| 박현모 |

세자 시절과 재위 초반부에 비중하셨지요. 후반부에 가서는 세종의 체력도 한계에 도달합니다. 세종은 보통 새벽 4시에 일어나서 밤 11시 또는 12시가 넘어 잠자리에 드는데, 하루에 대략 서너 시간 자고 일을 하다 보니까 체력이 완전히 고갈되어 재위 19년째가 되면 눈이 잘 보이지 않아서 앞에 있는 사람의 형체만 볼 수 있는 상황이 됩니다. 나라의 기틀을 세워 놓아야 한다는 소명의식을 지녔던 세종대왕은 스스로 지나치게 혹사하여 결국 쉰넷에 돌아가셨습니다.

노비에게 출산 휴가를

| 남경태 |

세종대왕의 리더십은 시대를 넘어서도 공감할 수 있는 바가 많습니다. 세종은 미래를 내다보고 미래 사회에 연관되는 제도도 많이 만들었는데요. 그중 하나가 노비에게 휴가를 주는 제도였습니다. 신하들에게 일종의 안식년을 주는 제도도 있었고요. 참으로 놀라운 정책인 것 같습니다.

| 박현모 |

그렇습니다. 세종 때 노비에게 휴가를 준 기록을 보고 저도 깜짝 놀랐는데요. 세종은 여자 노비들의 출산 사망률이 높다는 조사 결과를 접하고 나서 7일간의 출산휴가를 100일로 늘리도록 했습니다. 그리고 나서 다시 조사를 시켰더니 여전히 출산 사망률이 떨어지지 않았어요. 그러자 이번에는 출산 전 휴가 제도까지 도입하여 출산 전 1개월의 휴가를 줍니다. 밭이나 들에서 일하다가 아기를 출산하는 경우가 많아서 산모의 생명이 위독해지는 경우가 있었기 때문입니다. 이런 지시를 하니까 신하들이 "그러면 백성들이 장난칠 거다. 일하기 싫어서 거짓으로 임신했다고 하면 어떻게 하느냐?"고 반대합니다.

그러자 세종이 정색을 하고 말합니다. "부당하게 평민을 의심하지 마라. 그들이 속인다 한들 30일을 넘게 속이겠느냐?" 그래서 출산 전 1개월, 출산 후 100일, 총 130일간의 출산휴가를 주게 되었습니다. 더욱 놀라운 것은 그다음이에요. 4년 후에 다시 조사해보니 출산 사망률이 많이 떨어지긴 했지만 만족스런 상황이 아니었어요. 그 이유를 다시 조사시킵니다. 세종은 어떤 문제가 생기면 이유가 무엇인지 또 예상되는 문제는 없는지를 서너 번 계속 물어봅니다. 다시 조사해보니 노비는 돌봐줄 사람이 전혀 없다는 것이 드러납니다.

| 남경태 |

아, 혼자 산후조리를 해야 되니까 말입니다.

| 박현모 |

세종은 "그 남편에게는 전혀 휴가를 주지 아니하고 이전처럼 일을 하게 하여 산모를 구호할 수 없게 하고 있으니, 이는 단지 부부로 하여금 서로 구원救援하게 하는 뜻에 어긋날 뿐만 아니라, 이 때문에 간혹 목숨을 잃는 일까지 있다."(세종실록 16년 4월 26일) 하고 말합니다. 그리고 "천하에 돌보아줄 사람 없는" 여자 노비를 "진실로 가엽게" 여기고 재위 16년부터는 출산을 앞둔 노비 자신은 물론이고 그 남편, 즉 남자 종에게도 한 달간의 산후휴가를 주게 했습니다. 산모에게 출산휴가 130일, 남편에게 한 달간의 산후휴가, 지금 우리도 못하고 있는 휴가제도를 세종은 이미 600년 전에 실시했습니다. 정말 놀라운 일입니다. 세종의 이런 마음이 도대체 어디에서 나왔을까요?

| 남경태 |

임금은 백성들이 추대한다는 정신이 없으면 불가능한 게 아니겠습니까?

| 박현모 |

그렇습니다.

세종은 반대의견을 어떻게 수용하였나?

| 남경태 |

선생님의 말씀을 듣고 두 가지가 생각나는데요. 하나는 세종은 휴머니스트이고, 문화군주이며 어진 왕이라는 것입니다. 또 하나는 세종은 사회개혁가라는 점입니다. 노비는 사회적 측면에서 일종의 노동력입니다. 사회 전체를 유지하게 해주는 근간이고요. 그러니까 사회개혁가로서의 면모도 작용했다는 생각이 드는군요.

이제 세종의 소통의 리더십에 대해 정리해보겠습니다. 세종이 파저강 토벌이라는 사안에 대해 신하들과 회의를 통해 단계별로 소통하는 과정이 인상적이었습니다. 민주적인 회의를 통해서 논의하는 중에 반론을 펴는 사람들도 있었습니다. 소통의 리더십이란 그런 사람들을 수용하는 것 아니겠습니까? 세종은 반대의견을 어떻게 수용을 했습니까?

| 박현모 |

대표적인 것이 허조 같은 신하인데, 허조는 세종 치세 내내 문제가 될 만한 사안들을 꼬박꼬박 지적합니다. 고약해가 감정적인 대응을 했다면 허조는 이성적인 대응을 하는 스타일입니다. 파저강 토벌 때, 긴 토론 끝에 다들 '토벌하자'는 쪽으로 결정을 내리고 헤어졌어요. 그런데 그다음 날 허조는 다시 어전회의에서 절실 강직하게 말합니다. "제가 어제 찬성하고 돌아갔는데 집에 가서 곰곰이 생각해보니 압록강을 건널 때 이러저러한 문제가 있을 수 있겠습니다. 이 문제를 해결하지 않고서 갔다가는 큰일을 당하겠습니다. 제가 또 말씀드리면 전하께서 번거로워하시고 짜증내시겠지만 매우 중요하기 때문에 간곡히 말씀드리지 않을 수 없습니다." 허조는 발생할 수 있는 문제점들을 모두 이야기하는 것이죠. 그러나 이 모두를 기록은 하지만 전부 공개하지는 않아요.

요즘 우리나라 언론들이 어떤 일에 대해서 모든 걸 공개하고 생중계하는데 저는 이건 좀 지나치다고 생각합니다. 국가 간의 전략적인 문제에 대해서 이렇게 다 드러내는 것은 어리석습니다. 어쨌든 세종이 반대자들로 하여금 자신들의 의견을 모두 말하게 하는 것, 이것이 바로 마지막까지 반대한 최윤덕도 파저강 토벌에 찬성하고 스스로 책임자로 나서게 한 세종식 회의 방식의 힘이라고 생각합니다.

| 남경태 |

온 국민이 알아야 된다는 건 직접 민주주의입니다. 그것이 안 되니까 대의제 민주주의를 하는 건데, 그런 식이라면 정보를 온 국민에

게 다 공개하지 않는 것도 하나의 방책이군요.

| 박현모 |

예를 들면 세종은 세제개혁 전에 17만 명을 대상으로 여론 조사를 했습니다. 백성들이 세금을 내야 되는 문제는, 발생할 수 있는 모든 문제점들을 감안해서 대처했습니다. 이와 대조적으로 훈민정음 창제는 비밀리에 하거든요. 세종은 어떤 것은 세종 자신의 표현 그대로 '독단'을 합니다. 파저강 토벌, 훈민정음 창제 또는 4군 6진 개척같이 보안이 필요한 사안들에 대해서는 모든 것을 전부 드러내고 의논하지는 않았습니다. 반면 세제개혁 문제는 민생에 직접 관계되고, 지주들의 협조가 없으면 추진이 불가능한 사안이었기에 공개적으로 의논합니다. 세종의 의사결정 방식을 가만히 들여다보면, 사안에 따라서 다수결이나 만장일치 방식을 통하기도 하고 또 독단도 하고 있는 것을 알 수가 있습니다. 반론은 허용하되 최종 결정은 군주가 하는 거지요.

| 남경태 |

어떤 면에서 세종은 국가 지도자라기보다 기업 CEO 같은 느낌이 듭니다. 기업의 총 책임자는 최종 결재권을 가지고 있지만 경우에 따라서는 반론도 허용합니다. 중간 간부가 마음대로 이야기해보라고 하면 아랫사람들이 꿀 먹은 벙어리처럼 가만히 있는데 기업 책임자인 회장이 나서서 "아무렇게나 얘기해도 돼." 그러면 힘이 실리고 이야기도 할 수 있습니다.

| **박현모** |

최근에 포스코의 기술개발 과정을 조사하면서 어떤 임원에게 들은 이야기입니다. "그동안 우리는 외국의 물자를 수입해서 팔아왔습니다. 그래서 직원들의 말에 귀를 기울일 필요가 별로 없었죠. 그런데 이제 새로운 기술을 개발하려고 하니 막막해지더군요. 이 답답한 상황에서 부하 직원들이 말해주는 것이 무척 고마웠습니다." 세종도 당시 여러 가지 창조적인 일들을 하려다 보니까 불가피하게 물어보고 지혜를 들을 수밖에 없는 상황에 처했고, 이를 소통의 리더십으로 극복해 나갔습니다.

세종의 창조와 소통의 리더십을 거울삼아 지혜를 모으는 것이 정치권에도 필요할 것 같습니다. 우리 국민들은 아직도 많이 갈라져 있습니다. 우선 말부터 다릅니다. 여당 다르고 야당 다르고, 다 다릅니다. 말을 모아 소통하는 분위기 그리고 상대방의 말을 경청하고 마음을 모아서 함께 비전을 세우고 실천하는 것, 말하자면 신중한 선택과 리더십 승계, 그리고 소통과 화합을 이루는 마음, 이런 자세와 태도를 가졌으면 좋겠습니다.

세종에게서 배우는 지도자의 자격은?

| **남경태** |

지금까지 세종에 대해 알아보았는데요, 지금 우리 시대의 지도자, 대통령이 세종에게 배울 수 있는 지도자로서의 자격이나 덕목은

무엇이 있을까요?

| 박현모 |

먼저, 소통 능력입니다. 세종을 보면 소통은 지도자의 덕목이 아니라 능력이라는 걸 알 수 있습니다. 다른 사람들의 말을 참고 듣는 절제력, 주의 깊게 듣다가 좋은 의견을 놓치지 않는 분별력, 그리고 인재에게 그 일을 믿고 맡기는 신임력 등이 세종식 경청입니다. 이 중에서 가장 중요한 것은 자기 절제력인데요, 반대하는 사람의 속마음까지 들을 수 있는 지도자라면 그 사람의 지혜는 물론이고 그 마음까지 얻을 수 있습니다. 그런데 우리나라 정치인들 중에는 초인적일 만큼 뛰어나게 '참고 듣는 능력'을 갖춘 분들이 많지 않을 것 같아요.

둘째, 유소불위有所不爲의 자세입니다. 세종은 "범사에 온 마음을 기울여 다스리면 이루지 못할 일이 없다."고 했습니다. 이것저것 벌여놓았다가 어느 하나도 성공하지 못하는 대통령을 많이 보아왔습니다. '내 재임 기간에 이 일 하나는 제대로 해놓고 나가겠다. 다른 일은 후임 대통령에게 남겨두겠다.'라고 각오하고, 그 일에 '온 마음을 기울여 다스리면' 틀림없이 좋은 성과를 거둘 것입니다.

마지막으로, 싱크탱크를 효과적으로 운용할 수 있는 지식경영 능력입니다. 우리 역사에서 국운이 융성한 시기엔 꼭 뛰어난 싱크탱크가 있었습니다. 세종 때의 집현전, 정조 때의 규장각이 그렇지요. 세종과 정조는 300년 간격을 두고 중흥을 이루었는데, 300년이 지난 지금 21세기의 대한민국도 그럴 수 있는 상황에 놓여 있습니다. 다만 국책연구기관의 상황을 보면 걱정이 됩니다. 대통령이 되어서 '미션 임파서블'인 대학 개혁을 하려고 들지 말고, 국책연구기관만이라도 제대로 바꾸고 임기를 마치겠다고 마음먹는다면 얼마든지 가능하다고 생각합니다. 그래서 미국의 케네디스쿨이나, 일본의 마쓰시다 정경숙 같은 인재 양성 대학원을 만든다면 우리나라의 국운이 지금보다 훨씬 융성할 것입니다.

| 남경태 |
세종은 신중하면서도 적재적소에 결단력을 보인 분 같습니다. 세종은 신중함과 결단력을 조화시켜 수많은 업적을 이루었습니다. 15세기 조선의 기적을 이룬 리더 세종은 소통하는 지도자였습니다. 1차적으로는 국가 경영, 2차적으로는 국민들과의 소통, 이 두 가지에 능했던 분이 아니었나 싶습니다. 소통의 부재를 말하는 우리 시대, 세종과 같은 위대한 지도자가 언제 또 나올 수 있을까요? 이번 강연이 세종과 같은 소통의 리더십에 한 걸음 더 가까이 갈 수 있는 다리 역할을 했기를 바랍니다.

| 연보 |

1397년(태조 6)	4월 10일 정안군 이방원과 여흥 민씨의 셋째 아들로 탄생(양력 5월15일, '스승의 날')
1408년(태종 8)	충녕군에 책봉, 심온의 딸과 결혼
1418년(태종 18)	왕세자로 책봉, 조선 4대 임금으로 즉위
1419년(세종 1)	대마도 정벌
1421년(세종 3)	주자소에서 활자 완성, 인쇄술 개량
1424년(세종 6)	《고려사》 편찬
1426년(세종 8)	관노비에게 출산 후 휴가 100일을 줌
1430년(세종 12)	《농사직설》 전국에 반포, 세제개혁 위해 전국 17만 명 여론 조사 실시
1433년(세종 15)	총사령관 최윤덕이 파저강 일대의 여진족 토벌, 혼천의 제작
1434년(세종 16)	장영실이 만든 물시계(자격루)를 표준시계로 사용
1435년(세종 17)	화약을 제조하고 화약고 설치, 경복궁 안에 주자소 설치
1437년(세종 19)	제2차 파저강 여진족 토벌, 6진 설치
1443년(세종 25)	훈민정음 창제하고 언문청 설치
1445년(세종 27)	《칠정산내외편》《용비어천가》 등 편찬
1446년(세종 28)	《훈민정음》 반포
1447년(세종 29)	《석보상절》《월인천강지곡》《동국정운》 등 편찬
1450년(세종 32)	승하(2월 17일)

5부

―

시대를 앞서 간 개혁가

―

조광조

오항녕

전주대학교 역사문화콘텐츠학과 교수. 충남 천안에서 태어나 고려대학교 한국사학과를 졸업하고, 같은 대학원에서 조선시대 사관제도를 연구하여 박사학위를 받았다. 지곡서당(태동고전연구소)에서 사서삼경四書三經 등 한학을 공부했다. 국가기록원 팀장을 역임했다. 조선왕조실록, 추안推案, 문집文集등 역사 기록을 번역하는 한편, 성리학 등 사상사, 인간의 기억과 기록, 시간을 주제로 연구하고 있다. 《호모 히스토리쿠스》, 《광해군, 그 위험한 거울》, 《조선의 힘》, 《기록한다는 것》, 《한국사관제도성립사》, 《조선 초기 성리학과 역사학》 등 20여 편의 저서 및 역서와 50여 편의 전공 논문이 있다.

> 우리 역사에서 가장 개혁적인 인물을 꼽으라면 누구를 들 수 있을까요? 여러 인물이 있지만 자신의 일에 가장 투철했던 인물을 꼽으라면 단연 정암 조광조일 것입니다. 유교적 도덕 정치가 구현된 이상사회를 부르짖으며 화려하게 정계에 등장한 지 불과 5년 만에 좌절한 그 드라마틱한 정치 행적. 그가 꿈꿨던 이상사회는 어떤 모습이었을까요? 그것은 현실과 동떨어진 이상일 뿐이었을까요? 조광조의 정치적 실험과 좌절이 담긴 개혁 이야기를 알아봅니다.
>
> — 남경태

퇴계와 율곡이 평가한 조광조

조선 중종 때 살았던 조광조. 그의 활동과 생애를 살펴보기 전에, 한 가지 질문을 던져보겠습니다. 역사의 변화를 이끌어내는 가장 큰 계기는 무엇일까요? 혹시 사람이 죽는 일 아닐까요? 개인에게 있어서든 사회에 있어서든 사람들이 살고 죽는 과정을 통해서 변화하는 역사는 우리에게 매우 드라마틱하게 느껴지는 경우가 많습니다. 이는 역사 또는 역사학이 인간의 삶이라는 생물학적 조건과 함께, 죽음이라는 운명, 그리고 그 알 수 없는 우연으로 점철되어 있다는 것을 말해줍니다. 또 역사는 자연의 영역이 아니라, 문명의 영역임을 보여주기도 하지요.

정암 조광조가 중종 때 활동한 기간은 만으로 4년, 햇수로 5년입니다. 실제로 전체 역사를 보거나 한 개인의 인생으로 봐도 그렇게 긴 시간은 아닙니다. 그런데 조광조는 거의 평생을 활동했던 이들 못지않게 사람들에게 매우 강력한 인상을 남겼습니다. 어떤 분들은 조광조를 조선 중기의 문제적 인물이라고 합니다. 어떻게 그런 활동이 가능했는지 그리고 그 의미와 배경이 무엇인지 알아보고, 조광조가 왜 좌절하게 되었는지를 살펴보겠습니다.

조광조의 개혁은 한마디로 표현하면 '좌절 속에 꽃핀 희망' 이라고 할 수 있습니다. 이상주의자 정암은 기묘사화를 통해서 좌절합니다. 그런데 그 좌절 속에서 후대 사람들은 조광조를 표본으로 삼고, 그가 주장하고 생각했던 비전을 그려 나갑니다. 조광조가 정치 무대에서 활동한 4년이라는 기간이 후대 역사에 미친 영향력은 엄청난 것이었습니다.

먼저, 퇴계 이황이 조광조에 대해 한 말을 살펴보겠습니다. 이황은 조선의 사상에 획을 그은 인물입니다.

이황의 다음 세대가 율곡입니다. 율곡의 한 세대 선배가 퇴계이고, 퇴계의 한 세대 선배가 정암이라고 보면 됩니다. 정암의 한두 세대 선배들이 집현전 학자들입니다.

이황(1501~1570) : 조선 중기의 문신, 학자로 이기호발설을 주장하였다. 기대승, 이이 등 후대 사림들의 스승으로 추앙되었고, 일본 유학계에 큰 영향을 미쳤다. 도산서원을 설립, 후진 양성과 학문 연구에 힘썼다.

■ **조광조** ■ 조선 후기 화가 정홍래가 1750년대 그린 조광조의 초상.

집현전 학사들 → 정암(1482~1519) → 퇴계(1501~1570) → 율곡(1536~1584)

정암 한 세대 뒤에 정암이 뿌려놓은 씨, 그 희생을 바탕으로 해서 등장했던 퇴계는 사회 개혁의 이상이 좌절된 채 세상을 뜬 선배 정암에 대해 다음과 같이 말합니다.

"타고난 자질은 훌륭했지만, 학문이 충실하지 못해 안타깝게도 그가 벌인 일에 마땅한 정도를 지나친 데가 있었다. 그래서 결국 일을 그르치기에 이르렀다. 만약 학문의 힘이 충실해지고 인덕의 국량이 성취된 뒤에 관직에 나가 세상일을 담당했더라면, 그가 이루었을 성취는 쉽게 짐작하기조차 어려웠을 것이다." 《퇴계집》〈언행록〉 권5 유편類編)

처음 역사를 배울 때, 저는 이 말이 도무지 이해가 가지 않았습니다. 혼자 곰곰이 생각하다가 이 문장만 이해한다면 조광조부터 시작해 퇴계의 한 세대 후배인 율곡 이이의 시대까지, 그러니까 중종부터 선조 시대까지를 이해하게 될지도 모른다는 생각이 들었습니다. 퇴계의 말은 한마디로, '정암은 공부가 되지 않았다.'는 평가입니다. 다음은 율곡이 정암의 활동과 기묘사화에 대해 했던 말입니다.

"오직 한 가지 애석한 것은 조광조가 출세한 것이 너무 일러서 경세치용經世致用의 학문이 아직 크게 이루어지지 않았고 같이 일하는 사람들 중에는 충현忠賢도 많았으나 이름나기를 좋아하는 자도 섞이어서 의논하는 것이 너무 날카롭고 일하는 것도 점진적이지 않았으며 임금의 마음을 바로잡는 것으로 기본을 삼지 않고 겉치레만을 앞세웠다. 간사한 무리가 이를 갈며 기회를 만들어 틈을 엿보는 줄을 모르고 있다가, 신무문神武門이 밤중에 열려 어진 사람들이 모두 한 그물에 걸리고 말았다. 이때부터 사기士氣가 몹시 상하고 국맥國脈이 끊어지게 되어, 뜻있는 사람들의 한탄이 더욱 심해졌다."《율곡전서》중〈동호문답〉

신무문은 경복궁 북문으로 관원들이 드나드는 문입니다. 그 문은 저녁 때 닫히고 아침에 열리는데, 밤에 열렸다는 것은 변고가 있었다는 뜻입니다. 정암에게서 마음이 떠난 중종이 반정공신들의 편에 서서 사림을 몰아낸 일을 말하고 있습니다. 율곡의 기억과는 달리 이때 중종의 명을 받고 열린 문은 연추문延秋門으로 경복궁 서문이었으며, 병조판서 이장곤李長坤 · 판중추부사判中樞府事 김전金詮 · 호조판서 고형산高荊山 · 화천군花川君 심정沈貞 · 병조참지兵曹參知 성운成雲이 입시했습니다.

개혁의 아이콘 조광조의 등장

기묘사화는 독립된 사건이 아닙니다. 조선 초기에 일어난 비극적 사건의 연장에 놓여 있습니다. 간단히 그 흐름을 살펴보면 정암 시대를 이해하는 데 도움이 될 것입니다.

단종이 물러나고 수양대군이 왕위에 오른 사건을 흔히 선위禪位라고 합니다. 단종이 수양대군에게 왕위를 물려주었다는 말이죠. 그러나 실제 후대 역사에서는 이를 두고 찬탈이라고 이야기합니다. 세조가 왕위에 오르는 것은 혼자의 힘만으로는 불가능했습니다. 이때 큰 역할을 한 사람들이 바로 공신들입니다. 공이 있는 신하라는 뜻의 공신들은 정암 때까지 영향을 미칩니다. 대략 60년의 그 기간 동안 조선 역사에 있어서 매우 안타까운 상황이 연출됩니다.

단종에게서 선양을 받기 전에 수양대군은 김종서, 황보인처럼 단종을 보좌했던 신하들을 죽입니다. 이것이 단종 원년에 있었던

> **계유정난** : 1453년(단종 1) 수양대군이 친조카인 단종의 왕위를 빼앗기 위해 김종서와 황보인 등을 제거하고 정권을 장악한 사건.
>
> **사육신** : 1456년(세조 2) 세조를 몰아내고 단종을 복위시키려다 세조에게 죽음을 당한 여섯 명의 신하. 성삼문, 하위지, 이개, 유성원, 박팽년, 유응부.
>
> **한명회**(1415~1487) : 조선 세조 때의 문신. 조선 전기 계유정난 때 수양대군이 왕위에 등극하는 데 공을 세웠으며, 사육신의 단종 복위 운동을 좌절시키고 그들을 살해하는 데 가담하였다.

계유정난癸酉靖難이지요. '계유년에 나라를 안정시킨 일'이라는 뜻인데, 나중에 사람들은 이를 계유사화라고 부릅니다. 기묘사화와 마찬가지로 인재들이 화를 입은 사건이라는 뜻입니다.

이후 집현전을 중심으로 단종을 복위시키려는 움직임이 일자 세조는 성삼문, 박팽년, 하위지 등을 참살하고 집현전을 없애버립니다. 우리가 잘 아는 사육신이 그때 나왔죠. 세조 때에는 집현전 학자들은 활동하지 못하고 세조가 권력을 잡도록 도운 공신들을 중심으로 정치가 펼쳐집니다. 공신들은 특권을 누리며 성종 때까지도 형세를 좌지우지합니다. 그 대표적인 예가 한명회로, 세조 때 가장 권세가 컸던 사람입니다.

그런데 성종 때가 되면서 분위기가 바뀝니다. 권력과 힘만으로는 세상을 이끌어나가는 데 한계가 있습니다. 그래서 성종은 정책

| 4대 사화 |

무오사화 : 연산군 4년 (1498) 김종직의 제자인 김일손이 김종직이 지은 조의제문을 사초에 올린 일을 빌미로 훈구파가 사림파를 숙청한 사건.

갑자사화 : 연산군 10년 (1504) 연산군이 자신의 생모 윤씨의 폐출을 들추어 왕권을 견제해왔던 훈구파 대신들과 사림파를 숙청한 사건.

기묘사화 : 중종 14년 (1519) 조광조의 개혁정치에 불만을 품은 훈구파가 중종반정 공신들의 위훈 삭제 사건을 계기로 사림파를 모함하여 숙청한 사건.

을사사화 : 명종 즉위년 (1545) 명종의 외척인 윤원형 등 소윤파 小尹派가 인종의 외척인 윤임 등 대윤파 大尹派를 숙청한 사건. 현실적 승리는 훈구파에게 돌아갔으나 도덕적 정당성은 사림파가 획득.

을 펼쳐나갈 관청, 즉 예전의 집현전과 같은 관청을 만들려 합니다. 그러나 선왕인 세조가 없앤 집현전을 똑같은 이름으로 되살릴 수는 없습니다. 이것은 왕조 시대의 관행이죠. 결국 성종은 홍문관이라는 관청을 만들고, 이곳을 통해서 관료들이 등장하게 됩니다.

그런데 이렇게 등장한 인물들이 또 한 번 탄압을 받게 됩니다. 바로 연산군에 의해서입니다. 실록을 편찬하는 과정에서 공신 계열인 이극돈 등은 김일손과 같은 새롭게 등장한 인물들이 자신들의 비리를 써놓은 것을 보고 연산군에게 고하여 이들을 제거합니다. 이것이 바로 무오사화죠. 무오사화는 예전의 사화처럼 선비 사士 자와

> **훈구파**勳舊派 : 훈구파는 수양대군이 단종의 왕위를 찬탈하는 과정에서 공을 세운 세력들이 정치적 실권을 장악한 이후에 형성된 집권 정치세력이다. 이들은 그 이후 몇 차례의 정치적 격변에도 불구하고 변함없이 하나의 정치세력으로 군림하게 되는데, 연산군을 축출하는 중종반정中宗反正에 따른 정국공신靖國功臣에 이르기까지 그들의 권력을 유지, 강화시켰다. 세조는 그들의 권력과 재산의 세습을 인정하였으며, 그들은 권력을 독점하면서 인사권, 병권, 토지의 강점 등으로 부정부패를 일삼아 경제권까지 확보하였으며, 그들끼리의 통혼通婚으로 권력의 기반을 공고히 하는 한편, 왕실과의 혼인으로 외척外戚으로서의 지위도 확보한다.
>
> **사림파**士林派 : 고려 말기, 성리학을 학문 배경으로 하는 신진사대부가 등장하면서 사족士族, 사대부士大夫, 사인士人과 같은 용어와 함께 사림士林이라는 표현이 사용되었다. 이는 넓은 의미의 지식계층을 가리키는 말이었다. 사림이라는 용어가 공식적으로 자주 쓰이게 된 것은 정몽주, 길재, 김종직으로 이어지는 신진사대부가 15세기 후반 중앙정계에 진출하면서부터다. 사림파는 성종 때 김종직, 김굉필, 정여창 등이 중앙에 진출하여 활동하기 시작하면서 하나의 정치세력으로 등장하게 된다.

화를 입는다는 뜻인 화禍 자를 써서 사화士禍라고 쓰기도 하고, 사관史官들이 주로 화를 입었기 때문에 사화史禍라고도 합니다. 그 뒤로도 사화는 끊이지 않아서 이후 갑자사화를 거쳐 기묘사화가 발생하고 명종 즉위년에는 을사사화가 발생합니다.

이렇게 사화가 벌어지면서 세조 때부터 공신으로서 기득권을 행사하던 세력들과 이들이 가진 특권을 없애고 공정한 사회를 만들려는 사람들의 대립이 계속 일어납니다. 이 대립 구도는 연산군 때 극에 달해 연산군이 폐위되고 중종이 옹립된 중종반정으로 가닥이 잡혔다가 조광조에 와서 또 다시 폭발하죠. 이 시대는 30년 뒤 퇴계나 율곡이 등장해서 본격적으로 사상에 입각한 정책과 비전을 펼쳐나가는 시점인 선조 시대가 될 때까지의 중간 위치에 있습니다. 즉 대립 구도가 격렬해진 시점이라 할 수 있죠.

조광조의 비전과 개혁

앞서 말했듯 정암이 조정에서 활동한 것은 불과 4~5년에 지나지 않습니다. 정암은 29세가 되었던 중종 5~6년경에 추천을 받았다가 '아직 어리다' 라는 이유로 등용이 유보됐고 중종 10년에 천거를 받아 비로소 조정에 등장합니다.

처음에 그가 맡았던 관직은 조지서의 관원이었습니다. 조지서는 종이를 만드는 곳으로 자하문 밖, 지금의 서울 상명대학교 옆에 옛 터가 있습니다. 조지서를 그곳에 둔 이유는 실록 제작과 관계가 있죠. 실록을 편찬하면 기밀 누설을 방지하기 위해 초고를 씻어 없애는 작업, 즉 세초洗草를 합니다. 그 작업을 했던 곳이 바로 세검정 지역이고, 조지서에서는 세초한 종이를 가져다가 재생해서 썼습니다.

정암은 조지서 관원으로 등장했지만 얼마 지나지 않아 대간 자리로 옮깁니다. 대간은 요즘으로 얘기하면 언론과 감사원을 합쳐놓은 자리입니다. 그곳에서 정암은 국가 정책이 잘못됐을 때 잘못된 정책들을 바로잡고 잘못을 저지른 관원들을 비판하는 역할을 맡았습니다. 이런 역할을 감안해보면 중종이 조광조에게 기대했던 것을 알 수 있죠.

그다음으로 조광조가 옮긴 곳이 홍문관인데, 앞서 말한 것처럼 홍문관은 이전의 집현전과 같은 일을 하는 곳입니다. 홍문관에서는 국가 정책을 연구하는 동시에 국왕을 비롯해서 대신들이 세미나를 합니다. 모여서 늘 국가 정책 공부를 하는 것인데, 이를 '경연'이라고 합니다. 요즘으로 말하면, 청와대에서 애덤 스미스의 《국부론》을 읽는다든지, 《논어》를 읽는다든지, 마르크스의 《자본론》을 읽으며 정책을 세우는 것과 같습니다. 조광조는 끊임없이 중종과 세미나를 하면서 자신이 생각했던 나라를 만들어가기 위해서 노력합니다.

> **대간**: 관료를 감찰 탄핵하는 업무를 하는 대관과 국왕을 간쟁諫諍하는 업무를 하는 간관을 합쳐 부르는 말.

정암이 기묘사화로 쫓겨난 다음에 남곤이라는 이는 다음과 같이 말하며 정암을 처벌할 것을 주장합니다.

"민간에서 《소학》을 힘써 행하게 된 것은 다 저들(조광조 일파)이 주장하였기 때문이므로 저들이 귀양 간 뒤로는 무지한 백성들이 '저 사람들이 죄를 받은 것은 《소학》 때문이다' 라고 하는데 듣기에 매우 불편합니다. 조광조 등이 죄를 받은 이유는 《소학》 때문이 아니라 형편이 이렇게 된 것이니, 죄가 되지 않을 수 없습니다."

《소학》, 몸 만들기 교과서

《소학》은 사람이 일상생활을 하면서 지켜야 될 에티켓을 주로 모은 책입니다. 공부를 할 때 바른 자세로 앉으라는 이야기를 본격적으로 시작한 사람이 정암의 선배인 김굉필입니다. 학교에서 바르게 앉으라고 하는 것은 바로 《소학》을 배우면서부터 생긴 것입니다. 바른 자세로 공부하면 오래 앉아 있을 수 있습니다. 그것이 건강한 자세이고, 몸의 균형이 잡히는 자세이기 때문입니다. 비딱한 자세로 책을 읽으면 몸의 불균형 때문에 몸이 견디질 못하죠. 스님들이 참선을 할 때, 가부좌를 하는 것도 같은 이유입니다. 《소학》이

> **소학** : 송나라 때 주희가 소년들에게 유학의 기본을 가르치기 위해 편찬한 책으로 조선시대 교육 기관의 필수교재로 애용되었다.

바로 이런 것입니다. 일상생활을 하면서 사람들 사이에 '저 사람 됐다'는 소리를 듣게 만드는 책이 바로 《소학》입니다.

그리스, 로마 시대를 배경으로 한 영화를 보면 왕이나 귀족이 누워서 포도를 먹는 장면이 나옵니다. 사치와 방탕의 본보기로 말이죠. 핵심이 바로 여기에 있습니다. 《소학》은 리더십을 지닌 그룹의 태도가 어떠해야 하는가를 여실히 보여줍니다.

한 가지 예를 들면, 어릴 적부터 우리는 일찍 일어나라는 말을 많이 들었습니다. 일찍 일어나는 것은 특수한 삶의 방식 가운데 하나입니다. 늦게 일어나도 뭐라고 하지 않는 문명도 있었거든요. 그런데 퇴계나 정암의 시대는 아침에 일찍 일어나는 것을 덕으로 삼았습니다. 농부들이 일하러 나가는데, 공부한다는 사람들이 해가 중천에 떴을 때까지 자고 있으면 농부들에게 면목이 서지 않죠. 그래서 일찍 일어나는 것입니다. 그리고 늦게 자야 귀가하는 농부들이 '글 읽는 소리가 아직도 들리는군.'이라고 생각합니다. 밤늦게까지 글 읽는 소리가 들려야 합니다. 그래야 리더십을 갖는 것입니다.

그런데 막상 이것은 훈련이 되지 않으면 참으로 실천하기 어렵습니다. 매일 아침 6시에 꼬박꼬박 일어나는 것은 쉽지 않죠. 조광조는 중종과 경연을 하면서 바로 이런 태도를 요구했습니다. '검소하게 살아라.', '바른 자세를 가져라.' 등등을 강조했지요. 심지어 여성 오케스트라인 여악도 사치스럽다고 하여 없애게 하고, 일찍 일어나서 하루 종일 공부하게 했습니다.

참고로, 다음의 기록은 얼마나 경연을 열심히 했는지를 보여줍니다. '중종은 얼굴빛을 가다듬으며 들었고, 광조 등이 서로 더불

▪ **조광조 적려유허비** ▪ 1667년(현종 8) 4월 능주목사 민여로가 건립하였다. 적려란 귀양살이 하던 집을 뜻하며 1519년 기묘사화로 능성에 귀양 왔던 조광조를 추모하고자 세웠다. 전라남도기념물 제41호로 지정되었다.

어 논설하기를 성의가 간결하게 하여 날이 저무는 줄도 모르다가, 소환이 촛불을 들고 가자 드디어 물러갔었다.' 서로 토론하다가 날이 저무는 줄도 몰라서 어린 환관이 불을 켜기 위해 촛불을 들고 오니까 그제야 세미나를 끝냈다는 이야기입니다. 이런 일들이 자주 있었습니다.

처음엔 중종도 좋아했습니다. 새롭게 탄생한 조정에 기운을 북돋고 싶은 생각이 있었기 때문입니다. 그런데 늘 싫은 소리를 들어야 하고 아침부터 저녁때까지 공부해야 하는 상황은 중종을 지치게 했습니다. 자리가 높은 사람일수록 싫은 소리를 듣기 싫어하는 법이죠.

이처럼 조광조는 홍문관에서 열심히 일했습니다. 조광조는 당시 30대 중후반이었고, 같이 등용해 일한 학자들도 대부분 젊은 사람들이었죠. 젊은 그들은 열의를 내어 조정의 개혁을 추진하고 있었던 것입니다.

위훈 삭제 사건이 몰고 온 비극

그러나 조광조가 자신의 뜻을 본격적으로 펴면서부터 문제가 발생하기 시작합니다.

조광조는 과거를 통해서는 좋은 인재를 뽑기 어렵다고 생각했습니다. 글짓기만으로는 그가 어떤 사람인지 알 수 없기 때문입니다. 예나 지금이나 모든 시험은 항상 기출 문제도 있고 패턴들이 있습니다. 조선시대에는 그것을 과문科文이라고 불렀습니다. 조광조는 과거 공부를 한 정형화된 인재가 아니라 자신들과 함께 조선시대를 바꿔나갈 인물들을 뽑으려고 했습니다. 그래서 실시한 것이 바로 현량과입니다. 그런데 현량과는 단 한 번 시행되었고, 현량과를 통해 뽑힌 인물들은 이후 기묘사화 때 고초를 겪습니다. 그렇다면 무엇이 잘못된 것일까요?

조광조 개혁의 결정적인 문제는 위훈 삭제僞勳削除입니다. 위훈이라는 말은 잘못된 훈장이라는 뜻이죠. 중종반정이 일어났을 때 숙직을 섰던 승지, 곁다리 붙은 사람, 어중이떠중이들이 공신 반열에 덩달아 들어갔습니다. 조광조를 중심으로 한 여러 학자들이 이것을 문제 삼았습니다.

> **현량과**: 1518년(중종 13) 조광조에 의해 실시된 관리등용제도. 학문과 덕행이 뛰어난 인재를 천거에 의해 대책對策 만을 시험 보고 채용하는 제도이다. 기묘사화로 인해 폐지되었다.

결국 117여 명의 공신 중에서 4분의 3을 위훈이라고 하여 공신 명단에서 뺍니다. 공신 명단에서 빠지면 받았던 전답(토지), 노비 그리고 공신으로서 누릴 수 있던 특권들을 박탈당하게 되고, 이러한 특권을 누리던 사람들에게는 매우 불만스러운 상황이 연출되죠.

그런데 중종반정 공신들이야말로 중종이 즉위하게 된 기반입니다. 세자가 아니었던 중종은 반정을 하지 않았으면 국왕이 될 수가 없었습니다. 다시 말해 조광조를 중심으로 한 세력이 위훈 삭제를 주장하는 명분은 정당했지만, 당시 중종의 세력 기반을 완전히 무시한 이상주의적인 방식을 취했다는 뜻입니다. 중종 역시 자신의 지지기반을 뒤흔드는 위훈 삭제에 부닥치자 마음이 변합니다.

그런 틈을 타서 희빈 홍씨의 아버지인 홍경주와 같은 간신들이 나타납니다. 희빈 다음에는 경빈 박씨 등등의 사람들이 중종 주변에서 조광조를 모략하죠. 한 가지 예가 주초위왕走肖爲王 사건입니

공신과 위훈 삭제 : 훈구세력의 핵심인 공신들은 태조 때의 개국공신 52명을 시작으로, 정종 대 정사공신 29명, 태종 대 좌명공신 26명, 세조 대 정난공신 43명·좌익공신 46명·적개공신 45명, 예종 대 익대공신 39명, 성종 대 좌리공신 75명 등 끝없이 양산됐고, 중종 대의 반정공신은 117명에 이르렀다. 공신들은 과전 외에 막대한 공신전과 노비를 받았다. 부와 권세를 대물림한 기득권층인 이들 훈구세력 때문에 국가 재정이 위태로울 지경이었다. 조광조는 터무니없이 많은 공신 수를 지적하고, 이들을 재심사해 아부와 뇌물로 공신이 된 자들을 숙청할 것을 요구한다. 이것이 바로 위훈 삭제이다. 결국 중종반정에 공을 세운 정국공신 76명의 위훈이 삭제되었다.

다. 궁중에서 주초위왕이라는 글씨가 쓰인 나뭇잎이 발견된 거지요. 조광조는 한양 조씨로 나라 조趙자를 쓰는데 이 한자의 자획을 분해하면 달릴 주走자와 닮을 초肖자로 나뉩니다. 다시 말해 주초위왕이란 조씨가 왕이 된다는 의미입니다. 주초위왕이라는 글자를 나뭇잎에 새기기 위해 '감잎에다가 꿀을 묻혀서 글씨를 쓴 다음 벌레들이 파먹게 했다'라고 하지만 이것은 전설 같은 이야기로 '민심의 동향 혹은 이들의 음모가 이렇게 펼쳐졌다'라고 하는 하나의 사례로만 이해하면 될 것 같습니다.

결국 조광조는 중종과 공신들의 반격으로 귀양을 가게 됩니다. 역사에서는 항상 리액션이 있는데, 이때도 동일하게 리액션이 나타난 것입니다. 조광조에게는 역간逆諫이라는 죄명이 씌었습니다. '열심히 무엇을 하려다 정도를 넘었다.'는 뜻입니다.

조광조 등은 죄인을 심문하고 고문하는 추국청에서 문초를 당하는데 이곳에서 조광조는 조사를 맡은 당상관에게 '어리석은 자'라고 하며, 공초供招를 쓰는 것도 거부합니다. 공초는 죄인들이 쓰는 진술서인데 어명으로 반드시 써야 하는 것입니다. 조광조는 결국 공초를 쓰지 않는 무례함을 범했다는 죄가 덧붙여져 귀양 간 곳에서 사약을 받고 죽게 됩니다. 이때 이순신 장군의 할아버지 이백록이라는 분도 기묘사화로 세상을 떠났습니다.

조광조가 귀양을 가자 많은 사람들이 아쉬워했고 성균관에서도 조광조를 살려달라고 상소하고 파업하거나 동맹휴업을 하는 양상이 벌어지는데, 오히려 그런 것들이 사태를 더욱 부채질합니다. 더욱 중종의 의심을 사게 되고 공신들도 한층 경계하게 만들어 결국 조광조가 사지로 내몰리는 상황이 연출이 된 것입니다.

시를 한 수 소개하겠습니다.

해 떨어지니 하늘이 먹처럼 검고 日落天如黑
산 깊으니 골짜기 구름과 같도다 山深谷似雲
천 년 가야 할 임금 신하 마음 君臣千載意
외로운 한 무덤 하나에 슬프도다 惆悵一孤墳

이 시는 조광조가 지었다는 이야기가 있고 김식이 지었다는 이야기도 있습니다. 김식은 현량과에 장원으로 급제해 조광조와 함께 활동한 사림파로, 기묘사화로 유배되었다가 자결한 인물입니다.

한편 유명한 문학 작품 중에 조광조가 등장하는 일화가 있습니다. 바로 벽초 홍명희의 소설 《임꺽정》입니다. 기묘사화와 《임꺽정》은 매우 관계가 깊습니다. 이 작품은 총 10권으로 된 미완의 소설로 앞의 1~3권이 연산군 때부터 조광조 이후의 시기를 다루고 있습니다. 벽초가 조선시대에 전해오던 이야기를 모아 쓴 이 책은 어떤 학자의 글보다 재미있게 이 시기를 그려내고 있습니다.

조광조에게 필요했던 것 두 가지

앞서 살펴본 것처럼 퇴계 이황은 '정암은 학문이 부족하다.'고 평

- **소수서원** · 중종 때 주세붕이 경상북도 영주시 백운동에 세운 서원. 우리나라 최초의 서원으로 명종 5년(1550)에 '소수'라 사액을 받았다. 사적 제55호로 지정되었다. 사액서원은 조선시대 왕으로부터 친필 액자를 하사받아 권위를 인정받는 서원을 뜻하며 서적·토지·노비 등이 함께 하사되었다.(사진 ⓒJjw)

가했습니다. 퇴계의 말은 세상의 어떤 일이 이루어지려면 두 가지가 있어야 된다는 것으로 해석할 수 있습니다. 하나는 옳아야 한다는 것, 즉 이치에 맞아야 된다는 것입니다. 다른 하나는 이치에 맞는 일이 실현될 수 있는 형편이 되어야 한다는 것입니다. 이 두 가지를 다 갖추어야 어떤 일을 도모해서 성취할 수 있습니다.

그런데 당시 사림들은 인재를 기르기 위한 재생산 구조도 가지지 못했습니다. 지식인 집단이 계속 만들어지고 활동하려면 지금처럼 학교가 있어야 합니다. 그런데 서원이 생긴 것이 명종 때입니다. 서원은 조선시대 선비가 모여서 학문을 강론하고 석학이나 충절로 죽은 사람을 제사 지내던 곳입니다.

주세붕이 세운 백운동서원도 명종 때 소수서원으로 사액賜額을 받고 나라에서 정식으로 인정받았습니다. 조광조 시대에는 겨우 개인적으로 찾아가서 배우는 수준에 불과했으며, 명종 대를 지나 퇴계를 거치면서 비로소 학교가 생기게 되었습니다. 말하자면 이때서야 비로소 조광조 같은 인물들이 체계적으로 등장할 수 있는 계기가 마련되었고, 퇴계와 율곡 같은 학자들이 본격적으로 활동하는 시대가 열리게 된 것이죠.

결국 퇴계는 "무엇이 사람들의 삶을 좀 더 아름답게 만드는가."라는 질문을 던지며, 그런 삶을 만들려면 그러한 사회를 건설하기 위해 사람들의 뜻과 힘을 모아가는 것이 중요하다고 말하고 있는 것입니다. 그리고 조광조는 이 같은 문제들에 대한 질문을 끊임없이 던져주는 역사적 인물이었다는 점을 확인할 수 있습니다.

■ **조광조의 묘와 심곡서원** ■ 조광조의 묘소는 경기도 용인시 수지구 상현동에 위치한다. 1650년(효종 1)에는 조광조의 뜻을 기리고 제사를 지내기 위해서 묘소 옆에 심곡서원을 세웠다. (사진 ⓒ단비)

| 역 사 토 크  |

조광조

중종반정이 일어나지 않았다면
조광조의 개혁활동은 가능했을까?

| 남경태 |

조광조에 대한 강의를 들으니 고대인으로서는 플라톤, 근대에 이르러서는 청교도적인 개혁가였던 영국의 크롬웰이 떠오릅니다. 백성의 삶을 정책적으로 바꾸려는 인격 개조가라고 할까요. 엄청난 꿈을 꾸었던 조광조가 정치무대에서 활동한 시기가 4~5년에 불과했다는 것이 믿기지 않습니다. 그 짧은 개혁 기간에 역사에 큰 족적을 남겼어요. 러시아 혁명을 이끈 레닌은 혁명 와중의 20일이 평상시 20년보다 더 중요하다는 말도 했지요.

 만약에 중종반정이라는 역사적 배경이 없었더라면 조광조가 정계에 등장하거나 개혁적인 사건들이 과연 펼쳐질 수 있었을까요?

| 오항녕 |

우리는 물리적으로 1년, 2년을 따지지만 사람의 인생에서도 하루 같은 1년이 있고, 1년 같은 하루가 있습니다. 이것은 역사에서도 똑같이 적용되는데, 조광조의 삶은 압축적인 삶인 것 같습니다. 전의 50년과 후의 50년이 압축되어 있는 씨앗을 담고 있다는 생각이 드는 점에서는 역시, '4년이 짧은 시간이 아니었다.'고 생각하게 됩니다.

중종반정이라는 역사적 배경이 없었더라면 조광조가 정계에 등장하거나 개혁적인 사건이 과연 펼쳐질 수 있었을까, 하는 질문은 하나의 가정인데요, 아시다시피 역사학자들은 가정을 하지 않습니다. 있지 않았던 일들을 전제로 하는 것이기 때문에, 가정을 시작하는 순간 픽션이 들어가지요. 그렇게 되면 문학 영역으로 넘어가게 될 가능성이 높습니다.

| 남경태 |

반면에 학자들로부터 훨씬 부담이 없는 자유로운 이야기를 들을 수는 있겠지요.

| 오항녕 |

앞에서도 말씀드렸습니다만, 세조의 왕위 찬탈로부터 이어지는 흐름이 있습니다. 이런 흐름을 전제로 하지 않고 이야기할 수는 없습

니다. 반정이 없었다면 연산군이 계속 남아 있었겠죠. 연산군 때는 실제로 국가재정이 거의 바닥을 드러냅니다. 먹고 노는 데 재정을 써서 그렇습니다. 그래서 요즘으로 생각하면 월급 받고 사는 이들이 월급을 거의 통째로 조정과 정부에다 바치지 않으면 안 되는 상황이 됩니다. 연산군 때의 재정 낭비가 인조 초반까지 영향을 미칩니다.

| 남경태 |
100년을 넘어가는 것이네요.

| 오항녕 |
네. 지금은 세금을 화폐로 받지만, 이전에는 쌀이나 포로 받고 그렇지 않은 경우에는 사과 혹은 종이, 필기구 같은 현물로 받았습니다. 후자를 공물이라고 합니다. 이것이 연산군 대에 이르러 엄청나게 늘어납니다. 중종 대 와서도 똑같은 문제가 발생했습니다. 공신들이 연산군 때 늘어난 공물을 줄이지 않았던 것입니다. 이것도 정암이 공신들의 위훈을 삭제하려는 하나의 이유가 되는 것입니다. 위훈 삭제는 실질적인 경제 측면에서 공신들의 기득권을 박탈하는 결과를 가져오는 것이지요.

| 남경태 |
반정이 없었다면 연산군의 경제 정책 실패가 나라를 더욱 막다른 상황으로 몰아갈 가능성이 컸겠네요.

| 오항녕 |

예, 연산군의 폭정이 계속되었다면 조선이 망했겠지요. 거기에 제가 이 이야기를 세조 때부터 풀었던 이유가 있습니다. 세조 때 집현전이 없어지고 70여 명의 학자가 죽습니다. 세조에 의해서 세종 때 키웠던 쟁쟁한 인물들이 거의 다 죽었다고 생각하면 됩니다. 신숙주와 정인지 정도만 살아남았지요. 그런데 더 큰 문제는 한 번 사람들이 당하고 나면 기가 꺾인다는 점입니다. 세조의 왕위 찬탈은 권력 변화의 문제만이 아닙니다. 이는 조선조의 기운을 꺾은 사건입니다. 꺾였던 그 기운이 조광조를 통해 다시 한 번 대차게 살아났던 것이지요. 그러니까 후대 학자들이 조광조를 높이 평가하는 것입니다. 주저앉았던 사기를 세워준 인물이 바로 조광조인 셈입니다.

   지금도 마찬가지인 듯합니다. 윗세대 역사학자들은 우리 역사에 대한 콤플렉스에 젖어 있었습니다. 그런데 우리 세대 아래의 유복하게 자란 학생들이나 소장학자들은 그런 콤플렉스가 없습니다. 외국에 나가서도 아주 잘해내지요.

| 남경태 |

기가 사는 거죠.

| 오항녕 |

그렇지요. 그런 점들이 차이가 있습니다.

| 남경태 |

조선은 세계적으로 보기 드물게 학자 관료 체제가 있습니다. 공부와 정치가 하나인 체제 말입니다. 그런 사회에서는 학자의 기가 꺾이면 정치도 침체된다는 이야기가 있습니다.

| 오항녕 |

그렇죠. 이익을 추구하는 사람이나 집단을 견제할 세력이 없어지는 겁니다. 세조 때는 그렇게 흘러갔어요. 공신들의 행패는 말할 수도 없었죠.

중종이 조광조의 개혁을 용인할 수 없었던 까닭은?

| 남경태 |

중종반정도 연산군의 실정을 타파한 일종의 개혁의 결과인데요. 그런데 명분상 위훈 삭제라는 명제가 너무나 당연하고 누구나 인정할 수 있는 것일 텐데도 결국 중종은 조광조의 개혁을 좌절시켰습니다. 자신도 개혁의 선상에서 왕위에 올랐으면서 더 이상의 개혁은 용인하지 않겠다는 거죠.

| 오항녕 |

네, 그런 셈이죠. 왕조시대에서 가장 큰 기득권자는 왕입니다. 그

렇기 때문에 자꾸 왕이 공정해야 한다고 교육하는 것이지요. 그게 '경연'이죠. 그런데 중종의 입장에서 보면 공신들도 자신의 기반입니다. 공신과 반정이 없었으면 자신이 왕이 될 수 없었거든요. 위훈으로 들어온 사람들도 있지만 분명 기여를 한 사람들도 있었습니다.

그리고 또 한 가지, 이들은 반정 당시뿐만 아니라 중종시대에 들어와서 15년 동안 이미 나름대로 자신들이 기여했다고 생각해왔습니다. 그런데 위훈을 없애자고 하면 이를 부정하게 되거든요. 이미 15년 동안 기반을 잡고 있는 사람들의 뿌리를 완전히 흔들어버리는 것이니까 그 저항은 상상을 초월하는 것이지요.

퇴계가 조광조의 시대상황에 처했다면 그가 펼쳤을 개혁은?

| 남경태 |

조광조가 학자나 학문의 재생산 구조가 없는 상태에서 개혁을 했다고 하셨습니다. 조광조도 유배를 온 김굉필에게 개인적으로 사사했지요. 퇴계가 조광조에 대해 학문이 부족하다고 비판했는데요. 만약에 퇴계가 사회적 인프라가 조광조 때보다 더 나아진 이 시점에서 조광조의 입장으로 개혁을 펼쳤다면 어떻게 했을까요?

| 오항녕 |

앞서 이치와 형편, 두 가지를 말씀드렸습니다. 하는 일이 이치에 맞으려면 사람들을 행복하게 만들어주어야 합니다. 그리고 행복하게 만들어줄 수 있는 형편이 되어야 됩니다. 예산이 없는데 당위적으로만 주장하는 것은 형편을 거스르는 것이고, 예산이 있는데도 국민들에게 필요한 일을 하지 않고 이상한 데 예산을 쓰는 것은 이치에 맞지 않는 것이지요. 두 가지를 다 따져봐야 하는 것입니다.

국가 정책을 세울 때는 예산도 확인해야 하고, 인적 자원도 확인해야 하고, 다른 집단들 간의 이해도 조정할 수 있어야 합니다. 그런데 그게 되려면 경세經世에 대한 학습이 되어야 하지 않겠습니까?

퇴계의 입장에서 보았을 때 정암이 공부가 안 됐다는 것은 어떤 의미일까요? 물론 정암이 김굉필의 유배지에 가서 배우기는 합니다. 당시에는 서원이 없었으니까 제도교육이 아니라 사교육을 받은 것이죠. 그런 상황이었기 때문에 퇴계도 체계적인 재생산이 필요하다는 것을 절감한 것이지요. 그래서 서원이 생깁니다.

퇴계는 한 세대 뒤지만 나이로는 조광조보다 19세 아래입니다. 퇴계의 두 번째 부인이 되는 권씨의 작은 아버지가 기묘사화 때 죽습니다. 따라서 퇴계의 처갓집도 조광조와 연관이 있습니다.

| 남경태 |

퇴계의 처갓집도 역시 개혁파군요.

| 오항녕 |

예. 기묘사화 다음이 을사사화인데, 이때 윤원형 일파였던 이기라는 사람을 퇴계의 형인 이해가 비판했던 적이 있습니다. 그 때문에 형 이해는 나중에 보복으로 곤장을 맞고 귀양을 가다가 죽습니다.

| 남경태 |

그럼 퇴계는 집안으로 보나 본인으로 보나 당시 권력을 가졌던 세력과 대립하는 편이었군요.

| 오항녕 |

사림 쪽에 서 있던 것이죠. 픽션이긴 하지만 소설 《임꺽정》에도 임꺽정과 퇴계가 만나는 내용이 나옵니다. 퇴계가 귀양 가다가 죽은 형의 시신을 찾으러 갑니다. 벽초는 그 시신을 임꺽정의 집에서 보관하는 것으로 설정했지요. 아주 흥미로운 만남입니다.

  퇴계는 조광조의 기개는 옳았지만 그것만으로는 안 된다고 보았습니다. 그래서 퇴계는 굉장히 조심스러운 태도를 취합니다. 시대를 보면서 자란 경험이 축적된 것이지요. 그런데 한 세대 더 지난 율곡은 이제 자신만만해집니다. 토대가 깔린 상태에서 시작하니까요. 한 세대 뒤에는 자신만만하게 자신들의 미래를 펼쳐나갈 수 있게 되는 것이지요.

| 남경태 |

조광조는 시대를 앞서 간 인물이었습니다. 퇴계 이황도 조광조의

이념에는 반대하지 않았고요. 과거를 통하지 않고 뽑는다는 현량과도 명종 때 정초라는 이름으로 부활합니다. 그런 것을 보면 결국 당시 개혁 환경이 되지 않아서 조광조가 충실한 성과를 거두지 못했을 뿐이지 조광조의 개혁은 후대에 하나씩 실현되었습니다. 결국 그가 옳았다는 게 증명이 된 것입니다.

시대를 앞서 가는 사람들은 개인적으로 외롭게 삽니다. 비극적인 죽음을 맞고요. 개혁가의 비극적인 죽음, 더 이상은 없었으면 좋겠습니다.

조광조의 개혁정치, 이상사회가 현실에 실현되었다면 이후의 우리 역사, 더 가까이에서 보면 조선 중기의 역사가 어떻게 되었을까 참 궁금합니다. 그가 죽지 않았다 해도 조선에 요순의 태평성대가 이루어졌을지는 누구도 알 수 없는 일입니다. 하지만 이루어지지 않아서 더 커 보이고 더 달려가 만져보고 싶은 것이 꿈, 그것이 이상이 아닐까 싶습니다. 조광조, 그가 품었던 이상과 꿈이 여전히 매력적인 이유가 바로 거기에 있지 않을까요?

| 연보 |

1494년(성종 25)   연산군 즉위

1498년(연산군 4)   무오사화

1504년(연산군 10)   갑자사화

1506년(중종 1)   연산군을 폐위시킨 중종반정이 일어남

1515년(중종 10)   조광조, 조지서 사지造紙署司紙 임명

1517년(중종 12)   여씨향약呂氏鄕約을 시행

1518년(중종 13)   현량과 설치, 소격서 혁파 논의, 11월 대사헌에 임명

1519년(중종 14)   11월 조광조와 김정金淨·김식金湜 등 사림,
　　　　　　　　기묘사화를 당함

6부

탕평책을 실시한 위민 군주

영조

이근호

국민대학교 문과대학 국사학과를 졸업하고, 동 대학원 국사학과에서 석사와 박사 학위를 받았다. 조선 후기 정치사를 전공했으며, 현재 명지대 인문과학연구소 연구교수로 재직하고 있다. 논문으로 〈영조 대 탕평파의 국정운영론 연구〉, 〈영조 대 승정원일기 개수과정의 검토〉, 〈영조 대 무신란 이후 경상감사의 수습책〉, 〈영조 대 중반 어제훈서의 간행 양상과 의의〉, 〈영조 대 균역법 시행과 공·사 논의〉 등이 있으며, 저서로 《조선 후기의 수도방위체제》(공저), 《조선시대 경기 북부 지역 집성촌과 사족》(공저), 《정조의 비밀어찰, 정조가 그의 시대를 말하다》(공저) 등이 있다.

> 신문고를 부활시키고, 균역법을 만들고, 백성이 나라의 근본이라는 '민국'을 천명한 영조대왕. 조선 21대 왕 영조는 군주이기 이전에 인간애가 넘치는 위민정신의 실천자였습니다. 재위 52년간 신하들과의 토론인 경연을 무려 3,458번이나 하며 공부하고 노력하는 군주로 백성의 존경도 받았지요. 하지만 개인적으로는 무척 불행한 군주였던 영조. 아들인 사도세자를 뒤주에 가둬 죽게 한 비운의 주인공이기도 했죠. 영조는 과연 어떠한 인물이었을까요? 그리고 영조가 꿈꾸었던 개혁은 무엇이었을까요?
>
> — 남경태

영조의 가족들

조선 후기 중흥군주 영조대왕. 여러분은 영조대왕 하면 무엇이 떠오르나요? 아마 대부분 사도세자의 죽음을 떠올릴 것입니다. 이런 점 때문에 영조는 권력을 위해서 아들을 죽인 비정한 군주로만 인식되고 있습니다. 영조 치세 동안 사도제자가 죽은 건 사실입니다만, 그 죽음은 영조 치세의 전반적 상황 속에서 이해해야 합니다. 그 사건만 강조되면 영조의 오랜 치세가 가려지기 쉽습니다. 지금, 영조의 삶과 정책을 살펴봄으로써 당대 사람들의 삶과 의식을 이해하고, 더 나아가서 오늘날 우리 사회가 나아갈 방향을 점검하고자 합니다.

영조는 조선의 제21대 왕으로 조선의 최장수 국왕입니다. 임금의 이름을 휘라고 하는데 영조대왕의 휘는 금이고, 왕위에 오르기 전 봉호는 연잉군입니다. 영조는 숙종과 후궁인 숙빈 최씨 사이에서 태어났습니다. 영조의 생모인 숙빈 최씨는 무수리 출신으로 알려져 있는데요. 무수리는 궁인 가운데에서 가장 낮은 신분입니다. 아마 이러한 신분적 열등감이 영조의 어머니와 그 자식인 영조에게도 상당히 영향을 많이 미쳤으리라고 생각합니다.

영조는 1699년(숙종 25) 연잉군이라는 봉호에 책봉됩니다. 말하자면 정식 왕자로서 인정받게 되는 것이죠. 이후에 생모인 숙빈 최씨가 영조를 영빈 김씨에게 양자로 들입니다. 영빈 김씨는 숙종의 후궁 가운데 한 명으로, 병자호란 때 척화를 주장했던 김상헌의 현손녀입니다.

영조는 연잉군으로 책봉됐다가 경종 1년인 1721년에 왕세제로 책봉되고, 그로부터 4년 뒤 왕위에 오릅니다. 잠깐 영조의 가계도를 살펴보겠습니다.

영조는 2남 12녀를 두었습니다. 딸 중 5명은 요절해서 봉호조차 없었습니다. 단, 1녀의 경우는 1773년(영조 49)에 화억옹주라는 봉호를 갖게 되었습니다. 정성왕후와 정순왕후라는 두 명의 왕비가 있

> **영빈 김씨**(1669~1735) : 조선 제19대 왕 숙종의 후궁이다. 병자호란 때 척화파였던 김상헌의 현손녀다. 소생이 없는 영빈 김씨는 영조를 특별히 아꼈고 영조도 어머니라 부르며 따랐다고 한다.

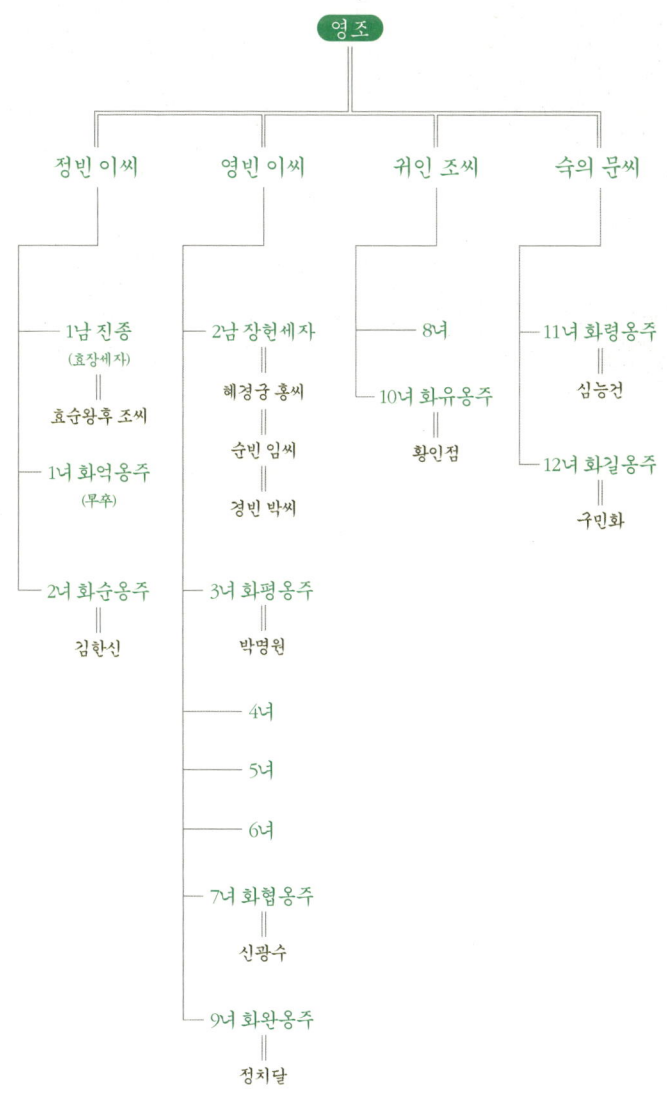

▪ 궁집 ▪ 경기 남양주시 평내동에 있는 조선 후기의 주택. 영조가 막내딸 화길옹주가 구민화에게 시집가게 되었을 때 지어준 집이다. 나라에서 재목과 목수를 보내 완성하게 하였기 때문에 궁집이라고 부른다. 'ㅁ'자형 안채와 'ㄱ'자형의 사랑채, 행랑채 등으로 구성되어 있다. (사진 ⓒyasoo)

었는데 왕비와의 사이에는 자식이 없습니다. 아들의 경우 후궁 정빈 이씨와의 사이에서 효장세자를 얻습니다. 큰아들인 효장세자는 영조가 왕위에 오르면서 경의군에 봉해졌다가 왕세자로 책봉됩니다. 그런데 불행하게도 1728년(영조 4)에 마마를 앓다가 열 살의 나이로 죽게 됩니다.

 자식을 보내는 부모의 심정이 어떠했을까요. 영조는 아들의 침소로 가서 자신의 뺨을 죽어가는 아들 뺨에 대며 "내가 누군지 알겠느냐?" 물어봅니다. 그런데 아들은 말을 못하고 눈물을 흘립니다. 영조는 이루 말로 표현할 수 없을 정도로 통한의 아픔을 느꼈을 것입니다.

한동안 아들 없이 쓸쓸하게 지냈던 영조는 다른 후궁인 영빈 이씨와의 사이에서 장헌세자, 즉 사도세자를 얻습니다.

효장세자가 사망하고 나서 7년이 지난 1735년(영조 11)에 얻게 된 왕자가 바로 사도세자입니다. 영조는 아들을 얻은 기쁨을 신하들에게 이렇게 이야기합니다. "이 아들이 태어나면서 내가 비로소 삼종의 혈맥을 잇게 됐다." 삼종三宗은 효종, 현종, 숙종을 뜻합니다. 그러니까 아들을 얻음으로써 비로소 선대왕들의 혈맥을 계승했다는 이야기입니다. 이렇게 영조가 신하들에게 기뻐하는 마음을 보인 기록들이 여러 군데 등장합니다.

사도세자의 죽음 때문에 영조는 비정한 군주 같지만 여러 기록을 보면 자식들에게 굉장히 따뜻한 아버지였습니다. 1758년(영조 34)에 둘째 딸 화순옹주가 남편 김한신이 죽자 비통해하며 금식을 합니다. 당시, 숙종의 세 번째 왕비인 인원왕후가 세상을 떠서 상중에 있던 영조가 그 소식을 듣습니다. 영조는 왕비의 빈소를 지킬 책임이 있는 사람이지요. 그런데도 "내 딸이 금식하고 있으니 안 가볼 수 없다."며 나가려는 것을 신하들이 억지로 말린 일이 있습니다. 1748년(영조 24)에는 셋째 딸 화평옹주가 죽었는데, 영조가 장례를 왕과 왕비에 준하는 수준으로 성대하게 치른 일도 있습니다. 실록에는 이를 낭비로 보고 비난하는 기록들이 나옵니다. 그럼에도 이런 모습들을 보면 영조는 딸이 죽은 슬픔을 기물이나 제물을 준비함으로써 다스리려고 한, 자식을 사랑하는 아버지죠.

자기관리에 철저했던 영조

영조는 52년간 재위하였는데 세상을 떠날 때 나이가 83세입니다. 영조는 평소 굉장히 근검절약하고, 건강관리를 철저히 했습니다. 영조의 근검절약은 신료들도 모두 인정했다고 합니다. 보통 왕이 자는 침전은 골동품 등으로 꾸며놓는데, 영조의 침전에는 아무런 장식품도 없고, 이불도 무명 이불을 덮을 정도로 검소했다는 기록도 있습니다. 1746년(영조 22)에는 중국산 비단인 능단의 수입을 금지한다든지, 왕비나 후궁들의 옷이 길어서 끌리지 않게 하도록 법령을 만들기도 합니다. 한때는 본인이 타는 가마에다가 금장식을 하지 말라고 할 정도였습니다. 그리고 이렇게 근검절약하는 생활 태도가 자식에게도 이어지기를 바랐습니다.

사도세자가 두 살이 되던 1736년(영조 12), 세자가 아버지인 영조에게 사치할 치(侈) 자를 써달라고 합니다. 그러니까 영조가 "왜 그러느냐?"하고 물어봤겠지요. 그랬더니 두 살배기 세자가 대답합니다. "제 침실 벽에다 걸어놓으려고 합니다." 영조는 세자의 대답에 기특해하며 다시 "그러면 비단과 면포 중에 어떤 게 더 검소하냐?" 물어봅니다. 그랬더니 사도세자는 "면포가 더 검소합니다. 비단은 사치스럽습니다." 하고 대답합니다. 그 얘기를 듣고 영조가 "나의 근검절약함이 우리 아들에게 이어지는구나." 하고 흐뭇해했다고 합니다.

영조는 평소 건강관리에도 투철했습니다. 조선시대 왕의 평균 수명이 47세입니다. 과학이 발달한 오늘날에 이르러서야 평균 수

명이 80세를 넘어섰는데, 조선시대에 83세까지 살았다는 것은 굉장히 장수한 것입니다. 조선시대 왕들은 많은 병에 시달렸습니다. 등창이나 마마에 걸려서 생사를 오가는 사례들이 비일비재한데 영조는 한 번도 위중한 병을 앓지 않습니다. 그만큼 철저하게 건강관리를 했다는 거지요.

영조는 회의를 하다가도 밥은 꼭 챙겨 먹었습니다. 영조는 회의를 굉장히 좋아합니다. 경연을 많이 했고, 새벽 두세 시까지 회의를 하기도 합니다. 그런데 이렇게 회의를 하다가도 때가 되면 회의를 중지하고 식사를 합니다. 그 정도로 철저하게 식사시간을 지켰습니다.

그리고 건강상태를 꾸준히 살핍니다. 입진入診도 열심히 하는데, 입진이란 의관이나 내의원들이 국왕 앞에 나아가 왕의 건강 상태를 말로 진단하는 것입니다. 숙종은 약 46년간 869회의 입진이 있었고, 경종은 4년간 181회 정도의 입진이 있어요. 그에 비해서 영조는 52년간 6,167회, 연평균 119회의 입진을 합니다. 특히 승하하기 얼마 전인 1773년(영조 49)부터 1776년(영조 52)까지는 1,818번 입진을 합니다. 연평균 약 454회입니다. 하루가 멀다 하고 입진을 계속하는 거예요.

또, 몸에 좋다는 약재를 먹기도 합니다. 1758년(영조 34), 영조는 병을 앓다가 이중탕이라는 약재를 먹고 효험을 봅니다. 그래서 영조는 이 약에 '이중건공탕'이라는 이름을 붙여주고 즐겨 먹습니다. '건공'은 공을 세웠다는 뜻입니다. 몸이 아프다가도 조금 낫게 되면 "내가 건공탕 때문에 나았다."고 말합니다. 이런 일화들을 통해 우리는 영조가 평소 근검절약했고, 자기관리가 철저했던 임금이라는 점을 확인할 수 있습니다.

신임옥사 사건과 이인좌의 난

영조는 왕위에 오르기 전부터 굉장히 어려움을 겪습니다. 이른바 '신임옥사'라고 하는 정치적 사건 때문입니다.

이 사건은 노론이 당시 왕이었던 경종을 몰아내고 그다음 왕위에 오를 영조를 왕위에 앉히려 했다는 것이 골자입니다. 결국 이 사건으로 노론들이 대거 피해를 입고, 영조도 노론이 자신을 왕에 앉히려고 했다는 점 때문에 결국 혐의를 받게 됩니다.

경종이 승하하면서 영조는 이복형인 경종에 이어 왕위에 오릅니다. 그리고 "나는 형을 죽이지도 않았고, 형을 쫓아내려고 하지 않았다. 나는 형의 죽음과 아무 상관이 없다."고 밝힙니다. 영조는 왜 이런 말을 했을까요? 영조는 자신이 형을 죽였다는 혐의를 벗어야 합니다. 그리고 자신을 왕에 앉히려고 했던 노론의 혐의도 벗겨줘야 자연스럽게 왕위 계승을 했다는 것을 입증하게 됩니다. 그런데 이것을 입증하기까지 시간이 상당히 오래 걸립니다.

그런 와중에 1728년(영조 4) 이른바 무신란戊申亂이라고도 불리는 이인좌李麟佐의 난이 일어납니다. 이 사건은 이인좌를 중심으로 소론 세력 일부와 남인들이 중심이 되어 일으킨 반란입니다. 그런데 동기가 무엇일까요? 바로 '영조가 경종을 시해했다'는 것이지요.

그래서 영조를 몰아내고 밀풍군 이탄을 왕위에 앉히려고 반란을 일으킨 겁니다. 이인좌의 난은 조선조 변란 가운데 가장 규모가 큽니다. 또 중앙 관리들이 가담했다는 점에서 특이한 변란입니다. 어쨌든 이 변란을 계기로 영조는 더 이상 특정 당파에 의존하면 안 되겠다고 생각합니다. 그래서 본격적으로 탕평책을 추진하게 되고 탕평책을 추진하는 와중에 오랜 시간을 두고 경종의 죽음과 관련된 혐의를 하나둘씩 벗기 시작합니다.

왕위에 오른 후 이 혐의를 벗는 데 16년쯤 걸립니다. 1740년(영조 16)과 1741년(영조 17) 사이에 이른바 경신처분庚申處分 또는 신유대훈辛酉大訓이라고 하는 일들이 있는데, 이 일들은 신임옥사에 연루된 노론 인물들의 죄가 모두 무고였음을 판정한 일입니다. 그리고 이를 통해서 영조는 결국 자신의 혐의를 벗게 됩니다. 그러면서 비로소 자신의 왕통에 자신감을 갖게 되고, 이때부터 본격적으로 치적들이 나오게 됩니다. 이후 조선 후기 법전인 《속대전》도 만들어지고, 국가 의례에 관한 규정들을 정리한 《국조오례의》를 수정한 《속오례의》라고 하는 예전도 만들어집니다.

1743년(영조 19)에 영조의 50세를 기념하여 '대사례大射禮'를 성균관에서 합니다. 대사례는 활을 쏘는 의식인데, 말하자면 군례, 군에서 하는 의식이에요. 대사례를 통해서 영조는 임금과 신하와의 관계를 새롭게 정립하고 더 나아가서 붕당의 조화, 대국민 화합을 강조하려고 합니다.

생모의 신분을 격상시키고자 한 영조

영조에게는 자기 형에 대한 혐의를 벗는 것 말고 바람이 하나 더 있었습니다. 바로 생모인 숙빈 최씨의 신분을 격상시키는 것입니다. 무수리 출신으로 후궁이 된 숙빈 최씨를 왕후의 신분으로까지 격상시키고 싶어 합니다. 처음에는 정치 상황이 불안하기 때문에 하지 못하다가 1753년(영조 29), 형에 대한 혐의를 벗은 뒤 여러 정책을 추진하는 과정에서 어머니를 높이는 작업을 합니다.

왕이나 왕비의 무덤은 능陵, 대군이나 세자의 무덤은 원園이라고 합니다. 군이나 귀빈, 후궁의 무덤은 묘墓라고 하지요. 그래서 '소령묘'라고 불리던 숙빈 최씨의 무덤은 1753년에 묘에서 원으로 격상되며 '소령원'으로 이름이 바뀝니다. 사당 역시 '육상묘'에서 '육상궁'으로 격상됩니다. 궁은 바로 왕과 관련된 곳이거든요. 그만큼 신분이 격상된 거지요.

1759년(영조 35), 영조는 두 번째 부인을 맞이합니다. 당시 영조의 나이가 예순여섯인데 부인인 정순왕후 김씨는 열다섯입니다. 부인을 새로 맞이한 지 몇 년 지나지 않은 1762년(영조 38) 사도세자는 죽게 됩니다. 영조는 본인의 권력 유지 내지는 조선의 질서 유지 등 여러 가지 목적에 의해서 사도세자를 결국 죽음으로 몰고 갑니다.

영조는 사도세자가 죽은 다음에 사도세자의 아들인 정조를 첫째 아들 효장세자에게 입양시킵니다. 왜 그럴까요? 사도세자는 어찌 되었든 죄인이거든요. 죄인의 아들이 왕위에 오를 수는 없습니다. 이것을 명분상, 형식상으로 정리하기 위해서 효장세자에게 입양시킨 것입니다. 영조는 승하하기 직전인 1775년(영조 51)에 자신의 손자, 후일의 정조에게 대리청정을 시키고 결국 생을 마감합니다.

52년은 정말 긴 시간입니다. 현재 대통령 임기가 5년인데 그 열 배입니다. 그만큼 영조는 많은 역경과 정치적인 파동을 경험했던 임금입니다. 그 오랜 시간을 겪으며 영조는 성군聖君이 되고 싶어 했으며, 이런 자신의 의지를 군사君師라 자주 표현하였습니다. 군사는 임금과 스승이 일치가 된다는 뜻이죠. 영조가 궁극적으로 원했던 것이 바로 '군사'입니다. 왕과 신하가 함께 공부하는 '경연'은 사실 왕이 신하에게 공부를 배우는 거죠. 그러면 그 순간 왕은 학생의 신분이 됩니다. 그런데 영조는 교육받는 신분에서 벗어나 자신이 스승이 되어 학문적, 정치적 지도자를 겸하려고 했습니다. 그것을 '군사'라는 개념으로 표현한 것이죠. 이 군사의 개념이 바로 유교에서 이야기하는 하은주시대, 요순시대의 모습이고, 이것이 제대로 실현되는 것이 왕도입니다. 왕도에 대해서는 잠시 후 다시 설명을 하겠습니다만, 요순을 닮고자 했던 임금이 바로 영조입니다.

반세기에 걸친 영조의 치적, 탕평

이제 탕평, 균역법, 준천에 대해서 말씀드리겠습니다. 단순히 영조의 치적을 살피기보다는 그러한 제도를 시행하면서 그 안에서 나타났던 국정 운영 방향이나 의식들을 점검함으로써 오늘날 이 사회가 나아갈 방향들을 점검해보고자 합니다.

탕평채라고 아시지요? 청포묵에 고기와 갖은 야채를 넣어 버무린 이 음식은 영조 대 탕평 정책 과정에서 나왔다고 합니다. 《동국세시기》라는 책을 보면 탕평채라고 하는 음식이 어떻게 나왔는지 잘 설명하고 있습니다.

탕평채는 왜 탕평일까요? 탕평채에는 여러 색의 재료가 들어 있습니다. 하나는 청포묵으로 대변되는 흰색입니다. 흰색은 서인을 상징합니다. 푸른색의 미나리는 동인을 상징하고, 붉은색의 소고기는 남인을 상징합니다. 북인은 바로 김과 같은 검은색입니다. 탕평채에는 여러 색깔이 들어 있고, '동서남북'도 들어 있습니다. 이걸 한번 섞는다고 생각해보세요. 이게 바로 탕평의 성격입니다. 각각 먹어도 맛있지만 섞었을 때 맛이 극대화됩니다. 바로 그것을 노린 것입니다.

음식의 색깔과 당을 연결한 것은 우리의 오방색 개념에서 차용한 것입니다. 오방색은 음양오행설을 따르는 다섯 가지 색깔입니다. 오방색에서 중앙은 황색 즉 황제 또는 황금을 뜻하고, 동쪽은 청색, 서쪽은 하얀색, 남쪽은 붉은색, 북쪽은 검은색을 뜻합니다. 이것을 탕평채에 적용시킨 거예요. 절묘하지 않습니까. 영조가 추진한 탕평책의 상징성을 극대화한 음식이 바로 탕평채입니다.

탕평 정책의 산물 가운데 탕평비라는 것이 있습니다. 현재 서울 성균관대학교에 있는 비각 안에 있습니다. 이것은 영조가 1742년 (영조 18) 성균관에 있는 유생들에게 당쟁을 하지 말도록 훈계하는 뜻에서 세운 것입니다. 탕평비에는《예기》에 있는 구절 중 "신의가 있고 아첨하지 않는 것은 군자의 마음이요, 아첨하고 신의가 없는 것은 소인의 사사로운 마음이다."라는 글이 쓰여 있습니다. 사람을 두루 사귀고 특정한 것에 치우치지 않는 것이 군자의 마음이고, 한쪽에 치우치는 것은 소인의 마음이라는 뜻입니다. 성균관에서 공부하는 유생들에게 군자의 마음으로 열심히 공부하고 국가에 나가서 인재가 되라는 말이지요.

탕평비나 탕평채는 영조 대 탕평 정책의 산물이지만 우리는 지금도 탕평을 이야기합니다. 정권이나 내각을 구성할 때 탕평해야 된다고 하죠. 그렇다면 과연 탕평이 무엇일까요?

탕평은 중국 유교 경전 가운데 하나인《서경》에서 유래되었습니다. 탕평이란 쉽게 말해서 한쪽 당파에 치우치거나 특정 세력에 편중되지 말아야 된다는 것입니다. 그것이 왕도라는 것이지요. 그러면 왕도가 무엇일까요? 유학 또는 유교에서 이상적으로 생각하는 시대가 바로 요순시대입니다. 그때는 왕이 특별한 일을 하지 않아도 세상이 잘 돌아갔고 백성들이 편하게 먹고 살았다고 합니다. 요순임금의 정치 스타일이 바로 왕도라는 것입니다. 그러니까 한쪽에 치중되지 않으면 왕도가 자연스럽게 이루어진다는 것이 바로 탕평의 원래 의미입니다.

탕평은 유교 경전에 수록돼 있어서 우리 선조들이 많이 공부했습니다만, 실제로 현실 정치에서 적용된 것은 대체로 숙종 대 이후로 봅니다. 숙종, 영조, 정조 대에 탕평정책이 가장 잘 시행되었습니다. 여기서 주목해야 할 것이 있습니다. 왜 숙종, 영조, 정조 대에 탕평책이 시행되었느냐는 점입니다.

이 시기는 대단히 변화가 많았습니다. 정치사회적으로, 경제적으로 굉장히 많은 변화가 있었죠. 조선시대에 큰 도적들이 몇 명 있습니다. 우선 홍길동을 꼽을 수 있고, 임꺽정이 있고, 장길산도 있지요. 그중에서 장길산이 바로 숙종 대에 나오는 도적입니다. 왜 숙종 대에 이렇게 큰 도적이 나오느냐? 사회가 변하는데 변화에 적응하거나 따라가지 못하고 이탈되는 세력들이 생기기 시작한 것입니다. 사회 안전장치나 보장장치가 잘 되어 있으면 그 세력들도 편안한 삶을 유지할 텐데 그렇지 못한 거예요. 결국 이들이 이탈하면서 도적이 되는 것입니다.

그리고 이와는 반대로 변화된 상황에 매우 잘 적응해서 부를 축적하는 세력들이 등장합니다. 조선시대 최고 신분층은 양반이지만 이들은 기본적으로 장사나 돈을 멀리합니다. 그러니까 주로 돈을 버는 사람은 상인이에요. 이 사람들은 돈은 많아도 신분에 한계가 있으니 돈을 써서라도 양반이 되려고 합니다.

사회는 요동치고 급변했지만, 중앙 정치에서는 당쟁으로 인해 백성들이 원하는 변화를 적절하게 수용하지 못합니다. 기존의 붕당정치로는 한계점에 닿게 된 거지요. 결국 그러한 반성이 탕평책이라고 하는 새로운 정치노선 내지는 정치 논리를 만들어냈습니다. 탕평책을 통해 정치를 안정시키고, 백성들이 원하는 것이 무엇인지 판단해서 정치에 반영하자는 것이 탕평책의 취지인 것입니다.

영조 대 탕평 정책의 특징

영조는 즉위 초부터 탕평을 표방합니다. 그러나 초기에는 여러 가지 정치적 한계로 인해서 제대로 시행하지 못하다가 영조 3~4년부터 본격적으로 정치 현장에 적용합니다. 앞서 언급한 경신처분, 신유대훈도 탕평 정책이 추진되는 와중에 나온 결과물입니다.

영조 대 탕평 정책의 특징은 크게 두 가지입니다. 하나는 호대互對, 다른 말로 쌍거호대雙擧互對라는 것으로 인사정책과 관련 있습니다. 쌍거호대는 말 그대로 양쪽을 들어 서로를 맞대게 한다는 뜻입니다.

조선시대 최고의 관직은 영의정입니다. 의정부에는 영의정을 포함해서 좌의정, 우의정이 있습니다. 쌍거호대는 영의정에 노론이 임명되면, 좌의정은 소론을 임명하는 것입니다. 이것을 문관의 인사를 전담하는 이조로 옮겨봅시다. 예를 들어 이조판서를 소론으로 임명하면 두 번째인 이조참판은 노론을 임명하고, 세 번째 관직인 이조참의를 소론으로 임명하면 인사에 큰 힘을 발휘하는 이조전랑은 노론을 임명합니다. 노론과 소론, 양쪽을 같은 관직 내에 섞는 것입니다. 이것이 호대입니다. 물론 호대가 모든 관직에 적용되는 것은 아닙니다. 정치적으로 힘이 있거나 분란을 일으킬 수 있는 관직들에 대해 호대를 시행합니다. 탕평을 위한 실질적인 방법론 가운데 하나인 것이지요.

두 번째 특징은 양시양비론입니다. 양시양비 또는 양치양해라고 하는데 이것은 주로 정치 의리를 조정할 때 나옵니다. 영조는 노론의 지지를 받고 왕이 되는데, 이 과정에서 경종 대에 여러 정치적 사건들이 발생합니다. 대표적으로 앞서 말씀드린 신임옥사, 즉 신축옥사와 임인옥사가 있지요.

1721년(경종 1) 당시 경종의 나이가 서른세 살입니다. 그런데 병이 있고, 아들이 없었습니다. 이에 후사가 정해지지 않아서 나라가 불안하다면서 노론이 주도하여 영조를 왕세제로 책봉합니다. 이후 노론은 왕이 병이 있으니까 국정운영이 제대로 안 된다며, 왕세제에게 대리청정을 시키자는 운동을 전개해요. 물론 이 운동은 허사로 돌아갑니다. 이 와중에서 소론들이 반격합니다. 경종이 살아 있는데 대리청정을 시키는 것은 역逆이라고 주장합니다. 1722년(경종 2) 노론이 영조를 추대하고 경종을 시해하려고 했다는 목호룡의 고변으로 임인옥사가 발생합니다. 결국 영조는 이것을 어떻게든 정리해야 됩니다. 그렇지 않으면 계속 혐의를 받게 되거든요. 그렇다면 양비양시론이 이 문제에 어떻게 적용될까요?

바로 왕세제에 책봉하는 문제, 왕세제의 대리청정 문제는 틀린 것이 아니라고 합니다. 왜? 경종은 몸이 아팠고 후사도 없었기 때문에 조선을 위해서 당연히 해야 하는 것이라는 거죠. 그러므로 이것은 충忠입니다. 이것을 노론들이 주도하므로 결론적으로 노론들은 충이 되는 것입니다. 반면에 경종을 시해하려고 했다는 혐의를 받은 것은 역입니다. 정리하자면 노론 안에 '충'과 '역'이 같이 있죠. 그러면 소론의 입장에서는 1721년 왕세제 책봉을 반대한 것은 역이 되는 것이고, 1722년 경종 시해 시도 사건을 밝힌 것은 충이 되는 것입니다.

영조는 이처럼 양시와 양비를 내세우면서 정치 의리를 조정하려 했습니다. 이것이 바로 영조가 52년간 정국을 이끌 수 있었던 원동력인 탕평입니다.

균역법 시행 과정에 담긴 영조의 의지

영조의 또 다른 치적으로 균역법이 있습니다. 균역법은 조선시대 군역을 시정한 것입니다.

조선시대 남자는 16세 이상 60세 이하면 모두 군역을 담당해야 합니다. 일부는 직접 입영하고, 일부는 포를 납부해서 군사비를 부담합니다. 그런데 시간이 경과하면서 포를 내고 군대에 가지 않으려는 사람들이 늘어납니다. 게다가 양반은 군역을 지지 않아서 평민들에게만 군역의 부담이 가해지는 거예요. '황구첨정', '백골징포', '인징'처럼 갓난아기나 사망자에게까지 포를 징수하는 폐해들이 발생하기 시작한 것입니다.

이를 시정하기 위해서 여러 가지 대책들이 나오는데, 영조 대에 만든 것이 균역법이죠. 균역법은 16개월에 두 필을 내야 하던 군포를 12개월에 한 필로 줄입니다. 그리고 그동안 세원이 아니었던 어업세, 염세, 선박세 등을 세원으로 확보해서 부족한 비용을 보충합니다.

이렇게 균역법을 시행하는 것도 중요합니다만 제가 주목하는 것은 균역법 시행 과정에서 보이는 영조의 대민인식입니다. 조선시대 정책은 대체로 조정에 있는 관리들이 입안합니다. 그런데 균역법을 제정할 때 영조는 궁궐 밖으로 나가서 도성 사람들을 불러 모아요. 그러고는 직접 물어봅니다. "너희들은 무슨 법을 원하느냐? 어떤 대책이 좋겠느냐?" 한번은 80여 명이 모였는데 이 사람들을 OX게임 하듯이 편을 나누어 원하는 쪽을 선택하게 합니다. 그렇게 해서 결정된 것이 '결포'라는 방법입니다. 결포는 토지에 세금을 부과하는 것으로, 16개월마다 포를 두 필씩 바쳐야 하는 부담을 덜어주는 대신 지주로부터 논밭 1결당 포를 징수하는 방법입니다.

이처럼 영조는 유생도 나의 백성이고 일반 평민도 내 백성이라고 생각합니다. 그러니까 직접 궁궐 밖까지 나가서 대중과 소통합니다. 균역법 제정 과정에서 영조가 소통의 정치를 강조했다는 점을 알 수 있는 거지요.

황구첨정黃口簽丁 : 조선 후기 군정軍政의 폐단 가운데 하나. 군역 대상이 아닌 15세 이하 어린아이에게도 군포를 징수하는 것을 말한다. 과다한 세금으로 농민들이 도망가자, 자구책으로 유아에게도 포를 징수하였다.

백골징포白骨徵布 : 사망한 군역 대상자에게 군포를 부과하여 그 몫을 가족에게서 징수한 일을 말한다.

인징隣徵 : 세금을 피해 달아난 사람, 사망한 사람, 실종된 사람의 세를 이웃 사람들이 대납하도록 한 제도이다. 이러한 부당 징수로 농촌은 더욱 황폐해졌다.

조선의 뉴딜 정책, 준천 사업

마지막으로, 영조의 치적으로 '준천'이 있습니다. 말하자면 청계천 준설작업인데요. 청계천은 서울 도성민들의 생활하수를 배출하는 개천입니다만 그 이상의 상징성이 있습니다. 명당 터에 가보면 좌청룡 우백호 형상의 산이 둘러싸고 있습니다. 그리고 그 안에 내川가 있습니다. 이것이 바로 금천禁川이라고 하는 명당수明堂水입니다. 조선 궁궐에는 모두 금천이 흘렀습니다. 풍수지리의 영향으로 궁궐의 안과 밖을 구별하는 자리에 명당수가 있어야 길하다고 여겼기 때문입니다. 청계천도 생활하수를 배출하는 동시에 명당수 역할도 하는 것이죠.

조선 후기에 가면 서울 인구가 증가합니다. 기록에 따르면 17세기 중반 서울 인구는 20만 명 가까이 됩니다. 30만 명으로 보는 연구자도 있습니다. 이렇게 인구가 많이 늘어나게 된 이유는 무엇일까요? 출산을 통한 자연적 증가도 있지만 대부분은 지방에서 사람들이 올라왔기 때문입니다. 이렇게 올라온 사람들은 집도 없는 가난한 사람들이 많습니다. 그런 사람들이 바로 청계천 주변에 정착합니다. 이 사람들은 겨울이면 남산에 올라가서 나무를 베서 불을 땝니다. 나무를 벴으니 장마철이 되면 남산에 있는 토사가 흘러내리면서 청계천으로 유입됩니다. 그러면 어떻게 될까요? 하천 바닥이 높아지고 물이 흐르지 않습니다. 결국 물이 고여 오염되면서 서울에 전염병이 돌게 됩니다. 그러니까 서울 도성민의 입장에서 청계천의 준설 문제는 대단히 중요합니다.

- 수표교와 경진지평 ▪ 수표교는 1420년(세종 2) 청계천에 만든 돌다리다. 영조는 1760년 경진준천사업을 벌이면서 수표교를 수리하고, 교각에 경진지평庚辰地平이라는 글씨를 새겨 수심의 기준으로 삼았다. 수표교는 1959년 청계천복개사업으로 옮겨져 현재 서울 장충단공원에 있다. (사진 ⓒ도깨비)

영조도 백성들을 위해서 사업을 시행하겠다고 천명하고 준설작업을 시작합니다. 1760년(영조 36)에 이른바 경진준천사업을 벌이게 됩니다. 청계천에 쌓였던 토사를 걷어내고 개천의 폭을 정비하였습니다. 그리고 청계천에 경진준천사업을 벌였던 흔적을 다리에 경진지평庚辰地平이라는 글자를 새겨 남겨놓았습니다.

아울러 준천사업을 시행하면서 서울에 올라온 돈 없는 백성들을 고용합니다. 이전까지 나라의 일에 동원된 사람들에게는 거의 돈이 지급되지 않았습니다. 그런데 15만 명이 동원된 이 사업은 물론 무상으로 동원된 사람도 있습니다만 상당수가 돈을 받고 일합니다. 지금으로 말하면 공공근로사업, 공공취로사업 성격이지요. 청계천도 정비하고 동시에 돈 없는 백성들에게 경제적 지원도 해주는 정책이 바로 청계천 준천사업입니다. 그래서 이 사업을 조선의 뉴딜 정책이라고 평가하는 연구자도 있습니다.

영조는 탕평책을 통해 무엇을 꿈꾸었겠습니까? 정치의 안정을 도모했습니다. 그리고 안정된 정치를 바탕으로 백성들이 원하고 필요한 정책을 시행합니다. 그것이 바로 균역법과 준천입니다. 준천사업을 통해서 영조는 현장을 중시하는 정책들을 추진합니다. 이렇게 정책을 추진하는 과정에서 영조는 대중과 소통하려고 했습니다.

영조는 치세에서 정치의 안정, 대중과의 소통, 현장 중심 정치를 실현하고자 합니다. 바로 이것이 우리가 영조에게 꼭 배워야 할 점입니다.

| 역 사 토 크 |

영조

만약에 사도세자가 죽지 않았다면?

| 남경태 |

영조대왕은 50년 넘게 재위한 다복한 군주 같은데, 지금 영조에 대한 이야기들을 듣고 보니 "아, 너무나 불행한 분이다." 이런 생각이 들었습니다.

| 이근호 |

물론 다복하죠. 또 자녀도 14명이나 있었으니 적지 않았지요. 그러나 살아생전에 여러 자식들을 먼저 저세상으로 보냅니다. 아들 두 명을 비롯해 여러 명의 딸을 먼저 보냈지요. 자의든 타의든…….

| 남경태 |

영조는 여러 가지 불행한 일을 겪습니다만, 그중에서도 두 아들 중 한 명을 자기 손으로 죽인 것, 즉 사도세자의 죽음이 가장 큰 정치적 부담으로 작용했을 것 같습니다. 그 사건은 사도세자의 아들인 정조에게도 정치적 부담으로 작용합니다. 만약에 영조가 사도세자를 뒤주에 가둬 죽이지 않았다면, 다시 말해 사도세자를 죽게 한 정치적 논리가 없었다면 우리 역사는 어떻게 되었을까요?

| 이근호 |

사도세자의 죽음에 대한 문제는 정조 시대뿐만 아니라 그 이후까지 계속 논란이 됩니다. 역사학을 공부하는 입장에서 역사를 가정해보는 것은 가급적이면 피해야 하는 것이지만, 이 사건은 한 번쯤은 짚어볼 문제입니다.

우선 먼저 말씀 드려야 될 것이 과연 사도세자가 왜 죽었느냐는 부분인데요. 사실 이에 대해서 아직 학계에서 합의가 되어 있지 않습니다. 그래서 대단히 재미있는 설명들이 많이 있습니다. 그 가운데 하나가 사도세자의 부인 혜경궁 홍씨가 남긴 《한중록》을 근거로 설명하는 것입니다. 《한중록》은 혜경궁 홍씨가 손자 순조에게 전해주려고 자신이 입궁하기 전부터 입궁한 후, 노년까지의 삶을 기록한 것입니다. 지금 몇 개의 판본이 있는데요. 《한중록》의 '한'자를 한스러울 '한恨' 자를 쓰는 경우도 있고 한가할 '한閑' 자를 쓴 판본도 있습니다.

| 남경태 |

어떻게 보면 정반대의 의미네요.

| 이근호 |

네, 한스러워서 쓴 기록이라고도, 한가할 때 쓴 기록이라고도 해석할 수 있는 거지요. 저로서는 좀 의외입니다만, 《한중록》에서 혜경궁 홍씨는 자신의 남편인 사도세자를 정신병자로 몰아갑니다. 《한중록》에 실린 일화를 보면 사도세자가 옷을 입으면 굉장히 갑갑해 했다고 합니다. 일을 하러 나가려면 옷을 입어야 되는데 옷을 입지 못하고 계속 벗는 거죠. 그래서 어떨 때는 옷을 입는 데 반나절이 걸릴 정도였다고 합니다. 《한중록》에서는 이 증상을 '의대증'이라고 표현합니다. 그리고 사도세자가 궁궐에서 관상용으로 키우는 동물들을 활로 쏴서 죽인 일도 기록되어 있습니다.

| 남경태 |

그게 사실이라면 약간 정신병적인 것으로도 볼 수 있겠네요.

| 이근호 |

이것이 사실인지 아닌지는 장담할 수 없습니다. 《한중록》이 대단히 정치적인 기록이기 때문입니다.

    사도세자의 죽음을 정신병리학적으로 설명하는 경우도 있습니다. 영조는 고집도 세고 성격도 급한 반면에 사도세자는 우유부단한 성격이었다고 합니다. 그래서 정신적, 성격적 갈등을 겪었다는 것이지요.

　마지막으로, 정치적 상황 논리로 사도세자의 죽음을 설명하는 경우도 있습니다. 저는 정신병 이야기는 수긍하기 어렵고, 통상적으로 이 부분은 정치적인 논리로 풀어나가야 되지 않을까 생각합니다.

| 남경태 |

이제 정치적인 논리를 알아보죠. 단순하게 말하면 영조를 즉위하게 한 것은 노론 세력이었습니다. 그런데 경종 지지 세력은 소론이었고, 사도세자도 소론과 더 가까웠습니다. 그럼 결국 노론과 소론의 대립이 사도세자를 정치적으로 죽게 만들었다고 볼 수 있는 것 아니겠습니까? 그래서 만약에 사도세자가 죽지 않았다면 당시 정치 판도가 달랐을 거라고 가정해볼 수도 있다는 얘기죠.

| 이근호 |

말씀하신 바와 같이 사도세자의 죽음 문제를 정치적 상황 논리로 따지면 결국 영조가 즉위하는 과정, 즉 신임옥사 때까지 올라가야 됩니다. 이 과정에서 영조가 노론의 지지를 받고 왕세제가 되고, 경종은 소론들이 지지하는 왕이 됩니다. 결과적으로 노론과 소론이 각각 왕을 선택한 꼴이 된 거예요.

　1722년에 원래 남인이었던 목호룡이 사주를 받고 노론들이 경종을 시해하려고 했다고 고변합니다. 이로 인해서 노론들이 거의 몰살 수준으로 화를 입습니다. 이것이 노론에서 신임사화라고 부르는 사건입니다. 결국 왕을 둘러싼 노론과 소론의 갈등도 굉장히 격화되지요. 이런 상황에서 영조는 자신이 원하든 원하지 않든 결국 노론의 왕이 되어버린 것입니다.

이인좌의 난은 원인이 무엇입니까? 영조가 자신의 형인 경종을 독살했다는 것입니다. 지금의 왕이 자기가 왕이 되려고 전왕을 죽였다고 한다면 왕에 대한 신뢰가 쌓이겠습니까? 그러므로 영조가 자신의 형을 죽였다는 혐의를 벗는 과정이 이후 지루하게 이어집니다. 영조 16년에서 17년쯤 되어서야 비로소 자신이 형을 죽이지 않았다, 목호룡의 고변이 잘못된 것이라는 판단을 내리게 됩니다.

그리고 1755년(영조 31)에 간행한 《천의소감闡義昭鑑》에서 영조는 "형은 노론이나 내가 죽인 게 아니고, 병이 있었다. 형을 이어 왕이 될 사람이 나밖에 없었다."고 이야기합니다. 숙종에게 아들이 몇 명 있습니다만 다들 요절하고 남은 아들은 두 명밖에 없었거든요.

| 남경태 |

경종이 후사가 없으니까 영조가 왕위를 이을 수밖에 없는 거네요.

| 이근호 |

그렇습니다. 그러니까 그 논리를 《천의소감》에서 설명한 겁니다.

여기에서 사도세자의 죽음과 관련된 이야기를 잠깐 말씀드리겠습니다. 1749년(영조 25)에 영조는 사도세자에게 대리청정을 맡깁니다. 그러면서 중요한 인사는 영조가 맡고 나머지 국정은 사도세자에게 알아서 하라고 합니다.

| 남경태 |

처음에는 확실하게 사도세자를 정치적 후계자로 삼았다고 할 수 있겠네요.

| 이근호 |

네, 그리고 자신을 대신해서 정치적 경험을 쌓으라는 의미도 있었지요. 대리청정을 시키면서 영조가 의도했던 것이 무엇일까요? 영조는 지난 25년간 재위하면서 형을 죽이지 않았다는 혐의를 벗는 긴 과정을 겪었고, 어느 정도 혐의도 벗었어요. 그러니까 이제는 자신의 치적을 만들어야겠다고 해서 맡긴 측면도 있습니다. 아울러서 영조 자신이 스스로의 혐의를 벗는 것은 의심의 여지가 있으니 아들이 자신의 혐의를 벗겨주길 원한 것입니다.

그런데 1749년에 사도세자가 대리청정을 시작하고 보니까 정국이 이상하게 흘러가는 게 아니겠습니까. 영조가 노론에 의해서 왕이 됐긴 했지만, 정치판을 노론이 장악하고 있었습니다. 사도세자는 왕이 특정 당파에 휩쓸려서야 되겠느냐는 판단을 했던 것 같습니다. 그때부터 사도세자는 친소론적인 성향을 보였다고 합니다.

| 남경태 |

그러니까 여러 가지 정치적인 메커니즘에 의해서 부자간 갈등이 생기고 그것이 결국 사도세자를 죽음으로 몰고 간 원인의 하나가 되었군요.

| 이근호 |

아마도 그렇게 이해하는 것이 당시의 정치 판도로 볼 때 타당하다고 생각됩니다. 결국 영조는 종사를 보존하기 위해서, 나아가 조선을 보존하기 위한 고육지책에서 아들을 죽였다고도 볼 수 있는 것입니다.

처음의 질문으로 돌아가서 만약에 사도세자가 죽지 않았다면 어떻게 되었을까요? 사도세자도 역시 당시의 정치적 흐름, 즉 탕평을 버리고 정치를 운영할 수는 없었을 것으로 판단됩니다. 다만, 부친인 영조가 노론의 우위 속에서 탕평을 추진한 것과는 분명 달랐을 것이라고 생각되기는 합니다. 또 한 가지 주목되는 것이 사도세자는 무예가 굉장히 뛰어났다고 알려져 있습니다. 정조 대에 무예 훈련 교범인 《무예도보통지》라는 책이 나옵니다. 이 책의 밑거름이 된 작업들이 사도세자 당시부터 이루어집니다. 이처럼 사도세자는 무예에도 밝고 공부도 굉장히 많이 했던 사람으로 알려져 있습니다. 만약에 사도세자가 죽지 않았다면, 정치에서 문무의 균형을 생각했을지도 모르겠습니다.

| 남경태 |

이 둘은 국가를 운영하는 데 양 날개와 같은 것인데요.

| 이근호 |

그렇습니다. 당시 조선은 문치文治가 고도화된 나라였습니다. 그러나 말씀하신 바와 같이 국가를 운영하는 데는 문무가 양 날개가

되어야 하지 않겠습니까. 물론 사도세자가 정말 왕위에 올랐을 때 그렇게 했을지는 장담할 수 없겠지요.

만약에 탕평책이 시행되지 않았다면?

| 남경태 |

18세기는 조선뿐만 아니라 세계적으로도 급변기였습니다. 이런 변화의 시기에 만약에 영조가 탕평책을 시행하지 않았다면 어땠을까요?

| 이근호 |

영조가 추진한 탕평책에도 한계가 있습니다. 탕평은 근본적 치료가 아니라 임시방편입니다. 탕평을 추진하는 주체들, 왕이나 몇몇 관리들이 의도적으로 탕평이라는 모습들을 만들어가는 것입니다. 그런 때문인지 《영조실록》 등을 보면 "이것은 고육지책 아니냐? 이런 것을 통해서 정치가 제대로 되겠느냐."라는 비판들이 많습니다.

| 남경태 |

탕평책이라는 것이 최선은 아니지 않습니까? 적재적소에 인물을 쓰는 것이 최선일 텐데 탕평책은 차선으로 자리를 안배하는 것이니까요.

| 이근호 |

네, 물론 그렇습니다. 유재시용惟才是用이라 해서, 재주에 따라서 인재를 등용하는 것이 인사의 가장 기본적인 원칙이지요. 그런데 이런 것들이 제대로 진행이 안 되고 정치가 어수선하니까 일단 자리를 섞어서라도 해결하려고 하는 것이 탕평의 한계일 수는 있습니다.

그러나 만약에 영조 대에 탕평책이 시행되지 않았다면 과연 조선 정치는 어떻게 됐을까요? 탕평책이 시행되기 이전은 붕당 정치기입니다. 선조 초반에 동인과 서인이 나뉘고, 이후 동인이 남인과 북인이 나뉘고, 서인이 소론과 노론으로 나뉩니다. 붕당이 정책 대결을 통해서 순기능을 할 때는 정치가 제대로 운영됩니다. 그런데 시간이 경과하면서 붕당의 폐단이 드러납니다. 세력화하고 권력이 집중되는 것이지요. 숙종 대쯤 오게 되면 '환국'이라는 표현이 나오는데 환국이란 시국이나 정치적 판국이 바뀌는 것을 지칭하거나 그 현상을 뜻하는 말입니다. 서인이었다가 남인, 남인이었다가 서인, 다시 노론이었다가 소론 등으로 집권 세력이 바뀌지요.

| 남경태 |

지금 식으로 말하면 집권여당이 막 바뀌는 거네요.

| 이근호 |

그렇습니다. 그런데 지금처럼 투표로 공정하게 가는 것이 아니고 왕의 결정에 따라서 확 바뀝니다. 이런 과정으로 정권이 바뀌면 결국 살육이 자행돼요. 누가 죽고 또 누구를 죽이는 양상들이 많이

나타납니다. 조선 초 사화보다 더 심하죠. 예를 들면 우암 송시열이나 백호 윤휴처럼 뛰어난 학덕으로 국가 운영의 방향성을 제시하던 사람들이 결국 죽음을 맞이합니다.

이렇게 환국이 반복되는 와중에서 주목되는 변화가 일어납니다. 종전 사림士林들의 논쟁은 학문의 시시비비 문제였는데, 환국이 반복되면서 이제는 사림들의 논쟁이 충역으로 바뀌었습니다. 학문의 시시비비야 옳으면 받아들이고, 틀린 것은 바꾸면 됩니다. 그러나 충역은 그럴 수가 없는 문제이지요. 왕조 국가에서 국왕에게 충성을 하면 그에 상응하는 대우를 받지만, 역적 행위를 하면 살아남을 수가 없지요. 결국 상대방을 서로 역적으로 몰아붙이다 보면 살육이 자행되는 살벌한 정치판이 되지 않겠습니까?

물론 후대에 정치적으로 정리가 되긴 합니다만, 이 시기에 탕평이 제대로 시행되지 않았더라면 살육의 정치가 이어졌을지 모릅니다. 그와 관련해서 1728년(영조 4)에 발생한 무신란은 영조에게 좋은 정치적 경험이 되었습니다. 무신란은 몰락한 남인들과 일부 급진적인 소론들이 참여하는 반란입니다만, 각 붕당 간의 대립을 적나라하게 보여주는 사건이지요. 이것을 경험한 영조는 노론만으로 정권을 끌어가서는 안 되겠다고 판단합니다. 결국에는 왕도 위협하고 국가도 위협하는 정국이 된다고 판단했던 것 같습니다. 그래서 임시변통이기는 하지만 탕평책을 통해서 일단 정치를 안정시키고, 그 다음에 백성들이 원하는 일을 하자고 생각합니다. 우리가 영조나 정조를 중흥 군주라고 하는데, 저는 조선이 중흥할 수 있는 기초와 배경이 됐던 것이 탕평책이 아닌가 생각합니다.

| 남경태 |

탕평책이 최선은 아닐지언정 적어도 최선을 만들기 위한 작업은 된다는 거지요.

| 이근호 |

물론 그렇습니다.

| 남경태 |

당시 유럽에서는 계몽주의 사상과 삼권분립이 나왔는데, 탕평에도 민주주의의 이념이 담겨 있습니다. 그런 점에서 탕평은 시대를 앞서 갔다는 생각이 듭니다.

| 이근호 |

글쎄요, 민주주의 이념이라고까지 할 수 있을까요? 어찌되었든 영조가 추진했던 탕평이 있었기 때문에 여러 가지 정책들이 시행될 수 있었습니다. 대부분의 사람들이 조선시대 대표적인 왕을 꼽으라면 아마도 세종과 정조를 꼽을 것입니다. 그런데 정조의 경우 영조의 탕평이 없었고, 탕평을 통해 이룬 정치적 안정과 정치 의리의 조정이 없었다면 과연 많은 업적들을 낼 수 있었을까요? 탕평이 한계는 있지만 그것이 중흥 군주를 만들어내는 배경이 되었을 가능성은 충분히 있습니다.

| 남경태 |

탕평책은 민주주의 시대에 보면 너무나 당연한 것입니다. 그런데 그 시대에 탕평책을 쓴 것은 시대적으로 참 앞선 생각이었습니다. 영조의 정책 중 시대를 앞서 간 것이 또 있죠. 준천사업을 조선의 뉴딜 정책이라고 말씀하셨는데, 뉴딜 정책은 1929년 세계 경제 대공황이 일어나자 루스벨트 대통령이 국가 수요를 늘리기 위해서 케인스 경제학을 도입해 실시한 정책이지요. 실업자를 줄이고, 국가 수요를 늘리려고 테네시 강을 개발합니다. 그런데 18세기 영조의 청계천 준천사업에 이런 경제적 계산이 담겨 있습니다.

| 이근호 |

영조 시기쯤 되면 서울은 대단히 많은 변화들을 겪게 되는데요. 우선 지방의 가난한 사람들이 모여듭니다. 그것은 서울이 먹고살기가 그래도 괜찮다는 뜻입니다. 더구나 왕이 있는 서울에서 사람이 굶어죽는다는 것은 결국 왕에 대한 실덕의 문제가 되거든요. 사람이 오면 죽을 쑤어서 준다든지 식량을 줘서 다시 돌려보내기도 합니다만, 이렇게 사람들이 모이면서 서울은 굉장히 활기 있는 사회가 됩니다. 어떤 사람들은 한강 가에서 부두 노동자로, 어떤 사람은 장사하면서 먹고살기도 하지요.

   영조는 당시 굶주리고 헐벗고 있는 사람들을 그대로 놔둘 수 없었습니다. 위정자의 입장에서 보면 이 사람들을 먹고살게 해주어야 하는 책임감이 있습니다. 그랬을 때 과연 어떤 것을 생각할 것이냐? 물론 그전에도 부분적으로 이런 정책들이 시행되기는 합니다. 조선시대 백성들은 기본적으로 정부 정책에 참여해야 합니다. 1년에 며칠씩 나가서 해야 되는 일종의 역役을 돈도 받지 않고 부담해야 합니다. 그런데 임진왜란이 지나고 나서는 사람들이 역에 동원되는 것이 싫어서 나가지 않거나, 도망가기도 합니다.

정부에서 도망간 사람들을 대상으로 일일이 추징할 수는 없습니다. 그러니까 정부에서도 임진왜란 이후부터는 동원된 사람들에게 점차적으로 임금을 지급하기 시작합니다. 그만큼 화폐의 중요성도 커지게 되고요. 그런데 영조 대에 와서 15만 명이라고 하는 대규모 인원, 요즘으로 치면 무직자와 청년실업자를 비정규직으로 채용하는 거죠. 이때 정책을 시행하면서 정부 재원도 들어가지만 서울 시민들에게 얼마씩 돈을 걷습니다. 이 돈과 정부 재원을 모아서 일자리를 만들고 백성들한테 일을 시키고 임금을 지급합니다. 이것은 뉴딜 정책과 크게 다를 바 없습니다. 이념은 다를지 모르지만 정책은 거의 동일하다고 볼 수 있습니다.

영조가 현재의 병역 비리 문제를 처리한다면?

| 남경태 |

지금도 여전히 연예인 병역 비리 등 병역 기피가 많습니다. 균역법의 정신으로 지금의 병역 문제를 처리할 수 있는 방법은 없을까요?

| 이근호 |

조선시대도 국민개병제입니다. 노비는 사람이 아니라고 해서 역의 의무가 없지만, 기본적으로 양인 이상의 신분이면 모두 다 역을 져야 됩니다. 여기에 조선의 특수성이 반영되는데요, 관직 활동을 하는 양반이나 중인은 그게 바로 역이 됩니다. 이것을 직역이라고 합니다.

| 남경태 |

관직을 수행하는 자체가 역이네요.

| 이근호 |

예. 그러니까 양반이나 중인은 직역을 지는데 군역까지 져야 되느냐며 자연스럽게 빠져요. 결국 일반 평민들만 남습니다.

균역법은 그동안 역을 지지 않았던 양반 내지 지주들까지 역을 담당하라는 의미입니다. 그전까지 역은 사람 몸에 부과하는 거예요. 그런데 사람의 몸은 유동적입니다. 예를 들어 내가 이걸 부담하지 못하겠다면 야반도주할 수도 있어요. 이를 방지하기 위해서 균역법은 사람이 아닌 토지에 역을 부과합니다. 양반 내지 지주들이 반발하는 이유가 바로 이것입니다. 토지는 들고 야반도주할 수 없어요.

영조 대의 균역법은 이밖에도 그간 조세 징수에서 누락되었던 세원들을 포착해서 역을 지게 합니다. 균역법은 직접 군대를 가는 사람이 아니라 포를 납부하는 사람들에 대한 법인 거지요. 이뿐인

가요. 그동안 왕실의 궁방이나 양반들이 소유하고 있던 어염선세魚鹽船稅를 균역법으로 흡수하는 조치를 취하기도 하였습니다. 물론 많은 반발이 있었습니다. 아마도 이런 점을 오늘날로 환원해본다면, 가진 사람들이 좀 더 군역 자원을 부담하고, 그렇게 해서 거둔 비용으로 국방력을 향상시키는 방법이 어느 정도 해결책이 될 수는 없을까요?

또 하나 균역법을 이야기하면서 반드시 하고 싶은 말이 있습니다. 균역법은 100년 이상 걸려서 제도화되고 시행되었다는 점입니다. 당장 균역을 시행할 수도 있지만 100년 동안 수정에 수정을 거쳐서 균역법을 시행한 것은 오늘날 우리가 배워야 할 점이라고 생각합니다. 직접적인 병역 문제와는 관련 없는 얘기입니다만, 이 정도로 말씀드리겠습니다.

영조로부터 배울 수 있는 지도자의 자격은?

| 남경태 |

지금까지 영조에 대해 알아보았는데요, 지금 우리 시대의 지도자, 대통령이 영조에게 배울 수 있는 지도자로서의 자격이나 덕목은 무엇이 있을까요?

| 이근호 |

몇 가지를 말씀드릴 수 있습니다. 일단, 소통의 정치를 배워야 합

니다. 영조는 균역법을 제정하는 과정에 몇 차례 대민 접촉을 시도했고, 이를 통해서 일반 백성들의 소리에 귀를 기울였습니다. 특히 굳이 백성들을 만날 필요가 있느냐며 일부 신료들이 회의적인 반응을 보일 때 유생도 일반 백성도 모두 나의 백성이라며 강행하였습니다. 신분에 구애되지 않고 모든 백성들의 소리를 듣고 이를 통해 그들과 소통하려는 의지로 이해할 수 있지 않을까요? 또 청계천 준천 과정에서 직접 현장에 나가 현장 상황을 점검한 것 역시 이전 국왕에게서는 잘 확인되지 않는 면모였습니다. 또한 영조는 상당히 많은 경연을 열었고, 경연 이외의 여러 자리를 통해서 수시로 신하들을 만났습니다. 그리고 늦은 밤까지 특정 사안을 두고 토론하기도 했습니다. 이런 과정이 지난한 일이기는 하지만 역시 오늘날의 지도자에게도 필요한 덕목이 아닐까 합니다.

다음으로는 통합의 정치력을 본받아야 합니다. 오늘날은 계층 간, 이념 간 갈등 등 사회 여러 부분에서 갈등이 심각해지고 있습니다. 이런 상황에서 지도자는 통합의 정치력을 발휘해야 하지 않을까요? 앞서 말씀드렸다시피 영조는 탕평이라는 형태로 통합의 정치를 실현했습니다. 물론 영조가 추진한 탕평은 분명한 한계가 있었습니다. 그러나 이를 통해 정국을 안정시키고, 정국 안정을 바탕으로 각종의 제도 개혁이나 민생 정책들을 추진했다는 점, 나아가 정조 대의 정치 기반을 만들었다는 점 등에서는 일단 긍정적으로 평가할 수 있지 않을까 합니다.

마지막으로 덧붙인다면, 장기적인 호흡으로 각종 정책이나 제도를 만들고 운영해야 합니다. 앞서 균역법 이야기를 하면서 100여

년 정도의 시간을 거쳐 제도가 만들어졌다고 말씀드렸습니다. 영조 대는 아니지만, 잘 알려진 대동법大同法의 경우도 그와 유사합니다. 물론 이렇게 된 것은 당시 조선 사회 논의 구조의 한계도 있었고, 또 이해 세력 간의 갈등이 조정되지 않았기 때문이기도 합니다. 그러나 이런 과정을 거치지 않고 특정 집단의 이익만을 대변하면서 졸속으로 정책이나 제도가 만들어진다면 제대로 된 것이 아니지요. 다소 어렵고 힘들더라도 다양한 채널을 통해 의견을 모으고, 또 충분한 논의를 거쳐 공공의 선善을 추구하는 형태로 정책이 만들어져야 하는 것 아닐까요?

| 남경태 |

영조는 오랜 시절 재위하고 정치적 업적도 많이 남겼지만, 굴곡이 많았던 군주였습니다. 평생에 걸쳐 근검절약하고 공부하는 군주였으며 백성을 생각하는 위민정치의 실천자였는데요. 영조의 위민정치는 비단 영조 시대만의 독특한 지향이 아니라 300년을 뛰어넘은 지금도 정국 운영의 일정한 좌표로서 새겨져야 하지 않을까 싶습니다.

| 연보 |

1694년(숙종 20)   탄생
1699년(숙종 25)   연잉군에 책봉됨
1703년(숙종 29)   관례 거행
1704년(숙종 30)   진사 서종제의 딸(정성왕후)과 혼례 거행
1720년(숙종 46)   숙종 승하, 경종 즉위
1721년(경종 1)   왕세제 책봉례 거행
1724년(경종 4)   국왕 즉위
1725년(영조 1)   압슬형(무릎을 으깨는 형벌) 폐지, 을사처분(노론 세력 진출) 단행
1728년(영조 4)   이인좌의 난(무신란) 발발, 효장세자 사망
1729년(영조 5)   기유처분(노·소론 온건 세력 진출) 단행
1735년(영조 11)   사도세자 출생
1740년(영조 16)   병신처분 단행
1741년(영조 17)   신유대훈 반포
1742년(영조 18)   《병장도설》 중간, 성균관에 탕평비 세움
1743년(영조 19)   성균관에서 대사례 거행
1744년(영조 20)   《국조속오례의》 간행, 사도세자 홍봉한 딸(혜경궁)과 혼례 거행
1746년(영조 22)   《속대전》 간행
1750년(영조 26)   균역법 시행, 의소세손(사도세자 1남) 출생
1752년(영조 28)   의소세손 사망, 정조 출생
1753년(영조 29)   모친 숙빈 최씨의 사당을 육상궁, 무덤을 소령원으로 격상
1755년(영조 31)   나주괘서사건 발생, 《천의소감》 간행
1759년(영조 35)   김한구의 딸(정순왕후)과 혼례 거행, 정조 왕세손으로 책봉
1760년(영조 36)   청계천 준천 시행(경진준천)
1762년(영조 38)   임오화변 발생
1767년(영조 43)   세손(정조)과 친경 의식 거행
1770년(영조 46)   《동국문헌비고》 간행
1775년(영조 51)   정조에게 대리청정 위임
1776년(영조 52)   경희궁에서 승하

7부

―

시대를 뛰어넘은 개혁 군주

정조

김준혁

정조대왕이 만든 조선 최초의 신도시 수원에서 평생을 살았다. 장용영 외영의 국영 농장인 대유둔과 정조가 만든 저수지 만석거 주변에서 어린 시절을 보내며 정조와 인연을 맺었다. 중앙대학교 사학과를 졸업하고 동 대학원에서 〈조선 정조 대 장용영 연구〉로 박사학위를 받았다. 수원화성박물관 학예팀장으로 활동하였고, 현재 한신대학교 정조교양대학 교수로 재직하고 있다. 저서로는 《이산 정조, 꿈의 도시 화성을 세우다》, 《정조 새로운 조선을 디자인하다》, 《수원화성》, 《정조는 왜 화성을 쌓았을까》 등이 있다.

유네스코가 지정한 세계문화유산, 수원 화성에 있는 정조대왕의 동상에는 이런 글귀가 있습니다. '개혁군주, 조선의 르네상스를 일으킨 22대 정조대왕'. 정조의 개혁정치를 르네상스에 비유한 거죠. 18세기 조선은 개혁과 갈등의 시대였고, 사회와 문화가 역동적으로 변화하는 격변기였는데요, 바로 그 중심에 정조대왕이 있었습니다. 탕평책으로 정국을 안정시키고 문예부흥정책으로 조선의 개혁을 주도한 개혁군주 이산 정조. 하지만 아버지 사도세자의 비극적 죽음을 목격했고, 평생 가슴에 복수의 칼을 안고 살아야 했던 비운의 주인공이죠. 정조대왕, 과연 그는 어떤 사람일까요? 개혁군주인 그가 실현하고자 했던 이상 정치는 어떤 것이었을까요?

― 남경태

역적의 아들, 정조

우리 역사에서 과연 정조만큼 드라마틱한 삶을 산 사람이 얼마나 될까요?

11세 어린 나이에 아버지 사도세자의 죽음을 직접 목격한 사람. 아버지를 살리기 위해서 할아버지의 발목을 붙잡고 아바마마를 살려달라고 외쳤던 인물. 그리고 국왕이 되기 위해서 엄청난 모략과 정적들의 감시 속에서 살아가야 했던 사람. 하다못해 군왕이 되고 나서도 자신을 노리는 수많은 반대 세력들의 시해 기도 사건을 겪었던 군왕. 자객들이 침입하면 비상시 도망가기 위해서 규장각에서 밤을 새우며 새벽닭이 울기 전까지 옷과 신발을 벗지 못하고 생활했던 군왕. 그럼에도 불구하고 백성을 위해서 '자기 살갗인들 아깝겠냐?'며 백성을 위한 정치로서 일생을 바쳤던 군왕. 바로 그런 군왕이 정조입니다.

과연 정조가 만들고 싶었던 나라는 어땠을까요? 평화롭고 모든 사람이 평등하고 외세로부터 침략받지 않는 자주적인 나라, 이것이 바로 정조가 만들려고 했던 조선일 것이라고 저는 생각합니다. 이런 조선을 만들기 위해서 정조는 과연 어떠한 정치적 과정을 겪으면서, 어떻게 정치를 풀어내고, 그 과정 속에서 어떤 정치를 해왔을까요?

정조의 아버지인 사도세자는 스물여덟 살에 뒤주에 갇혀 숨집니다. 사도세자를 죽인 장본인은 사도세자의 아버지 영조입니다. 영조가 아들을 죽인 것은 조선 500년 역사에서도 큰 사건이었습니다. 장차 왕위를 이을 세자가 뒤주에 갇혀 죽었다는 것은 도저히 상상이 가지 않는 일입니다. 어떻게 영조는 사랑하는 아들을 죽일 수 있었을까요?

사도세자의 죽음은 철저히 정치적인 것이었습니다. 영조는 자신의 형이었던 경종을 뒤이어 군왕이 될 때, 노론의 집중적인 도움을 받았습니다. 그러나 세도세자는 어린 시절 소론의 영향을 받아서 소론을 중심으로 사고하는 인물이었습니다. 일찍부터 무예에 특별한 자질이 있었고, 당시 정치 기득권 세력이었던 노론 세력보다는 소론 세력을 지지했던 세자를 노론들은 가만히 둘 수 없었습니다. 그래서 이들은 세자가 쿠데타를 시도하여 국왕의 지위를 얻고자 한다는 억울한 누명을 씌웠고, 영조는 이들의 의견에 동의하여 세자를 죽였던 것입니다. 서로 이념이 달랐던 두 세력의 정치적 대립이 결국 사도세자를 죽음에 이르게 한 것입니다.

그 뜨거운 윤5월, 요즘으로 치면 7월에 아무것도 먹지 못하고 마시지도 못하고 뒤주에 8일 동안 갇혀 있다 죽었던 사도세자는 결과적으로 정조에게 엄청난 타격을 주게 됩니다. 사도세자가 바로 역적으로 죽었기 때문입니다.

한번 생각해볼까요? 군왕이 자기 아들, 그것도 자신의 뒤를 이을 왕세자를 죽입니다. 특히나 죽던 그 시점이 바로 왕세자가 대리청정을 하던 시기였습니다. 사람들은 일반적으로 세자빈인 혜경궁 홍씨가 썼던 《한중록》을 보면서 사도세자에 대한 편견을 갖습니다. 《한중록》에서는 사도세자에게 정신병이 있었기 때문에 영조가 나라를 위해 세자를 죽일 수밖에 없었다고 이야기합니다. 그렇지만 정조가 쓴 아버지의 전기 《현륭원지》는 이 사건을 다르게 기술합니다. 사도세자가 개혁을 추진하려다가 노론 세력들에 의해서 죽음을 당한 것으로 평가하는 거죠.

《한중록》이 널리 알려져 있어서 사도세자가 정신질환에 걸려 죽은 것으로 알고 있는 경우가 많습니다. 그렇지만 실제로 사도세자의 죽음은 정치적인 이유였지요. 영조는 사도세자를 죽이면서 하나의 명분을 내세웁니다. 바로 사도세자가 영조를 죽이고 군왕이 되려고 했다는 친위 쿠데타 설입니다. 이 친위 쿠데타 설로 인해 사도세자의 아들인 정조는 역적의 아들이 됩니다. 그리고 바로 그 이유 때문에 정조는 정치적으로 굉장히 어려움을 겪습니다.

정조를 향한 끊임없는 공격들

그런 와중에 노론들은 왕세손이었던 정조를 교체하려고 음모를 꾸밉니다. 그러나 손자를 끔찍이 생각했던 영조는 손자가 왕이 될 수 있도록 대리청정을 지시합니다. 실제 영조는 굉장히 오래 왕의 역할을 수행했습니다. 52년간 재위했는데, 재위 마지막 순간에는 영조도 자신의 늙음을 인정했고, 또 《영조실록》에 따르면 당시 영조에게 약간의 치매기가 생겼습니다. 그걸 본인이 알고 있었어요. 그렇기 때문에 빨리 후계 구도를 정하려 하고, 자신의 손자에게 대리청정을 시키려고 노력했습니다.

그런데 이 과정에서 너무도 어이없는 사건들이 벌어집니다. 사도세자를 죽였던 세력들이 정조의 대리청정을 막았던 것입니다. 참 슬픈 일입니다만, 사도세자가 죽을 당시에 사도세자의 친어머니 영빈 이씨는 남편이 아들을 죽여도 된다고 했고, 혜경궁 홍씨의 작은 아버지이자 노론의 중추세력이었던 홍인한은 사도세자를 빨리 죽여야 한다고 상소를 올렸습니다. 그리고 사도세자의 장인 홍봉한은 뒤주를 갖고 왔습니다. 저는 개인적으로 사도세자의 죽음이 우리 역사상 가장 비극적인 죽음이라고 생각합니다.

정조의 외갓집에서는 정조가 대리청정을 하는 것을 극렬하게 막았습니다. 홍인한은 정조의 대리청정을 막으면서 '삼부필지설三不必知說'을 이야기합니다. 세손은 세 가지를 알 필요가 없다는 뜻입니다. 조정의 일을 알 필요 없고, 이조판서나 병조판서가 누가 되는지 알 필요 없고, 노론이나 소론 등 당파가 무엇인지 알 필요가 없다는 말입니다. 결국 '왕세손이 대리청정을 하더라도 정치는 우리가 알아서 할 테니 허수아비처럼 결재만 하라'는 이야기였던 것이죠.

조선시대 국왕은 신성한 존재 그 자체입니다. 《경국대전》그 어디에도 국왕의 권한에 대한 내용이 없을 정도입니다. 그와 같은 신성한 존재가 될 사람에게 저런 말을 한다는 것은 바로 지엄한 왕권에 대한 도전입니다.

대리청정 과정에서 정조에게 도움이 된 인물이 있습니다. 당시 소론의 영수 격이었던 서명선입니다. 서명선은 무례한 홍인한은 반드시 죄과를 치러야 한다고 주장하며 정조의 대리청정을 강력하게 옹호했습니다. 그래서 훗날 정조는 국왕이 되고 나서 서명선을 '의리의 주인'이라고 평가합니다. 서명선과 더불어 노론의 영수격인 김종수, 소론의 정민시, 그리고 정조의 심복인 홍국영 등은 정조의 대리청정을 강력하게 지지했습니다. 이들의 도움으로 정조는 대리청정을 하게 됐고, 그 뒤 4개월 만에 영조가 승하하자 국왕이 되었습니다.

정조가 국왕에 오르면서 가장 먼저 했던 이야기가 무엇이었을까요? '과인은 사도세자의 아들이다'였습니다. 정말 충격적인 이야기입니다. 정조는 공식적으로 사도세자의 아들이 아닙니다. 정조의 정통성 문제가 거론될까봐 걱정한 영조는 정조를 자신의 큰아들인 효장세자의 아들로 입적했습니다. 말하자면, 호적을 정정한 것이죠. 그러니까 조선 왕실 족보《선원보략》에 의하면 정조는 사도세자의 아들이 아니라 사도세자의 형이었던 효장세자의 아들인 것이죠.

그런데 정조가 즉위하면서 '나의 아버지는 효장세자다'라고 하지 않고 '나의 아버지는 사도세자다'라고 한 것이죠. 그 이야기를 들은 노론 신하들은 어땠겠습니까? 부르르 떨었겠죠. 사도세자를 죽인 자신들을 정조가 처단하고, 정권이 교체될 것이라고 생각했을 것입니다.

그러나 정조는 정국의 안정을 위해서 사도세자를 죽였던 핵심인물 몇 명에게만 사약과 유배를 내리고 모든 것을 용서해주기로 했습니다. 자기 아버지가 당쟁으로 희생되었기 때문에 정조는 더 이상 당쟁이 확대되는 것을 막으려고 했던 것입니다. 그런 측면에서 아버지에 대한 일을 최소화시켰던 것이죠.

그런데 문제가 생겼습니다. 정조를 죽이기 위한 시해 기도 사건들이 벌어진 것이죠. 조선 역사상 자객이 대궐 담을 넘고 국왕의 침전에 가서 국왕을 시해하려고 했던 사건은 거의 없었습니다. 자객들이 궁녀들과 내시들, 국왕을 호위했던 금군과 결탁해서 정조를 죽이려 들어갔던 이 사건, 경희궁 존현각 침입 사건은 조선 역사 500년에서 전무후무한 사건입니다.

정조, 탕평 정치를 펼치다

이런 정치적 어려움을 겪으면서 정조는 어떤 생각을 하게 되었을까요? 바로 탕평 정치를 통해서 이 사회를 개혁해야겠다고 생각했습니다. 그러면서 먼저 노론에게 연대감을 표시하죠. 당시 노론이 가장 강력한 세력이었고, 이들의 지지를 받아야만 국왕의 지위를 유지할 수 있었기 때문입니다. 하긴 사도세자를 죽인 세력들이 이들이었으니 말할 나위가 있겠습니까!

'대로사비大老祠碑'라는 것이 있습니다. 조선 후기 대유학자인 우암 송시열(1607~1689) 선생의 제사를 모시는 대로사大老祠의 내력을 적은 비입니다. '대로'는 바로 노론의 정신적 지주였던 우암 송시열을 뜻합니다. 정조가 즉위하면서 중국의 학자로는 주자를 존경하고, 조선의 학자로는 송시열을 존경한다고 말합니다. 그러면서 송시열의 현손, 즉 4대 후손이었던 송덕상이라고 하는 인물까지 이조판서로 임명합니다. 당시 정치 세력의 중심이었던 노론과 대결 구도가 아닌 타협 구도 속에서, 노론을 중심으로 소론과 남인을 연대하는 형식의 정치체제를 갖추려고 했던 것입니다. 정조의 큰 결단 속에 이루어진 것이라고 볼 수 있습니다.

정조뿐만 아니라 영조도 탕평 정치를 했었지요. 그러나 영조의 탕평 정치와 정조의 탕평 정치는 분명히 다릅니다. 영조의 탕평 정책이 노론·소론·남인의 지분 나누기 형식이라면, 정조의 탕평은 어느 벼슬자리가 오랫동안 노론의 자리였다고 하더라도 적합한 인물이 있으면 당파에 상관없이 그 자리에 기용하고, 인물들을 적재적소에 배치하는 '준론탕평'이었습니다.

기득권 세력이었던 노론과 타협하긴 했지만, 정조가 자신의 정치력을 발휘해서 새로운 정치를 하기 위해서는 자신을 도와줄 세력이 필요했습니다. 그것이 바로 남인이었고 남인의 영수, 채제공이었습니다.

정조가 즉위한 지 12년 되는 1788년에 채제공을 우의정으로 특

■ ↑ 정조가 남인의 영수 채제공에게 보낸 비밀 어찰 가운데 하나. (사진 ⓒ수원화성박물관)
■ ↓ 정조가 노론 벽파 영수 심환지에게 보낸 비밀 어찰 가운데 하나. (사진 ⓒ수원화성박물관)

채하면서 남인과 소론과 노론, 세 당파가 영의정·좌의정·우의정을 맡아 정국을 운영하는 삼상체제를 갖추게 됩니다. 저는 정조가 본격적으로 강력한 왕권을 발휘한 것을 1788년으로 보는데, 이러한 삼상체제의 확립은 새로운 정국을 만들어가는 핵심적인 역할을 하게 됩니다.

이와 같은 과정에서 정조는 소통을 통한 정치를 하려 하였고 그 중심에 국왕인 자신이 있으려 하였죠. 정조는 채제공, 심환지 등에게 비밀 어찰을 보냅니다. 정조는 정국의 안정을 위해서 여러 신하들, 당파의 영수들과 비밀리에 소통하고 이를 통해서 정책을 이끌어 나간 것이죠.

정조가 소통의 군왕이라는 것은 널리 알려진 이야기입니다. 단순히 신하들과 소통하는 것에 머무르지 않고, 백성들과도 직접 소통합니다. 백성들이 억울한 일을 국왕에게 글로 올릴 수 있는 '상언上言' 제도를 활성화하고, 국왕이 행차했을 때 왕의 행차를 막고 억울한 일을 호소하게 하는 '격쟁'을 허용한 것이지요. 이를 통해 새로운 정치의 밑거름을 만든 것입니다.

정조의 네 가지 개혁 과제

왕권이 강화되면서 정조는 본격적으로 노론을 비롯한 신하들을 압도하려 했습니다. 그 수단으로 자신의 학문적 능력을 사용합니다. 정조는 스스로를 '군사君師'라고 했습니다. 본인이 임금이자, 스승이라고 이야기한 것입니다. 조선시대 군왕들은 신하들로부터 경연 제도를 통해서 교육받습니다. 뛰어난 학자들이 군왕에게 사서삼경이나, 중국 역대 인물들의 이야기를 가르치면서 모범적 군왕이 되도록 지도합니다. 그런데 정조는 경연 제도는 그대로 유지하되 거꾸로 본인이 신하들을 가르치는 시간으로 바꿔버렸습니다.

'사대부士大夫'라고 하는 것은 '선비士'와 '대부大夫'를 합친 말입니다. 재야에서 공부할 때는 선비요, 관직에 나가게 되면 대부가 되는 것이지요. 그러다가 관직에서 물러나게 되면 다시 선비로 돌아갑니다. '사'와 '대부'가 순환하는 것이 바로 조선 사회의 기본 틀인데 이런 순환 과정 속에서 자기보다 학문적으로 우월한 사람을 반드시 높이 평가하고 그의 이야기를 듣기 마련입니다. 그런데 정조는 조선시대 왕 중에서 《홍재전서弘齋全書》라는 개인 문집까지 낸 유일한 군왕입니다. 이처럼 뛰어난 학문 능력으로 정조는 서서히 신하들을 지배하기 시작했죠.

정조는 이단이라고 평가받고 있는 학문에 대해서도 인정합니다. 조선은 숭유억불의 사회인데 불교에 대해서도 인정하고, 양명학과 노장사상에 대해서도 인정합니다. 하다못해 조선 선비들이 나쁘다고 이야기했던 왕안석의 신법新法에서도 좋은 것을 찾을 수 있다고 이야기합니다. 즉, 모든 것들이 무조건 나쁜 것이 아니라, 그중에서 장점을 취해서 조선 사회를 변화시켜야 된다는 것이 정조의 생각이었습니다. 그런 측면에서 정조는 즉위하고 나서 네 가지 개혁 과제를 선언합니다.

첫 번째, '민산民産'으로 백성들 모두를 부유하게 만들겠다고 하

▪ **홍재전서** ▪ 정조의 시문과 윤음(임금의 분부), 교지(왕의 명령) 등을 모아 엮은 전집. 정조 12년 규장각에서 엮어 순조 14년에 펴냈다. (사진 ⓒ수원화성박물관)

였습니다. 정조는 개개인의 재산을 늘리기 위해서 다양한 정책을 펼칩니다. 그중 하나가 양전 사업입니다. 토지를 측량하고 농지를 더 많이 만들어서 백성들 모두가 부유하게 하자는 것이었죠.

왕안석의 신법新法 : 중국 송나라 재상 왕안석王安石이 실시한 부국강병책이다. 왕안석의 신법은 서하西夏와의 전쟁으로 인한 국가재정난, 관료제로 인한 폐해, 지나친 문치주의로 인한 군사력 약화 등을 극복하기 위해서 추진된 개혁정책이었다. 그러나 지나치게 급진적이라는 평가와 함께 보수 관료들의 반발로 목적한 바를 이루지 못하였다.

두 번째, '인재人材'라는 표현대로 나라의 다양한 인재를 양성해서 뛰어난 조선을 만들겠다고 합니다. 학문을 육성하기 위해서 규장각을 만들고, 무예를 육성하기 위해서 장용영을 설치합니다. 조선시대에는 소외받는 사람들이 많았습니다. 서얼은 관직에 나가고 싶어도 나갈 수 없습니다. 신분제에 한계가 있었기 때문입니다. 그런데 정조는 서얼 제도를 혁파해서 뛰어난 사람들을 조정으로 불러들이죠. 이덕무, 박제가가 바로 이런 사람들입니다. 그리고 조선에서는 서북 지역, 요즘으로 치면 평안도 사람들은 무과 시험을 볼 수 없었습니다. 서북 지역 사람들은 무예 능력이 매우 뛰어났기 때문에 이들이 관직에 들어오면 역성혁명을 일으킬까봐 두려웠던 것이죠. 세조 대에 일어난 이시애의 반란으로 서북 지역 사람들은 무과를 볼 수 없게 만들어놓았던 것입니다. 영조 대 이후에는 영남 지역에 있는 남인들은 문과시험을 못 보게 했어요. 1728년(영조 4)에 이인좌를 비롯한 영남 지역 남인들이 영조가 형인 경종을 독살하고 국왕이 되었다고 난을 일으켰기 때문입니다. 영조는 이인좌의 난을 진압하고 영남 지역 남인들의 과거 시험을 금지시켰습니다. 영남 지역의 선비들은 거의 대부분이 남인이었기 때문에 영남 지

> **이시애의 난** : 1467년(세조 13) 함경도 길주의 호족 이시애 등이 세조의 집권 정책에 반대해 일으킨 반란. 이시애 등은 함경도인에 대한 지역차별과 외지에서 부임한 관리들에 대한 반발로 함경도 내 세력을 규합하여 반란을 일으켰으나, 거병 3개월 만에 내부 분열로 진압되었다.

역 전체 선비가 과거 시험을 못 본 것이나 다름없었습니다. 참으로 가혹한 처사가 아닐 수 없었죠. 정조는 이런 일들을 모두 철폐하고 인재들을 불러들입니다.

세 번째, '융정戎政'이라 불리는 군사 개혁입니다. 조선 사회는 특이하게도 국가 재정의 56퍼센트가 국방비로 지출되었습니다. 정조 때도 마찬가지였죠. 그러다 보니까 경제나 백성들을 위해서 써야 될 돈이 부족합니다. 정조는 군사 개혁을 통해 군대를 축소 통합하여 국방비로 나가는 돈을 절약합니다. 더불어 검술이나 창술도 못하는 엉터리 군인들을 강력하게 훈련시켜서 군대를 강화시킵니다. 그 핵심이 바로 정조의 친위 군영이었던 장용영이었습니다. 장용영을 통해 철저히 무과에 합격한 군인들로 전문화해 나갔던 것입니다.

네 번째, '재용財用'으로 국가 재정을 튼튼하게 하고자 합니다. 이를 위해 정조는 다양한 정책을 추진합니다. 1791년(정조 15) '신해통공辛亥通共'을 실시하는데, 이는 1791년 즉 신해년에 만들어진 통공정책이라는 말입니다. 신해통공은 정조가 채제공의 건의에 따라 육의전 이외의 시전에 대한 전매 특권을 폐지하고 모든 사람들이 장사할 수 있게 한 조치입니다. 이전까지는 육의전이나 시전상인들이 난전을 금할 수 있는 권리인 '금난전권禁難廛權'이 있어서 오로지 시전상인들만 장사를 할 수 있었습니다. 만약에 다른 사람들이 장사를 하면 내쫓습니다. 그렇게 되면 어떻게 됩니까? 물류가 활성화되지 않아서, 경제가 발전할 수 없습니다. 그래서 정조는 금난전권을 혁파하고 신해통공을 실시한 것이죠.

정조, 조선의 인재를 육성하다

정조 대의 인재 육성기관으로는 규장각이 있습니다. 정조가 세운 규장각은 단순히 학문만 육성하기 위해 만든 기관은 아니었습니다. 정조는 규장각을 통해 조선의 발전을 위한 인재를 육성하고 정책을 개발하려고 합니다. 그래서 초계문신 제도를 만들어 규장각에서 특별교육을 통해 초계문신을 육성합니다. 38세 미만의 젊은 학자들을 선발하여 오로지 공부에 전념하게 한 것이지요.

초계문신의 대표적인 인물이 바로 다산 정약용입니다. 학문적으로 우월한 위치였던 정조는 이들 초계문신들을 직접 지도하면서 성장시켰습니다. 정조는 이들을 훗날 정승과 판서 등 국가의 주요 관직에 임명하여 자신과 더불어 정치를 주도하게 할 생각도 가지고 있었습니다.

더불어 규장각에 검서관을 두었습니다. 그리고 학문적으로 매우 뛰어났음에도 서얼 출신이기에 주요한 역할을 할 수 없었던 이덕무·박제가·유득공 등을 불러 검서관을 맡겼습니다. 이들 검서관은 정조의 뜻을 명확히 이해하고 조선 후기 문화 발전에 큰 역할을 하였습니다. 박제가와 이덕무 등은 북학을 강조하였고, 유득공은 발해의 역사를 기술한 《발해고》를 저술하여 국학 연구에 매진하였습니다. 이러한 성과는 모두 정조의 깊은 후원이 있었기 때문에 가능했습니다. 이처럼 조선 후기 실학 발전에 국왕 정조의 역할은 매우 컸습니다.

그리고 정조는 단순하게 군대만 개혁하는 것이 아니라 무예 전체를 육성해야 한다고 생각합니다. 정조는 새가 좌우의 날개로 날아가야 하듯이 문과 무는 함께 발전해야 한다고 강조하였습니다. 이전의 국왕들이 학문만 중요시 여기고 무예를 천하게 여겼던 것과 매우 달랐습니다. 정조는 효율적으로 군사훈련을 하고 군사들의 능력을 배양하기 위해 여러 병서를 편찬합니다. 정조의 명으로 편찬한 《병학통》에는 학익진이 실려 있습니다. 우리는 흔히 이순신 장군의 학익진만을 생각하는데, 당시에 학익진으로 적들을 에워싸는 훈련을 한강변에서 많이 했습니다.

정조 대에 만든 가장 대표적인 병서가 《무예도보통지》입니다. 조선과 중국 그리고 일본의 대표적인 지상 무예 18기와 조선의 마상 기예 6기를 합쳐 24기의 무예를 완성한 《무예도보통지》는 조선 무예의 표준을 정립한 것입니다. 조선 최고의 협객이라 불리는 백동수가 시연하고 박제가와 이덕무가 풀어 쓴 동양 최고의 무예서라고 할 수 있습니다. 특히 이 책은 언해본을 따로 만들어 한문을 모르는 백성들도 읽고 무예를 연마하여 신흥 무반으로 성장할 수 있는 기회를 주었습니다. 더불어 정조는 직접 이 책의 서문을 쓰며 조선의 무예를 확대시키는 중요한 일을 합니다.

마지막으로 장용영이라고 하는 군대를 만들고 동대문 일대에 장용영 본영을, 화성에 장용영 외영을 둠으로써 새로운 군제개혁을 완성하게 됩니다. 조선 최고의 군대라고 평가받는 장용영은 훈련을 통해 강력한 군사체제를 완성하였습니다. 장용영은 그간 소외되었던 서북 지역 무사들을 대거 흡수하였고, 지상 무예와 마상 기예를 훈련하여 효종과 사도세자 그리고 정조의 북벌에 대한 의지

▪ **무예도보통지** ▪ 1790년 정조의 명에 의해 간행되었다. 종합 무예, 무기서. (사진 ⓒ수원화성박물관)

를 실천하고자 하였습니다. 다만 아쉬운 것은 정조가 죽고 나서 정조의 반대세력에 의해 해체되었다는 것입니다.

조선의 인재를 육성하며 정조는 새로운 역사를 만드는 모험을 합니다. 정조는 신분제 혁파에 대한 고민을 엄청나게 많이 합니다. 앞서 서얼제도를 혁파했지만 노비제도에 대한 혁파도 생각하는 것이죠. '인간으로 태어나서 어찌 귀한 자가 있고 천한 자가 있느냐?'는 것이 정조의 생각입니다. 정조는 1776년 즉위하면서부터 이 일에 관심을 쏟아 마침내 1800년 1월에 노비제도 혁파 안을 통과시킵니다. 그래서 1801년 1월부터 시행하여 조선에 있는 모든 노비를 해방하도록 하였습니다. 법을 제정하면 약간의 유예기간을 두어 실행하는 것이 일반적이기 때문입니다. 그런데 안타깝게도 그 법안을 통과시키고 5개월 뒤인 1800년 6월 정조가 승하하면서 뜻을 이루지 못합니다. 끝내 조선에 있는 모든 노비들이 해방되지 못한 것입니다. 만약 당시에 노비들이 해방되었다면 우리나라가 전 세계에서 가장 먼저 평등 사회를 이룬 민주주의의 꽃이 되었을 것입니다.

정조는 평생 조선의 백성들을 위해 고민했습니다. 저는 정조의 수면 시간이 3시간 이상을 넘지 않았을 것이라고 생각합니다. 정조는 조선 백성들의 판결문 즉, 형벌과 관련된 마지막 판결문 최종 3심까지 모두 정리합니다. 그런 것들이 재위 중에 약 3,000건에 이릅니다. 그리고 백성들이 억울한 일을 호소한 상언들을 대부분 직접 처결합니다. 정조 재위 기간 동안 상언은 무려 3,500건 가까이 됩니다. 정조는 누구보다 열심히 공부하고, 백성들을 위한 새로운 정책을 만들어 추진하고 그 과정에서 백성들의 억울한 사정을 들었습니다. 정조야말로 조선 사회를 변화시키고 새로운 백성의 나라, 즉 민국을 만들려고 했던 위대한 군왕입니다.

세계문화유산, 화성 건설에 담긴 정조의 꿈

앞서 살펴본 바와 같이 정조는 백성을 위해 여러 개혁 정책을 단행했습니다. 그중에서도 가장 핵심적인 정책이 바로 화성 건설입니다. 1997년 화성이 세계문화유산으로 등재될 때 유네스코에서는 "18세기 동서양 군사건축물의 모범이다. 군사건축물임에도 불구하고 너무나 아름답다."고 평가합니다. 이것이 바로 유네스코에서 화성을 세계문화유산으로 등재한 이유입니다. 군사시설물임에도 아름다운 예술작품과도 같은 화성. 정조는 어떤 생각과 의도로 화성을 만든 것일까요? 그리고 화성이라고 하는 이름에 담긴 진정한 뜻은 무엇일까요?

앞에서도 말했듯이 정조는 사도세자의 아들이기 때문에 정통성이 없습니다. 역적지자 불위군왕逆賊之子 不爲君王, 역적의 아들은 군왕이 될 수 없다는 말입니다. 정조가 개혁정치를 하려고 해도 정통성이 미약하기 때문에 제대로 일을 할 수 없습니다. 뒤에서 수군대는 거죠. "역적의 아들인데 무슨 일을 제대로 하겠어!" 조선 사회는 명분 사회입니다. 그래서 정통성을 극복하기 위한 하나의 대안이 필요했습니다. 정조는 그 대안으로서 신도시를 건설합니다.

서울 도성은 태조 이성계가 처음 출발했던 곳이죠. 그런데 400년이 지난 정조 시대에 와서 서울은 국왕의 도시가 아니라 노론의 도시였다고 해도 과언이 아닙니다. 임진왜란 이후 동인과 서인이 분화되고, 서인이 다시 노론과 소론으로 분화됩니다. 그리고 인조반정 이후에 노론이 절대적 권력을 장악하고 있었기 때문에 정치·경제·사회·문화 모든 것들이 노론과 연계되어 있었습니다. 상인, 정치인들은 말할 것도 없고, 군인들도 마찬가지입니다.

인조반정 이후 중앙5군영이 확립되는 과정에서 인조반정에 참

> **인조반정** : 1623년(광해군 15)에 서인 일파가 광해군 및 집권파를 몰아내고 능양군인 인조를 즉위시킨 정변.

여했던 서인들의 개인 사병을 중앙 군영으로 편입시킵니다. 임진왜란 시기에 만들어졌던 훈련도감을 제외하고 금위영, 어영청, 총융청, 수어청 등 네 군영은 실질적으로 노론 정권의 사병이자 지지 기반이라고 할 수 있었습니다.

정치학적 용어로 군대를 합법적 폭력 집단이라고 합니다. 이런 합법적 폭력 집단을 장악하지 못하면 왕이 일을 제대로 할 수 있겠습니까? 합법적 폭력 집단인 중앙5군영이 노론을 지지하고 있기 때문에 정조는 서울 도성에서는 아무것도 할 수 없었습니다. 정조에게는 자신의 개혁을 실천할 수 있는 새로운 친위도시가 필요했던 것이지요.

정조는 왕위를 물려주고 상왕이 되어서 자기가 만든 도시 화성에서 인사권·군사권·사법권, 이 세 가지 권한을 가지고 새로운 개혁정치를 하려고 했던 겁니다. 정조가 개혁정책을 마무리해서 전 세계에서 가장 뛰어난 문명국가를 이루려고 했던 곳이 바로 화성입니다. 화성 건설의 진짜 목적은 바로 여기 있습니다. 우리는 흔히 정조가 효심 때문에 화성을 건설했다고 이야기하지만 단순히 그런 이유는 아니었던 거죠.

화성을 건설하기까지

그럼, 화성을 건설하기까지의 과정을 살펴보겠습니다.

사도세자는 《능허관만고》라는 유고문집이 나올 정도로 학문적으로도, 군사적으로도 뛰어났던 사람입니다. 특히나 무예에 자질이 뛰어났습니다. 15세 때 대리청정을 시작한 사도세자는 효종이 국왕으로 즉위하고 나서 소설 《삼국지연의》에서 관우가 썼던 72근의 청룡언월도를 만들어서 무예 연습을 한 것을 알게 되었습니다. 그래서 사도세자도 그 청룡언월도를 찾아서 매일같이 무예 연습을 하고, 또 《한중록》에 나오듯이 자기 전각 밑 지하에 땅굴을 파놓고서 거기서 새로운 무기를 개발했습니다.

이것은 무슨 의미일까요? 바로 효종이 꿈꿨던 북벌론을 계승해서 조선을 자주국가, 국방이 튼튼한 나라로 만들고자 했던 겁니다. 대리청정 기간에 인사권을 비롯한 국왕의 고유 권한은 아버지 영조가 갖고 있었기 때문에 본인이 할 수 있었던 일은 바로 군사력을 키우기 위한 비책을 고민하는 것이었습니다. 이런 내용들이 유고 문집에 담겨 있는데, 정조는 이 뜻을 계승하려고 합니다.

그런데 정조가 신도시를 만들려면 명분이 있어야 합니다. 아무 생각 없이 수원에 신도시를 만들겠다고 이야기할 수는 없지 않습니까! 그런데 그때 정조의 고모부이자 정조와 소통했던 박명원이 상소를 올립니다. "전하가 나이가 많은데도 왕자를 생산하지 못하고 있다. 이것은 바로 사도세자의 묘소인 영우원이 풍수적으로 아주 좋지 않기 때문이다. 그러니 길지로 묘소를 옮겨야 한다." 이것이 바로 1789년 7월 10일의 일입니다.

그 상소를 보고 정조가 그다음 날인 7월 11일에 어전 회의를 개최합니다. 문무백관을 모두 불러 모으고 그 자리에서 승지로 하여금 그 상소문을 읽게 하죠. 상소문을 읽을 때 정조가 엄청난 눈물을 쏟아냅니다. 실제로 정조는 아버지 이야기만 나오면 눈물을 펑펑 흘렸습니다. 정조는 국왕이 된 이후 아버지가 돌아가신 그날, 윤5월 21일 열흘 전부터 아무 일도 하지 않고 그저 사도세자의 사당 안에 들어가서 아버지와 영적 대화를 나눕니다. 이 정도로 정조는 효성이 강했습니다. 어전 회의에서 눈물을 다 흘린 정조가 이렇게 이야기하죠. "아버지 묘소를 천하명당 수원부 읍치가 있는 자리로 옮기겠다." 그리고 신하들과 지관들을 수원으로 보내 사도세자의 묘소 쓸 자리를 살피게 하고 7월 15일에 다시 어전 회의를 개최하여 사도세자의 묘소를 수원으로 이장하기로 최종 결정을 하였습니다.

그러면서 반계 유형원이 지은 《반계수록》의 군정편에 나오는 이야기를 거론합니다. "수원부 자리인 팔달산 일대가 충청도, 전라도, 경상도 일대에서 서울로 올라가는 중요한 곳이다. 그러니 팔달산을 중심으로 그 일대에다 도시를 건설하고 성곽을 쌓는다면 서울을 방비하는 대도시가 될 것이다."

정조는 이 이야기를 꺼내며 지금 융건릉이 있는 일대에 있던 수원부 읍치를 팔달산 일대로 이전하면서 신도시의 기틀을 마련합니

북벌론北伐論 : 조선 후기 효종 대 일어났던 외교론으로, 청나라를 정벌해 병자호란의 치욕을 씻자는 내용이다. 어영청을 훈련시켜 군사력을 강화하는 등 준비를 하였으나, 중국의 정세가 변화하고 효종이 재위 10년 만에 사망하면서 실시되지 못하였다.

다. 그리고 기존의 수원부 읍치 자리에 사도세자의 묘소를 이장합니다. 이것은 굉장히 중요합니다.

  수원부 읍치 자리와 신도시 자리는 매우 가까운데, 이 자리는 충청도, 전라도, 경상도에서 서울을 올라갈 수 있는 굉장히 중요한 위치이고, 또 바닷물이 연결되어서 들어오는 교통의 요지입니다. 정조가 새로운 문화를 개척할 수 있는 굉장히 중요한 땅이었던 것입니다. 그렇기 때문에 정조는 과감한 결단을 내려서 수원부 읍치 일대, 팔달산 일대를 중심으로 신도시를 건설합니다.

반계수록 : 조선 중기 실학자인 유형원(1622~1673)이 쓴 국가체제 개혁에 관한 책. 토지를 국가에서 소유하고 관리하는 공전제公田制와 단계적 교육을 통해 유능한 사람을 천거해 발탁하는 공거제貢擧制가 개혁의 핵심이다.

융건릉 : 융릉隆陵은 훗날 장조로 추존된 사도세자와 훗날 헌경왕후로 추존된 그의 빈 혜경궁 홍씨의 합장릉이고, 건릉健陵은 정조와 효의왕후의 합장릉이다. 사적 제206호로 지정된 융건릉은 이 둘을 합쳐 부르는 이름으로 경기도 화성시 안녕동에 있다.

신도시에 10만 호를 건설하라

정조는 이 도시에 10만 호를 건설하라고 지시합니다. 당시 공식적으로 조선 인구가 760만 명인데 인구 조사에 잡히지 않는 인원까지 합치면 약 1천만 명 가까이 됩니다. 당시 한양 인구가 20만 명이었어요. 그런데 신도시에 10만 호, 즉 50만 명 규모의 대도시를 건설해서 이 도시를 중심으로 새로운 상업, 농업의 문화를 만들려고 했던 것입니다.

정조는 화성을 쌓으며 1795년(정조 19)에 만석거, 1799년(정조 23)에

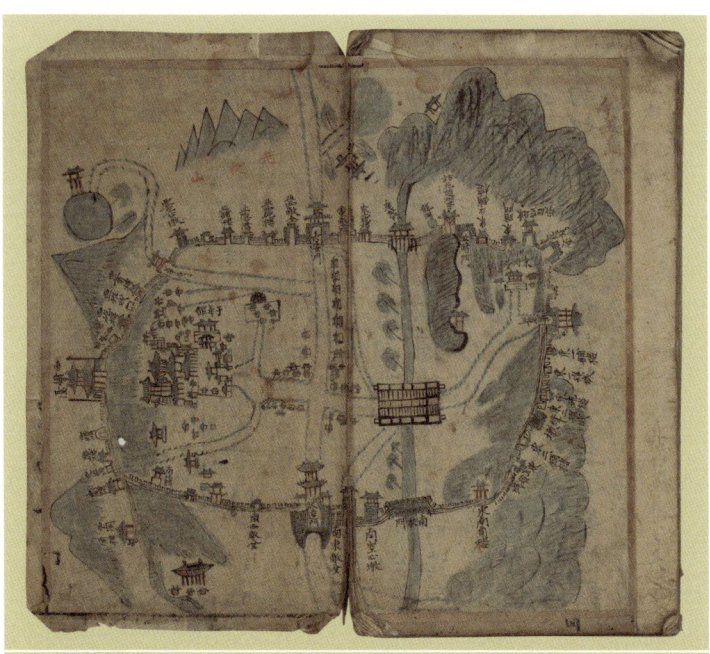

■ **화성도** ■ 민간에서 그린 수원부 지도. (사진 ⓒ수원박물관)

축만제라는 저수지를 만듭니다. 이런 저수지와 국영 농장들을 만들면서 토지가 없는 백성들에게 이곳에 와서 농사를 짓게 했어요. 그리고 전체 농사 수익금의 70퍼센트를 개인이 갖고, 30퍼센트를 화성유수부에 내게 합니다. 화성유수부에서는 그 비용을 받아서 화성에 주둔했던 군대 장용영에 급여를 주기로 했습니다.

다시 앞으로 돌아가게 되면 이런 것입니다. 정조는 신도시 건설을 하면서 그곳에 성곽을 쌓기로 마음을 먹었습니다. 화성 축성에 대한 모든 내용을 기록한 보고서인 《화성성역의궤》를 보면 정조가 이런 말을 합니다.

"내가 화성을 축성한 이유가 무엇인 줄 아느냐? 그것은 바로 현륭원을 보호하고 화성행궁을 호위하기 위함이다."

정조는 사도세자의 묘소인 영우원을 이전하며 이름을 현륭원으로 바꿉니다. 후에 사도세자가 장조로 추존되면서 현륭원은 융릉이 됩니다. 화성행궁을 호위하기 위함이라는 건 훗날 정조가 상왕이 되어서 거처할 화성행궁을 지키겠다는 것입니다. 바로 이곳에 와서 과감한 개혁정책을 추진하면서, 반대세력들의 내란으로부터 화성행궁을 지키겠다는 의지가 아주 강력하게 담겨 있는 것입니다.

그리고 승하하기 직전인 1800년 6월 1일에 정조는 화성을 축성한 이유가 조선을 위한 새로운 개혁 정책을 만들고 이를 성공시켜 조선의 모든 지역에 보급하기 위함이었다고 신하들에게 이야기하였습니다. 즉 오늘날의 혁신도시와 비슷한 것이라고 할 수 있습니다. 조선의 새로운 미래를 위해 화성을 만든 것이었죠.

그래서 정조는 화성을 멋있고 아름다우면서도 튼튼하게 만들기 위해서 다산 정약용에게 화성 기본 설계를 지시합니다. 다산은 일찍부터 토목과 건축을 했던 집안 출신으로, 과거에 합격하고 4개월 만에 배다리를 설계했던 인물입니다.

정조와 다산의 인연은 매우 깊습니다. 다산이 초시에 합격하고 나서 성균관에 입학하게 되는데, 성균관 입학생들 100명이 정조를 배알하러 창덕궁으로 찾아갔습니다. 모든 사람들이 무릎을 꿇고 고개를 숙이고 있는데 유독 다산이 정조 눈에 띄었습니다. 정조는 다산의 고개를 들게 하고 이것저것 물어봅니다. 다산이 직접 지은 자신의 묘지명인 '자찬묘지명'을 보면 당시의 대화가 나옵니다.

정조가 "너 이름 뭐냐?" 물어봅니다. "나주 정가에 약용입니다." 이렇게 대답했겠죠. "너 몇 살이냐?" 물어보니 "임오생입니다." 하고 답합니다. 임오년이 바로 사도세자가 죽은 해입니다. 정조가 그 얘기를 듣고 나서 뭔가 느낌이 온 거예요. 나중에 확인해 봤더니 사도세자가 승하하고 25일 만인 1762년 6월 16일 정약용이 태어납니다. 그러니까 정조는 정약용과 자신의 인연을 아주 깊게 생각한 겁니다.

정조는 다산을 무척 신뢰했습니다. 다산의 아버지인 정재원 선

정약용(1762~1836) : 화성 설계와 축성을 지휘한 조선 후기의 실학자. 유형원, 이익의 학문과 사상을 계승하여 조선 후기 실학을 집대성했다. 정조의 수원화성행차를 위해 배다리를 설계하였는데, 배를 여러 척 이어 만든 치밀하고 과학적인 설계로 정약용 최고의 업적 중 하나로 꼽히고 있다.

■ 거중기 ■ 정약용이 고안한 복합 도르래. 수원화성 축성에 큰 역할을 함. (사진 ⓒ수원화성박물관)

생이 돌아가신 상황에서 다산에게 비밀리에 사람을 보내서 화성 설계를 지시합니다. 그래서 다산은 상중에도 정조가 내려준 《기기도설器機圖說》이라는 책을 보며 축성 도구인 거중기, 녹로를 설계합니다.

거중기는 중요한 의미가 있습니다. 화성 축성 기간에 단 한 명도 사람이 죽지 않았습니다. 보통 성곽을 쌓을 때 어마어마하게 많은 사람들이 죽습니다. 그런데 정조는 모든 백성들에게 임금을 주고, 과학 기계를 이용하면서 단 한 명도 죽음에 이르지 않게 했던 겁니다.

■ 녹로 ■ 자그마한 성돌을 간편하게 들어올리기 위한 것으로 거중기보다 간략한 기구. (사진 ⓒ수원화성박물관)

화성이 탕평의 도시가 되길 원하다

서울 도성은 주상이 다스리는 수도, 그리고 화성은 상왕이 다스리는 수도입니다. 상왕이 다스리는 수도를 만들기 위해서는 농업 발전도 중요합니다. 그런데 정조는 무엇보다 이 도시가 탕평의 도시가 되기를 원했습니다. 그래서 당시 노론의 영수 김종수, 소론의 영수 신대승, 남인의 영수 채제공을 모두 수원으로 이사시켰어요. 각 당파의 영수들이 화성 안으로 이사 와서 살면 서로가 화합할 수 있다고 생각하였던 것이지요. 채제공의 집에 있는 정자의 이름을 '채로정'이라고 정조가 직접 지어주기까지 했습니다.

1795년에 재미난 에피소드가 있습니다. 혜경궁 홍씨 회갑진찬연 때 정조가 화성으로 옵니다. 그러면서 이 신하들이 실제로 이사 왔는지 확인합니다. 요즘 고위 공직자나 정치인들도 주소만 옮겨놓고 실제 거주하지 않는 경우가 많은데 옛날 사람들도 위장전입을 많이 했거든요. 실제 화성을 축성하면서 신도시로 이전할 때 보상금을 세 번 받은 사람까지 있습니다. 국왕이 나가라고 하는데도 안 나가고 버텨요. 그리고 나갔다가 다시 돌아와서 보상금 받고, 나갔다가 또 보상금을 받은 거죠.

위장전입과 관련해서는 이런 일도 있습니다. 수원에서 과거시험을 볼 때 수원과 인근 5읍인 과천·시흥·용인·안산·진위(오늘날 평택)에 주소를 둔 사람에 한해서 과거시험을 볼 수 있는 자격을 주었습니다. 다른 지역에는 전혀 없는 특별한 혜택이었던 것이죠. 그런데 1790년(정조 14) 합격자 다섯 명 가운데 세 사람이 서울 사람이었습니다. 이 세 사람의 합격은 취소됩니다. 그런데 당시 장원급제를 했다가 합격이 취소된 조만원이라는 사람은 너무 화가 나서 수원으로 아예 이사를 했어요. 그리고 다시 과거시험에 장원급제하여 순조 때 대제학까지 오릅니다.

어쨌든 정조는 당시 각 당파의 영수들이 진짜 수원으로 이사 왔는지를 확인하고 싶었습니다. 그래서 신대승의 집에 가보았더니 그의 아들인 자하 신위가 열심히 공부를 하고 있었습니다. 신위의 모습이 매우 대견하여 행차의 마지막 날 행사였던 화성행궁 득중정에서의 활쏘기에 참여하라고 특별 지시를 하기도 하였습니다.

정조는 남인, 소론, 노론을 막론하고 화성 안에서 화목하게 살기를 원했던 것이지요. 화성부터 탕평의 도시를 만들어 전국 모든 도시들이 탕평하여 더 이상 당파 싸움이 없는 나라를 만들고 싶어 하였던 것입니다.

화성이라는 이름에 담긴 세 가지 의미

화성의 장안문이나 화홍문, 서북공심돈, 방화수류정 등은 정말 아름답죠. 이 건물들은 당시 조선의 축성법을 근본으로 중국과 일본 축성의 장점과 서양 과학문명을 받아들여서 만들었어요. 그래서 굉장히 튼튼하고 외형적으로도 아름답습니다. 그런데 그것은 외형

■ **장안문** 수원에서 서울로 가는 관문 역할을 하는 북문. (사진 ⓒ수원화성박물관)

■ 화홍문 ■ 화성의 북쪽 수문. (사진 ⓒ수원화성박물관)

일 뿐입니다. 중요한 것은 정조가 화성이라는 이름을 지었던 의미입니다.

 화성이라는 이름에는 세 가지 의미가 담겨 있어요. 부유함, 건강함, 인구 번성입니다. 정조는 화성을 만들면서 이곳의 모든 사람들이 다 부유해지고, 인구가 번성하고, 그리고 아주 건강하게 오래 살기를 바라는 마음을 담았고, 이런 것들이 조선 전체로 퍼지기를 원했던 겁니다.

 이런 마음으로 인재를 양성하기 위해서 과거시험도 개최하고, 또 어머니의 만수무강을 기원하는 회갑진찬연도 개최합니다. 회갑진찬연은 국왕인 내가 어머니에게 이렇게 효도하는데 너희들도 나에게 충성을 다하라고 하는 메시지도 함께 보여줍니다.

↑ **서북공심돈** ▪ 화서문을 지키는 망루. (사진 ⓒ수원화성박물관)
↓ **방화수류정** ▪ 주변 감시와 지휘 등 군사적 목적으로 지은 정자. (사진 ⓒ수원화성박물관)

그런데 더 중요한 것이 있습니다. 정조는 바로 장용영 외영을 중심으로 화성 내에서 강력한 군사훈련을 실시하고, 새로운 무기를 보여줌으로써 사도세자가 꿈꾸었던 북벌에 대한 정치적, 군사적 기반을 마련하려고 합니다.

■ **봉수당진찬도** ■ 1795년, 정조가 화성 행궁 봉수당에서 어머니 혜경궁 홍씨의 회갑연을 개최한 사실을 기록한 그림. (사진 ⓒ수원화성박물관)

정조가 화성을 건설하고 혜경궁 홍씨 회갑진찬연을 개최했던 숨은 목적은 바로 여기에 있습니다. 바로 화성 행궁에 있는 '득중정'이라는 정자 앞에서 화약무기 실험을 한 것입니다.《정조실록》에는 '매화포埋火砲'라는 것이 기록되어 있는데 '매화'는 '화약을 묻었다'는 뜻입니다. 실제 이것은 지뢰죠. 정조가 1778년(정조 2)에 3년 상을 마치고 나서 처음으로 방문한 곳이 남한산성입니다. 남한산성에 가서 지뢰 실험을 하죠. 당시 영의정이었던 김상철이 이런 말을 합니다. "전하! 만약 이 무기가 병자년에도 있었다면 우리가 그 치욕은 겪지 않았을 것입니다."

득중정에서 화약무기 실험을 한 날 비가 내렸습니다. 이런 궂은 날에도 조선을 침범하려는 왜적들을 물리칠 수 있는 무기 실험을 비밀리에 개최했던 것입니다. 정조가 화성 유수 조심태에게 "이렇게 비가 오는 와중에도 성공할 수 있느냐?" 하고 묻습니다. 그랬더니 조심태가 "비가 와도 성공할 수 있습니다."라고 자신 있게 이야기하고 대성공을 거둡니다. 정조가 얼마나 기뻤겠습니까? 아버지와 할아버지의 꿈에 가까워졌으니 말입니다.

■ **득중정어사도** ■ 정조가 득중정에서 신하들과 함께 활을 쏘고 매화포를 터뜨려 불꽃놀이를 즐긴 행사를 그린 그림. (사진 ⓒ수원화성박물관)

불취무귀, 취하지 않으면 돌아가지 못한다

저는 화성에서 정조가 했던 이야기가 늘 머릿속에 지워지지 않고 있습니다. 정조는 화성에서 백성들과 함께 잔치를 하며 이런 말을 합니다. '불취무귀不取無歸', 취하지 않으면 돌아가지 못한다. 이것은 참여한 백성들과 기술자, 관료들에게 술을 어마어마하게 많이 주어서 모두 다 취해서 돌아가게 하겠다는 것이 아니라, 취하지 않으면 돌아가지 못할 정도의 국력이 있는 재정적으로 풍부한 나라를 만들겠다는 뜻입니다.

당시는 전 세계적으로 소빙하기의 엘리뇨 현상 때문에 기후가 좋지 않아서 농사가 잘 되지 않았습니다. 그래서 영조나 정조 시대는 경제적으로 풍요롭지 못했습니다. 영조 때는 52년 재위 기간 중 40년이 금주령 시대였습니다. 쌀 한 밀로 밥을 지으면 여러 사람이 배불리 먹을 수 있지만, 술은 만들어봐야 얼마 되지 않지요.

정조는 끊임없이 땅을 개간하고, 상업을 활성화하면서 경제부흥 운동을 일으켰어요. 화성을 중심으로 여기서 했던 새로운 농업 정책과 상업 정책들을 전국에 보급시켜서 경제가 활성화되고 개개인이 부자가 되는 세상을 만들려고 한 겁니다. 불취무귀! 행사를 할 때 반드시 취해서 돌아갈 수 있을 정도로 쌀이 넘쳐나고, 이웃에게 나눠줄 수 있는 세상을 꿈꾸는 거죠.

'경복궁'이라고 하는 이름은 정도전이 《시경》의 주아편에서 따 왔습니다. 군주의 덕에 배부르고 술에 취할 수 있으니 군자는 만년에 개이경복介爾景福, 즉 큰 복을 누리라는 문장입니다. 임금이 훌륭해서 술을 마음껏 먹고 취할 수 있는 세상, 이것이 가장 행복한 세상이라는 것이지요.

  정조는 마지막으로 이런 말을 합니다. '호호부실戶戶富實', 집집마다 부유하고 실해서 '인인화락人人和樂', 사람들이 화목하고 즐거우니 '상하동락上下同樂', 윗사람, 아랫사람이 함께 즐거운 도시가 되었으면 좋겠다. 이것이 바로 정조가 꿈꾸었던 조선 사회이고, 그런 조선 사회를 만드는 정치적·사회적·문화적 모든 기반이 바로 화성이었던 것입니다.

| 역 사 토 크  |

정조

만약에 정조가 조금 더 오래 살았더라면?

| 남경태 |

정조는 슈퍼맨 같습니다. 조선 임금 중 유일하게 개인 문집인 《홍재전서》를 남겼고, 심환지에게 보낸 비밀 서찰의 글씨도 명필입니다.

| 김준혁 |

정조의 글씨는 탁월하죠. 그래서 보물로 지정되어 있습니다. 국립진주박물관에 소장된 정조 어찰이 보물로 지정되어 있고, 수원화성박물관에 있는 정조의 편지 낱글 한 통이 보물급으로 평가받고 있습니다. 정조는 학문과 예술이 일치하는 '학예일치' 수준까지 올라가 있는 대단한 예술가라고 할 수 있죠.

| 남경태 |

그런 서찰 하나의 가격은 얼마나 될까요?

| 김준혁 |

작은 편지 한 통에 보통 천만 원 이상 갑니다. 제가 알고 있기로 정조의 편지는 공개와 비공개를 합쳐 3천 통 정도 남아 있습니다. 문안인사를 담은 편지는 그리 가격이 나가지 않지만 정치적 내용이 담긴 것은 천만 원 이상입니다.

| 남경태 |

문예나 정치, 군사 다방면에서 뛰어난 정조가 개혁의 와중에 마흔아홉 살에 돌아가셔서 참 안타깝습니다. 만약에 정조가 더 오래 살아서 개혁을 완성했더라면 우리 역사는 어떻게 달라졌을까요?

| 김준혁 |

제가 가장 많이 듣는 질문 중 하나입니다. 정조가 만약에 세상을 뜨지 않았다면 첫 번째로는 노비제도 혁파안이 통과하고 실시되었겠죠. 실제로 정조가 노비제도를 혁파하기 위해서 엄청난 국가 재정을 준비해놓았습니다. 물론 1801년에 정조의 아들이었던 순조가 즉위하고 나서 관에 소속돼 있는 노비, 즉 시노비(관노비)들의 신분은 전부 혁파합니다.

| 남경태 |

아버지 유지를 따랐군요.

| 김준혁 |

네, 그렇지만 개인의 소유였던 사노비들은 해방시키지 못했죠. 정조는 사노비제도까지 혁파하려고 엄청난 비용을 마련해 두었는데 그런 비용들이 정조가 죽고 나서 다 이상하게 쓰였습니다. 그래서 실제 관청, 내수사에 소속되어 있는 노비들의 신분만 혁파되었습니다.

정조는 노비의 원통함을 풀어주어야 한다고 생각했습니다. 정조는 사람에 대한 애정이 컸습니다. 그래서 즉위하고 나서 궁녀들 반을 내보냅니다. 궁녀들은 궁에 들어와서 결혼도 못하고 얼마나 억울하겠습니까? 그래서 본인이 원하지 않는데 억울하게 궁에 남아 있는 사람들이 없도록 내보낸 것이죠. 그런 과정에서 1777년(정조 1) 도망간 노비를 쫓는 노비추쇄관 제도도 없앴고, 모든 사람들이 평등한 사회로 만들기 위해서 끊임없이 노력합니다. 요즘 전 세계 사람들이 '평등사회' 하면 1863년에 게티즈버그 연설을 했던 링컨을 떠올리는데, 링컨보다 90여 년 앞서 평등사회를 부르짖었던 사람이 바로 정조입니다.

또 하나, 정조는 개혁 시스템을 완벽히 하려고 했습니다. 그런 측면에서 정조가 즉위 초에 척신과 외척들을 멀리하고 현인들을 높이 받드는 정치 '좌현우척'을 실시하거든요. 그 과정에서 탕평도 하는 것이고 적재적소에 인재도 배치하고, 서얼도 중용하죠. 능력 있는 사람들은 전부 등용하려고 하는 거예요. 조선을 부강한 사회로 만들고 정치 시스템을 안정시켜서 어떤 군왕이 있다 하더라도 새로운 국가를 만들 수 있는 틀을 만들려고 했던 것이죠.

이런 식으로 계속 부강해지고 발전된다면 우리는 제국주의 열강에게 침략도 받지 않았을 것이고, 제국주의 열강들이 침략해 왔다 하더라도 그것을 극복할 수 있는 내재적 힘을 마련할 수 있었을 것입니다. 그렇다면 일제 강점의 치욕들, 민족 분단의 치욕들도 과감하게 극복했을 것입니다. 그리고 우리가 전 세계에서 가장 위대한 국가 가운데 하나로 성장했을 것이라고 생각합니다.

| 남경태 |

완전한 노비 해방이 이루어졌다면 세계 최초로 신분제가 철폐되었을 겁니다. 1800년 정조가 죽은 이후 세도정치가 시작되지 않습니까? 우리 정치를 속된 말로 말아먹은 세도가들이 등장하고, 이후 개항기와 혼돈기를 맞고요. 그래서 저는 정조가 사실상 조선의 마지막 임금이 아닌가 하는 생각이 듭니다.

| 김준혁 |

조선의 마지막 군왕은 정조다, 정조의 죽음 이후에 조선은 사라졌다고 이야기하는 학자들이 꽤 많습니다. 물론 순조 대에도 새로운 개혁을 추진하기도 했습니다. 또 순조의 아들 효명세자 역시 자기 할아버지를 모델로 삼아 안동 김씨의 세도정치를 극복하려는 개혁을 시도했죠. 그러나 끝내 좌절하고 맙니다. 그런 세력들이 매우 강력

했기 때문에 개혁이 잘될 수 없었던 것이죠. 만약에 정조가 조금 더 살았다면 세도정치가 나타나지 않게 시스템을 구축하였을 것이고, 분명히 능력 있는 인재를 중심으로 하는 사회가 됐을 것입니다.

완벽한 정조에게도 결함이 있다면?

| 남경태 |
정조대왕의 인간적인 결함이나 정치적 실수를 굳이 찾아본다면 어떤 것이 있을까요?

| 김준혁 |
정조가 가장 싫어하는 사람들이 있습니다. 누워서 책을 읽는 사람들이에요. 성현의 말씀을 바른 자세로 앉아서 읽어도 시원치 않은데 어떻게 누워서 읽을 수 있겠느냐는 것이지요. 정조 스스로도 자신이 항상 반듯해야 된다고 생각했습니다. 그래서 머리에 종기가 나도 익선관을 반드시 쓰고 그 아픈 와중에도 정좌를 하고 바른 자세로 신하들을 맞이해야 된다는 강박관념이 있었어요. 백성에 대해서는 지극한 사랑과 헌신이 있었는데 자기 자신에 대해서만큼은 너무나 엄격했기 때문에 그런 것들이 정조를 일찍 죽음에 이르게 했다고 생각합니다.

| 남경태 |

불과 열한 살의 나이에 아버지의 죽음을 겪은 것이 지나친 엄숙주의로 작용했을 것 같습니다.

| 김준혁 |

당연하죠. 정조는 군왕이 되고 나서도 항상 무릎을 꿇고 살았어요. 아버지가 죽고 나서 수많은 사람들이 정조를 지켜보았습니다. 본인이 조금이라도 잘못된 행동을 하게 되면 그것이 할아버지 영조의 귀에 들어갈 수 있으니까 오로지 무릎을 꿇고 조용히 책을 보면서 와신상담했던 것이죠. 이것이 몸에 밴 거예요. 그래서 국왕이 되고 나서도 무릎을 꿇고 생활할 정도였습니다.

정조의 죽음에 대한 의혹과 논란들

| 남경태 |

정조가 활약한 18세기 후반은 세계적으로도 중요합니다. 미국이 독립하고, 프랑스 혁명이 일어난 계몽주의 시대인데요. 이렇게 중요한 시대에 한창 일할 나이의 정조가 불과 3주 정도 앓다가 죽었다는 말이 있어서, 독살설이 끊이지 않습니다.

| 김준혁 |

정조의 죽음에 대해 모든 사람들이 궁금해합니다. 2009년 3월에

정조가 심환지에게 쓴 비밀 어찰이 공개되면서 정조의 죽음은 독살이 아니라고 이야기하는 학자들도 상당수 있습니다. 그러나 사실, 심환지 어찰에 정조가 독살되지 않았다고 하는 내용은 한 줄도 없습니다. 학자들이 독살이 아니라고 판단한 까닭은 다음과 같습니다. 독살설이 나온 것은 정조 당시 어의인 심인이 심환지의 먼 친척이었기 때문입니다. 그래서 정순왕후와 심환지가 심인을 통해서 정조를 독살했다는 것이지요. 그런데 정조는 심환지에게 자신의 병을 계속 이야기했고, 편지 내용을 보면 정조와 심환지는 계속 소통하고 있었습니다. 그래서 이를 보고 일부 학자들이 심환지, 혹은 정순왕후가 독살한 것은 아니라고 결론내린 것이지요.

 정조의 죽음과 관련해서는 세 가지 학설이 있습니다. 첫 번째는 의료사고설입니다. 어의들이 판단을 잘못해서 약 처방을 잘못했다는 것이죠.

 두 번째가 독살설입니다. 당시 대제학이었던 이만수가 쓴 '정조 행장'을 보면 정조가 승하하는 날의 이야기가 나옵니다. 정순왕후가 탕약을 들고 정조의 침전으로 들어가서 정조에게 약을 먹이는데, 그 뒤에 정순왕후가 전하가 승하하셨다고 말합니다. 당시 바깥에 있던 신하들이 안으로 들어가서 보니까 정조가 아직 죽지 않은 거예요. 정조는 '수정전' 세 마디를 외치고 침묵에 들어갔다가 죽게 됩니다. 수정전은 바로 정순왕후가 거처했던 전각 이름입니다. 당시에는 수정전 마마, 양화당 마마, 가효당 마마처럼 전각의 이름으로 사람을 지칭했습니다. 당시 정순왕후가 정조의 정적이었던 건 분명합니다. 정순왕후가 정조의 개혁 정책을 방해했던 것도 사실입니다. 그 과정에서 정순왕후의 어떤 행위들이 정조를 죽음에 이르게 한 것이 아니냐고 생각해볼 수 있습니다.

실제로 정순왕후가 들어갈 때 관리, 의관, 궁녀, 내시, 하다못해 사관들까지 다 내쫓습니다. 그런 것은 있을 수가 없는 일이었죠. 아주 독특한 사례입니다. 여인 앞에서 죽음을 맞이한 유일한 군주가 정조입니다. 조선시대 군왕들이 죽을 때 여인들은 절대 오지 못하게 합니다. 유언을 조작해서 왕위 계승을 변질시킬지도 모른다고 생각했기 때문이죠. 정조가 유일하게 정순왕후 앞에서 죽음을 맞이하게 됐는데 그런 과정들이 바로 정조의 독살설을 야기했던 부분입니다. 실제로 다산 정약용도 군왕은 독살되었다고 확신했고, 다산문집에서 정조의 죽음은 독살이라고 규정하고 있어요. 그리고 대학자 장현광의 후손으로 구미에 살던 장시경이라고 하는 사람은 정조가 독살됐다고 해서 난을 일으키다가 끝내 자살하게 됩니다. 성공하지 못한 난이었죠.

| 남경태 |

독살설은 당대에도 있었군요.

| 김준혁 |

당대에 이미 독살설이 퍼져 있었습니다. 그런데 독살설과 더불어 많이 대두되는 것이 있습니다. 바로 세 번째 학설인 병사설입니다. 당시에 남인 계열에서는 정조의 독살설, 노론 계열에서는 정조의 병사설을 이야기합니다.

| 남경태 |

만약에 독살됐다면 범인은 노론 계열일 테니까, 노론 계열은 병사설을 주장한 거겠죠.

| 김준혁 |

정조의 죽음에 대해 어느 것 하나 확정된 것은 없습니다. 다만 저는 개인적으로 이렇게 생각합니다. 정조는 백성들을 위해서 정말 열심히 노력하다가 그 과정에서 몸을 해치게 된 거죠. 백성을 위해서 오랫동안 고민하고 잠도 못 자고 반찬도 세 가지 이상 먹지 않습니다. 군왕은 좋은 음식을 먹었을 거라고 생각하지만 정조는 그렇지 않았어요. 그러다 보니까 스트레스, 영양 상태 등 여러 문제들이 겹쳐서 과로사로 돌아가신 것이 아닌가 하고 말이죠. 이렇게 이해하는 것이 정조의 죽음을 아름답게 해주는 것이 아닌가 생각합니다.

카이사르와 노무현, 그리고 정조

| 남경태 |

저는 강의를 들으면서 역사적 인물이 두 명 떠올랐습니다. 한 사람은 카이사르입니다. 카이사르는 원로원의 반대를 무릅쓰고 자기가 로마 제정을 이루려고 하다가 결국 암살되었지요. 정조와 노론의 관계가 꼭 카이사르와 원로원의 관계 같은 느낌이 들었습니다. 정

조 독살설은 확실하지 않지만, 카이사르는 암살되었지요.

| 김준혁 |
상당히 유사할 수 있습니다.

| 남경태 |
그리고 다른 한 사람은 노무현 전 대통령이 생각났습니다. 임기 중 탄핵을 당한 것도 그렇고, 신도시를 꿈꾸었다는 점이 같습니다. 정조는 노론과 남인의 영수들을 직접 이사하게 할 정도로 신도시에 애착을 두었습니다.

| 김준혁 |
그렇지요. 세종시가 화성 축성을 이론적 근거로 하고 있는 것은 분명한 사실입니다. 신도시 추진 과정과 관련된 보고서들을 보면, 화성 축성에서 양경체제를 구사한 내용과 기본적으로 동일합니다. 그리고 화성의 혁신도시적 개념, 화성에서 농업과 상업을 골고루 발전시켜 그것을 모델로 전국으로 퍼뜨려서 조선을 변화시키려고 한 의지가, 세종시 건설의 기본방침에서도 잘 드러납니다.

| 남경태 |
실제로 노무현 대통령의 세종시 건설에 정조의 신도시 계획이 들어 있었군요.

| 김준혁 |

그렇습니다.

화성에서 실제 전투를 치렀다면?

| 남경태 |

수도 서울의 도성이 왜적이 침입할 때 큰 역할을 했다는 기록은 없습니다. 그런데 수원 화성은 벽돌 성으로 상당히 조밀하게 짜여 있습니다. 만약에 화성에서 실제 전투를 치렀다면 화성이 성벽의 역할과 수성의 역할을 충분히 해냈을까요?

| 김준혁 |

화성을 답사할 때 사람들이 저에게 가장 많이 물어보는 질문이 두 가지 있습니다. 첫 번째는 정조 독살설이고, 두 번째는 과연 화성이 군사적 능력이 있느냐는 것이지요.

 만약에 화성에서 전근대적 전투가 벌어졌다면 화성은 절대 함락되지 않았을 것이라고 자신 있게 말할 수 있습니다. 물론 요즘같이 전투기가 뜨거나 미사일이 날아오는 현대전에서는 무용지물이겠죠. 그렇지만 당시에 최고의 화포였던 홍이포라든가 화약 무기, 조총으로 전투한다면 화성은 절대 함락되지 않습니다.

 화성은 높이가 평균 6미터입니다. 언뜻 보면 굉장히 낮아요. 우리나라 성곽 높이가 보통 8~9미터 가까이 되는데, 화성의 높이가 이렇게 낮은 것은 성곽을 공격하는 공성포에 대비하기 위해서입니다.

청주에 숙종 대에 쌓았던 상당산성이 있습니다. 이 성은 작은 돌로 조밀하게 쌓았습니다. 이렇게 하면 성곽을 쌓기는 쉽지만 방어하기는 어렵습니다. 그런데 화성은 거중기나 녹로 같은 과학기계를 이용해서 쌓은 것이라 앞면이 약 70~80센티미터 되는 길이에 옆으로 1미터가 넘는 큰 돌들을 많이 쌓았습니다. 또 안쪽으로 6미터 정도 높이의 흙이 지지해주고 있어 굉장히 안정적입니다. 그러니까 아무리 대포를 맞는다 하더라도 무너지지 않아요. 높이가 더 높을 경우에는 키 큰 사람이 복부를 맞으면 퍽 쓰러지는 것처럼 무너질 수 있습니다. 그런데 화성은 어느 부위를 공격해도 절대 무너지지 않습니다.

| 남경태 |

게다가 호박돌처럼 둥근 돌을 쌓은 것이 아니라 각이 지게 딱딱 아귀를 맞췄어요. 훨씬 견고했을 것 같습니다.

| 김준혁 |

그렇죠. 그랭이 기법(울퉁불퉁한 바위를 깎아내지 않고, 쌓는 돌을 바위가 생긴 대로 쪼아내어 이빨을 맞추듯 완벽하게 접합시키는 기법)을 이용해서 서로 아귀가 들어 맞게 되어 있습니다. 그리고 벽돌을 사용하였는데 벽돌이 매우 단단하고, 화포에 맞는다 하더라도 그 부위만 깨집니다. 응급조치가 가능하죠. 그렇기 때문에 성곽 자체가 무너질 염려가 없어요.

거기에 더해서 안의 콘텐츠가 중요합니다. 정조 때 만든 화약무기의 제조에 대한 《자초신방》이라고 하는 책이 있어요. 그 책의 서문에 이런 말이 있습니다. '10년 동안 습기에 차 있어도 터질 수 있는 화약이다.' 《자초신방》에 따라 화약무기들을 만들어 화성 행궁 옆 군기고에 보관해 놓았어요. 또 《화성성역의궤》를 보면 성곽 내에서 백자총을 사용했다고 하는데, 이것은 당시 이탈리아에서 수입한 총입니다. 이탈리아에서 중국으로, 중국에서 조선으로 건너온 최고의 신무기들인 것이지요.

그러니까 화성 안에는 홍이포, 불랑기포, 백자총 같은 신무기들이 있고, 무과급제자 출신의 장용영 외영 군사 5,200명이 있어요. 백성들이 4,500명 살고 있는데 군사들이 5,200명이라고 하면 완전히 군사도시거든요. 최신 무기를 갖춘 강력한 군사들이 왜적들을 철저하게 막아낼 수 있기 때문에 화성은 백전백승할 성곽이라고 자신 있게 이야기할 수 있습니다.

정조가 화성을 만든 이유는?

| 남경태 |

정조는 일단 아버지 사도세자의 능을 모셔놓고, 그 능을 수호한다는 명분으로 장용영 병사들을 배치한 것 아닙니까? 그런데 능만을 수호하려는 의도가 아니었다는 게 화성의 구조만 보더라도 알 수가 있군요.

| 김준혁 |

정조는 화성을 만든 것은 화성 행궁을 호위하기 위함이라고 분명히 이야기합니다. 그런데 1795년 윤2월에 정조의 화성 행차 내용을 보면, 슬프지만 어쩔 수 없는 현실도 눈에 보입니다.

그 이전까지 정조는 수원에 내려올 때 서울에 있는 훈련도감 군사들을 중심으로 장용영 군사들과 함께 내려왔다가 올라갔습니다. 그런데 1795년 윤2월 행차는 수원에 있는 장용영 외영 군사들이 서울로 올라가서 정조를 모시고 내려오고, 또 모셔다주고 내려오게 됩니다. 이것은 정조가 자신의 친위 군사를 아꼈다는 측면도 있지만, 그 시기까지도 정조를 시해하려는 세력들이 존재했다는 뜻입니다. 정조는 이런 상황들을 극복하고 화성에서 자신이 꿈꿨던 백성을 위한 정치를 하려고 했던 것이지요.

정조는 이 행차에 어머니 혜경궁 홍씨도 함께 모시고 내려오는데 이것은 정조가 새로운 조선을 만들겠다고 천명한 겁니다. 정조는 화성 행궁에서 어머니의 회갑진찬연이 끝나고 "내가 10년 뒤 어머니의 칠순잔치를 여기서 하겠다."고 말합니다. 혜경궁 홍씨의 칠순은 1804년 갑자년 6월 18일입니다. 1789년(정조 13)에 사도세자 묘소 이전을 결정하고 나서 정조의 후궁인 수빈 박씨가 바로 아이를 가졌어요. 아버지 묘소가 불길해서 자식 생산을 못한다고 했는데 천하명당으로 묘소를 옮기기로 결정하니까 정말 아들이 생긴 겁니다. 그 아들이 순조인데 혜경궁 홍씨 생일인 1790년 6월 18일에 태어납니다. 그러니까 혜경궁 홍씨의 칠순잔치가 열리는 1804년은 순조가 15세가 되는 해이기도 합니다.

| 남경태 |

순조가 15세가 되면 화성에서 본격적인 개혁정치를 시작하려는 게 정조의 원대한 계획이었습니다. 정조가 5년이나 10년만 더 살았으면 어떻게 됐을지 모른다는 생각이 드는군요.

| 김준혁 |

그렇습니다.

정조의 가상의 적은 누구였을까?

| 남경태 |

정조가 따로 도성을 꾸민 것은 가상의 적을 방비하기 위한 것입니다. 만약에 수원 화성으로 도읍을 천도했다면, 정조는 화성을 공격할 수 있는 가상의 적으로 누구를 염두에 둔 것일까요?

| 김준혁 |

가상의 적은 두 부류라고 생각합니다. 하나는 내부에 있는 적, 하나는 외부에 있는 적이라고 볼 수 있겠지요. 학계 정설은 아니고 개인적 의견이지만, 내부에 있는 적은 정조의 할머니였던 정순왕후였습니다. 정순왕후는 노론 세력의 왕실 내 최고 어른이기에 정조의 정적이 될 수 없다고 판단할 수 있겠지만 실제 노론 세력의 구심점이었습니다. 정순왕후의 일가들이 사도세자를 죽이는 데

결정적 역할을 하였기 때문에 정조는 국왕이 된 이후 정순왕후의 친오라버니인 김귀주를 유배 보냈고, 김귀주는 유배지에서 죽고 말았습니다. 그 이후부터 정순왕후와 정조는 갈등이 심해졌습니다. 경희궁 존현각에서 있었던 정조의 시해 사건을 주도했던 인물이 바로 정순왕후입니다. 실록에도 명백히 나와 있죠. 정순왕후의 상궁이었던 월문과 복혜가 당시 무사들이 들어올 때 궁궐 문을 열어줍니다. 그런데 일개 상궁들이 어떻게 감히 궁궐 문을 열겠습니까. 열쇠도 금군들과 승정원에서 갖고 있는데요.

| 남경태 |
정조도 그 사실을 알고 있었겠죠?

| 김준혁 |
당시에는 몰랐었죠. 그러다 나중에 취조하는 과정에서 명명백백하게 밝혀집니다. 그 이후에 정순왕후는 끊임없이 정조를 압박하죠. 특히나 정조의 동생들, 사도세자의 아들이었던 은언군이라든가 은전군, 은신군을 압박하고, 정순왕후로 인해서 정조의 동생들이 죽음에 이르게 됩니다. 정조가 자기 동생도 보호하지 못하는데 어떻게 백성들을 보호하는 군왕이 되겠느냐고 개탄을 합니다. 강화도에 있던 은언군을 몰래 도성으로 들여와서 만나게 되면 정순왕후가 그 사실을 알고 못 만나게 하기도 합니다. 당시 정조와 적대적 관계에 있었던 세력들이 결과적으로 모두 정순왕후와 연계되어 있는 것이지요. 물론 표면적으로는 적대적이 아니죠. 어떻게 감히 군

왕과 적대적 관계로 있을 수 있겠습니까. 다만, 보이지 않는 적대적 관계였습니다.

| 남경태 |

정순왕후 세력 자체가 하나의 적이었군요.

| 김준혁 |

그렇죠. 노론도 역시 벽파가 있고 시파가 있었습니다. 당시 벽파는 사도세자가 마땅히 죽어야 할 인물이라고 주장하였고, 실제 그를 죽음으로 이끌었던 세력입니다. 시파는 벽파에 비해 온건론적 입장에서 사도세자의 죽음을 안타깝게 여기는 세력이었습니다. 사도세자를 굳이 죽일 필요까지는 없았냐고 판단하였던 것이죠. 사도세자의 지지 세력이었던 소론과 분명히 다른 세력이었음에도 불구하고 사도세자 부분에서는 동정론을 가지고 있었습니다. 그렇기 때문에 정조는 노론 벽파 세력들을 자신의 개혁 정치를 방해하는 세력으로 판단했고, 실제 화성 축성 기간에 이들은 수많은 반대 의견을 내기도 하였습니다.

　노론 신하들이 "전하, 전하가 화성에 성을 쌓으려고 하는 것은 의도가 있습니다. 그러니 화성 축성을 중단해주십시오." 하는 이야기들을 굉장히 많이 했거든요. 정조는 그런 반대 의견들을 영조가 유언으로 남겼던 '금등'을 공개함으로써 무마시킵니다. 영조는 사도세자의 죽음이 노론의 잘못이라는 기록을 '금등'에 담아 남겼습니다. 정조는 이 문건을 공개하지 않을 테니 노론도 더 이상 화성 축성에 대해서 이야기하지 말라고 빅딜을 한 것이죠. 1793년의 일입니다.

| 남경태 |

근대 의회 정치의 대 타협 비슷한 고도의 정치적 게임이네요.

| 김준혁 |

그럼요. 정조는 소통의 군왕이자, 타협의 군왕입니다. 정치는 타협입니다. 정조가 타협을 통해서 화성 축성을 한 것은 향후에 가상의 적들이 저지를지 모르는 내란을 방지하겠다는 것이 첫 번째 이유였습니다. 이 가상의 적들은 실제 적이기도 합니다. 정조의 개혁 정치를 사사건건 반대했으니까요. 아무리 소통한다 하더라도 그런 반대 의견들을 완전히 무시할 수는 없지요.

| 남경태 |

그러니까 정조는 정적들이 언제 물리력을 동원해서 대립전선을 세울지 모른다는 생각을 한 거죠?

| 김준혁 |

네, 그런 생각에는 그럴 만한 이유가 있습니다. 중앙5군영의 군영대장이 다른 곳으로 승진해서 가게 되면 자신의 후임자를 만들어놓고 갑니다. 그러면 자기와 가까운 사람을 데려다놓지 절대로 군왕 편을 데려다놓지 않거든요. 물론 정조가 병조판서를 중심으로

중앙5군영을 일원화하려고 끊임없이 노력했고 실제 그렇게 됐지만, 이미 중앙5군영은 노론 세력들로 가득 차 있었습니다. 대장 한두 명 바꾼다고 되는 일이 아닙니다.

| 남경태 |
그래서 정조가 친위대를 만들자는 생각을 한 건가요?

| 김준혁 |
그렇죠. 그것이 한 가지 이유입니다. 그리고 두 번째 가상의 적이 있습니다. 정조가 군사훈련을 할 때 바깥에서 쳐들어오는 적들을 가짜 왜군으로 설정했는데 실제로 적은 청이었습니다. 정조는 임진왜란과 병자호란의 치욕을 굉장히 슬프게 생각했습니다. 그런데 청나라는 늘 사신들이 와서 머물러 있으며 감시합니다. 그러니까 청을 대놓고 폄하할 수는 없습니다. 그래서 왜군을 가상의 적으로 규정하면서 청의 눈치를 무마합니다.

정조는 이렇게 이야기합니다. "조선이 곧 중화다. 조선이 세계 최고의 문명국가다. 조선이 최고의 문명국가가 되기 위해서는 바로 군사적으로도 강력해야 된다." 정조는 화성에서 실험하고, 화성을 중심으로 군제를 개혁해서 조선 전체의 국방력을 강화하려고 했던 것이지요.

만약에 화성 천도가 이루어졌다면 조선의 역사는?

| 남경태 |

만약에 순조가 15세가 되어서 순조롭게 화성 천도가 이루어졌다면 조선의 역사는 어땠을까요?

| 김준혁 |

저는 '화성으로 천도되었다'라는 표현은 부적절하다고 봅니다. 양경체제, 즉 두 개의 수도라고 하는 것이 정확합니다. 초기에 화성을 연구했던 학자들은 수도 서울에 있는 주상의 역할은 미미하고, 상왕인 정조가 화성에서 큰 역할을 하는 것이 실질적인 천도로 보였기 때문에 천도라는 개념을 썼습니다.

어쨌든 '천도'라는 것을 했다면, 조선은 많이 달라졌을 겁니다. 화성에서 시행한 새로운 정책들은 바로 전국으로 퍼져나가고, 국방력도 강화되고, 정조가 안정감 있게 뜻대로 정책에 힘을 쏟아 부었을 것입니다. 그러므로 정조가 10년만 더 살았다면, 혹은 천도 개념으로 화성에 머물면서 새로운 정치를 펼쳤다면 조선이 세계문명의 중심이자, 더불어 함께하는 행복한 사회가 되었을 것이라고 확신합니다.

| 남경태 |

무엇보다 굉장히 자주적이고 주체적인 노선에서 개화를 했을지도

모르겠다는 생각도 듭니다.

| 김준혁 |

당연하죠. 문체반정 등을 보고 정조가 보수적 군주라고 생각할 수도 있습니다. 그렇지만 정조는 열린 사고를 갖고 있던 사람입니다. 당시 이단이라고 폄하하던 양명학과 불교 노장사상 등도 포용하는 분이에요. 당시 서양의 과학문명도 적극적으로 포용합니다. 그런 과정에서 개항도 할 수 있었을 것이고, 제국주의 열강의 시대로 접어드는 과정에서도 조선이 주체적 입장에서 새로운 세상과 조우할 수 있었을 것입니다.

정조에게서 배우는 지도자의 자격은?

| 남경태 |

지금까지 정조대왕에 대해 알아보았는데요, 지금 우리 시대의 지도자, 대통령이 정조에게 배울 수 있는 지도자로서의 자격이나 덕목은 무엇이 있을까요?

| 김준혁 |

역시 소통과 화합입니다. 정조는 다양한 의견을 듣고 이를 실천하였습니다. 역대 우리 국가 지도자들 중에 소통을 한 인물이 얼마나 있을까요? 대부분이 자신이 옳다고만 생각하고 백성과의 소통, 전

문가들과의 소통이 거의 없었죠. 그러니 인사에 있어서도 엉망인 것이죠. 정조처럼 탕평을 통해 인재를 육성하여 그 사람의 능력에 맞는 자리를 맡겨야 하는데, 오늘날 국가 지도자들이 자신들의 인맥과 학맥 중심으로 중앙정부의 고위직 인사를 하고 있으니 국정 운영이 원활할 수 없었던 것입니다.

더불어 지도자가 되기 위해서는 스스로 국가 비전에 대한 고민을 많이 해야 합니다. 정조는 끊임없이 고민하고 정책 개발을 위하여 신료들과 회의를 하였습니다. 이 정도의 고민을 해야만 21세기 한반도의 통일, 양극화와 지역 차별 해소, 경제적 안정을 이뤄내고 나아가 세계 중심의 일류국가로 성장할 수 있을 것입니다.

| 남경태 |

새로운 조선을 건설하겠다는 웅대한 포부를 평생 가슴에 품고 살았던 정조대왕. 정조가 꿈꿨다는 포부의 실체를 알 수 있었던 시간이었습니다. 일국의 지배자가 펼치는 정책, 그리고 지배자의 정체성이 한 사회, 한 국가를 얼마나 바꿀 수 있는지 생각해봐야 하는 시대가 아닐까 합니다.

| 연보 |

1752년(영조 28)   9월 22일 창덕궁 경춘전에서 탄생

1762년(영조 38)   윤5월 21일 사도세자 창경궁에서 뒤주에 갇혀 죽음

1775년(영조 51)   12월 세손 정조, 영조를 대신하여 대리청정 실시

1776년(정조 원년)   3월 경희궁에서 즉위
9월 학문연구기관인 규장각 설치

1777년(정조 1)   3월 서얼 허통을 위한 서얼허통사목 반포
11월 국왕 호위기구인 숙위소 설치, 홍국영을 숙위대장으로 임명

1778년(정조 2)   1월 재소자의 인권을 중요시 여기는 흠휼전칙 제정
2월 도망간 노비를 잡아오는 노비 추쇄관 제도를 혁파

1779년(정조 3)   10월 숙위소 혁파

1781년(정조 5)   2월 초계문신 제도 실시

1783년(정조 7)   11월 자휼전칙 반포, 10세 이하의 버려진 고아를 관아에서 기르게 함

1785년(정조 9)   2월 대전통편 반포
5월 문효세자 사망
7월 장용위 설치

1788년(정조 12)   1월 장용영 설치

1789년(정조 13)   7월 사도세자의 묘소 이장 결정, 수원신도시 건설

1790년(정조 14)   4월 《무예도보통지》 편찬
6월 순조 탄생
9월 용주사 완공

1791년(정조 15)	1월 신해통공 공포, 저자의 백성들이 육의전 외에서 장사를 할 수 있게 함
1792년(정조 16)	12월 정약용 화성 설계
1793년(정조 17)	1월 수원도호부를 화성유수부로 승격, 화성에 장용영 외영 설치
1794년(정조 18)	1월 화성 축성 시작
1795년(정조 19)	윤2월 화성에서 혜경궁 홍씨 회갑진찬연 개최 화성에 만석거 축조
1796년(정조 20)	9월 화성 축성 완공
1800년(정조 24)	6월 정조 승하

8부

한국이 낳은 세계적인 지도자

김구

한시준

단국대학교 문과대학 사학과 교수. 경기도 여주에서 태어났다. 단국대학교 사학과 학사, 동 대학원 사학과 석사, 인하대학교 대학원 사학과 박사학위를 받았다. 대한민국 임시정부와 한국광복군을 중심으로 한 한국근현대사(한국독립운동사)를 연구하고 있다. 한국근현대사학회장, 독립기념관 한국독립운동사연구소장, 단국대학교 인문과학대학장 등을 지냈다. 저서로는 《민족과 국가를 위해 살다간 지도자 김구》, 《대한민국임시정부의 지도자들》, 《한국광복군연구》, 《대한제국군에서 한국광복군까지》, 《의회정치의 기틀을 마련한 홍진》, 《대한민국임시정부 – 중경시기》 등이 있다.

> 20세기 우리나라 역사에서 정신사적으로 가장 큰 영향을 미친 인물이 누구인지 묻는 설문조사가 있었습니다. 1위로 뽑힌 인물이 바로 백범 김구 선생이었습니다. 우리 역사에는 수많은 독립운동가들이 있었고 아울러 훌륭한 지도자도 참 많았는데요. 우리는 왜 유독 백범 김구를 주목하게 되는 걸까요? 동학 운동에서 시작해 대한민국 임시정부와 신탁통치 반대운동까지 백범은 그야말로 격변기 우리 역사의 살아 있는 증인이었다고 할 수 있습니다. 그가 꿈꾸었던 세상은 과연 어떤 세상이었을까요?
>
> ─ OBS

보통 사람, 백범 김구

인류 역사에는 역사와 문화를 위해 공헌한 수많은 지도자들과 역사적 인물들이 있습니다. 우리 민족의 오천년 역사에도 마찬가지입니다. 그러나 우리는 안타깝게도 그런 인물들을 세계적으로 알리지 못하고 있습니다. 여러분은 우리 역사에서 세계적으로 드러낼 인물을 누구라고 생각합니까? 세종대왕도 있고, 이순신도 있고, 장보고도 있습니다. 저마다 떠올리는 인물이 다를 겁니다. 저는 그중에서도 백범 김구 선생이야말로 세계적으로 내세울 수 있는 인물이라고 생각합니다.

우리는 위인들은 어려서부터 남다르다고 배웁니다. 이를테면 네

■ 백범 김구 ■

살 때 사서삼경을 떼고 어릴 때부터 신동 소리를 듣고 자랐다고 하지요. 우리 역사 속 인물들에 대해 쓴 책이 대체로 그렇습니다. 이런 책을 보면 나와 다르다는 생각 때문에 그 인물을 이해하기 어렵죠. 우리 역사의 지도자들이 피부로 와 닿지 않는 이유가 바로 거기에 있습니다.

그런데 백범은 그야말로 보통 사람입니다. 백범은 1876년 황해도 해주의 산골에서 태어났습니다. 안동 김씨 가문이라고는 하지만 시골에서 농사를 지으며 살다보니 상민과 다름없는 집안에서 자랐습니다. 《백범일지》를 보면 엿이 먹고 싶어서 일부러 집에서 쓰는 숟가락을 부러뜨려서 엿과 바꿔 먹기도 했다는 이야기가 나올 정도로 백범은 평범한 아이였습니다.

그런데 이런 평범한 아이였던 백범이 큰 충격을 받은 사건이 있습니다. 집안 어른이 갓을 쓰고 나갔다가 이웃동네 양반한테 갓을 찢기고 수모를 당했다는 이야기를 들은 것입니다. 이 이야기를 들은 백범은 양반 사회에 들어가야겠다고 결심합니다. 당시 양반 사회로 들어갈 수 있는 길은 과거 시험을 치르는 것밖에 없습니다. 백범은 5년여 동안 열심히 공부했지만 과거 시험에 낙방하고 맙니다. 당시 과거 시험은 비리가 많아서 실력대로 붙는 것이 아니었기 때문입니다.

민족을 위해 나선 치하포 사건

이후 백범은 동학에 가담해서 활동했습니다. 과거 시험에 떨어진 이후 좌절하고 있던 1894년, 전라도 일대에서 동학 농민들이 일어났습니다. 동학은 평등을 주장합니다. 귀하고 천함이 없이, 양반이나 상민이나 '사람은 모두 똑같다'는 것입니다. 이 사상에 감화된 백범은 동학에 들어가고 몇 개월 만에 20세의 어린 나이에 접주가 되죠. 접주는 동학의 중간 간부로 접接의 책임자를 말합니다. 백범은 휘하의 신도가 수백 명이 되어 '아기 접주'라는 별명을 얻었다고 합니다.

백범은 동학에서 활동하던 중 안중근 의사의 아버지 안태훈을 만납니다. 안태훈은 당시 황해도 신천의 유지이자 큰 부자였던 인물입니다. 동학 농민군이 일어나자 안태훈은 동학군을 진압하기 위해 나섰습니다. 백범과 안태훈은 동학군과 동학군을 진압하는 사람으로 서로 다른 입장이었지요. 그렇지만 안태훈은 백범의 인물됨을 보고 백범을 자기 집으로 피신시킵니다. 백범은 안태훈의 집에서 6개월 이상 머무릅니다.

그곳에서 백범은 평생의 스승인 고능선 선생을 만납니다. 고능선은 안태훈이 아들을 가르칠 선생으로 모신 인물입니다. 백범은 고능선에게 공맹의 학문, 성리학적 대의명분과 의리, 위정척사 사상, 춘추대의와 의리를 배웁니다. 그러면서 세상에 대해 눈뜨게 되고, **국가**의 의미를 알고 민족의식을 깨닫게 됩니다.

평범한 사람이었던 백범이 국가와 민족을 위해 나선 것은 '치하포 사건'부터입니다. 1895년 일제가 명성황후를 처참하게 시해하는 '명성황후 시해사건'이 있었습니다. 일제가 경복궁 궁궐에 침입하여 국모를 시해한 것이지요. 이 일이 알려지자 우리나라 곳곳에서는 국모를 시해한 일본에 대해 원수를 갚아야 한다는, 즉 국모보수에 대한 여론이 일어났습니다.

고능선高能善 : 조선 후기의 성리학자. 다른 이름은 고석로高錫老. 유중교의 제자이자 김구, 안명근의 스승이었다. 안태훈의 소개로 만난 청년 김구에게 주자학적 애국사상과 민족주의를 가르쳤다.

1896년, 백범은 만주를 다녀오는 길에 황해도 안악에 있는 치하포의 주막에서 일본인을 만났습니다. 일본인을 만나자 백범은 '저 놈이 우리 명성황후를 죽인 놈일지도 모른다. 아니라고 하더라도 명성황후를 시해한 미우라와 공범일 것이다.' 라고 생각하게 됩니다. 일본인의 품 속에 칼이 숨겨져 있는 것을 보고 더욱 그런 생각이 들었습니다. 백범은 저 일본인을 처단하여 국모에 대한 원수를 갚아야 한다고 생각합니다. 일제가 우리나라를 침략하고, 더군다나 국모까지 죽이는데 백성 된 사람으로 어떻게 가만히 있을 수 있느냐는 것이지요. 쓰치다라는 이름의 그 일본인이 칼을 갖고 있어 잠시 망설였지만, 김구는 이내 몸을 날려 맨주먹으로 일본인을 처단하였습니다.

치하포 사건 때 백범은 쓰치다를 죽인 후에 도망가지 않았습니다. 오히려 쓰치다가 가지고 있는 물건과 돈을 빼앗아서 사람들에게 나눠줍니다. 그리고 이 일을 벌인 인물이 '김창수' 자신이라는 것을 붓글씨로 크게 써서 남기고 집으로 돌아갑니다. 당시 백범의 이름은 '김창수' 였습니다. 처음에는 '김창암' 이라고 했다가 '김창수' 로 바꾸고 그다음에 '김구' 라고 이름을 고치죠.

집에 있던 백범은 일본 육군 중위를 죽인 죄로 체포됩니다. 그리고 해주에서 인천 감옥으로 옮겨집니다. 이 사건으로 백범은 사형 선고를 받습니다.

그러나 백범은 전화 한 통으로 사형을 받지 않고 살아나게 됩니다. 어떻게 된 일일까요? 당시 우리나라에 처음으로 전화기가 들어왔습니다. 그때 고종이 처음 설치된 전화기로 인천 감리서의 감

■ **인천 감리서** ■ 김구가 수감 됐던 당시의 모습이다.

옥에 시외 전화를 해서 백범의 사형을 집행하지 말라는 명령을 내립니다. 백범이 국모 시해에 대한 보복으로 일본인을 죽였다는 것을 알게 되었기 때문입니다.

백범은 인천 감옥에 있으면서 《대학》, 《세계역사》, 《태서신사》 등 세계에 관련된 많은 책들을 보고 근대 문물을 수용합니다. 그러면서 개화사상에 눈을 뜨게 됩니다. 그러던 중 백범은 1898년 3월 동료 죄수들과 탈옥에 성공합니다. 탈옥한 백범은 남쪽으로 도망가서 여러 지방에 숨어 다니다가 충청도 공주 마곡사로 가서 스님이 되었습니다. 법명도 받지만 이듬해 환속하게 되지요.

이후 백범은 여러 차례 감옥에 수감됩니다. 치하포 사건으로 처음으로 감옥에 갔고, 1909년 10월에 안중근 의사의 의거와 관련돼서 두 번째로 투옥되었습니다. 이때는 사건과 크게 연관이 없어서 한 달여 만에 풀려납니다. 그리고 1911년 세 번째로 감옥에 갑니다. '105인 사건'에 연루되어 15년 형을 받은 것입니다. 105인 사

- **105인 사건** - 1910년 조선 총독부가 신민회를 탄압하기 위해 조작한 사건. 1910년 평안 북도에서 안명근이 데라우치 총독을 암살하려다 실패한 사건이 발생하였다. 이를 구실로 조선 총독부의 헌병 경찰은 신민회 간부 등 105명을 구속하였다.

건은 일제가 데라우치 총독 암살 음모 사건을 조작하여 평안도와 황해도 지역의 인사 600여 명을 체포하고, 이 중 105인의 독립운동가를 감옥에 가둔 사건입니다. 일제는 많은 사람들을 고문하고 죄를 자백하게 강요했습니다. 실제로 고문 받다 돌아가신 분들도 있죠. 백범 역시 엄청나게 고문을 당했습니다.

3·1 운동 직후 상하이로 망명하다

백범이 실제로 독립운동을 하거나 민족의 지도자로 크게 활약하게 되는 것은 1919년 3·1 운동 직후 상하이로 망명하면서부터입니다. 이후 임시정부에서 활동하면서 독립운동가로서, 독립운동의 지도자로서, 민족의 지도자로서 활약합니다.

1919년 3월 1일, 우리 민족은 독립을 선언합니다. 일제에게 나라를 빼앗기고 식민지 지배를 받던 때, 우리는 일제의 식민지가 아니라 독립국임을 선언한 것이지요. 독립국을 선언했으면 독립국을 세워야죠. 그래서 1919년 4월 11일 중국 상하이에 바로 독립국을 세웠습니다. 국호는 대한민국으로 정했습니다. 그리고 대한민국이란 국가를 유지 운영하기 위해 임시정부를 수립하였습니다. 이를 대한민국 임시정부라고 합니다. 백범은 임시정부가 수립된 직후 상하이에 도착하였습니다.

상하이에 도착한 후 백범은 임시정부 내무총장을 맡고 있던 도산 안창호를 찾아갔습니다. 백범은 서대문 감옥에 갇혀 있을 때 감옥의 뜰을 쓸고 유리창을 닦으면서 우리의 독립정부가 수립되면 독립정부의 마당을 쓸고 유리창을 닦게 해달라고 기도한 적이 있습니다. 백범이 도산에게 이 이야기를 하면서 임시정부의 문지기를 시켜달라고 부탁하였습니다. 도산은 백범에게 임시정부의 경무국장, 요즘으로 치면 경찰서장 자리를 맡깁니다.

백범과 도산은 묘한 인연이 있습니다. 백범은 젊은 시절 도산의 여동생 안신호와 약혼을 했습니다. 그런데 도산이 미국으로 가는 길에 상하이에서 만난 다른 친구에게 "내 동생을 너한테 시집보내마." 하고 약속했던 일이 있었는데, 그 친구에게서 혼인을 하겠다고 연락이 온 겁니다. 안신호 입장에서는 난감한 일이 아닐 수 없었지요. 자기는 백범과 약혼했는데 오빠는 다른 남자에게 자기를 시집보내겠노라고 약속한 거죠. 개화된 여성인 안신호는 상황이 이렇게 되자 도의상 둘 중 누구에게도 가지 않고, 백범과의 약혼을 깹니다. 이런 일만 없었더라면 도산 안창호와 백범 김구는 처남 매부지간이 됐을 겁니다.

경무국장으로 임시정부에 발을 들여놓은 이후에 백범은 돌아가실 때까지 임시정부와 함께했습니다. 실제로 임시정부를 유지하고 이끌어간 분이 백범이죠. 1919년 4월 임시정부가 수립되고 얼마 되지 않아 임시정부는 내부적인 문제로 정부를 구성할 수 없을 정도로 힘든 세월을 겪었습니다. 다른 지역 출신들이, 서로 다른 정치적 이념을 가진 사람들이 모인 이유도 있었습니다. 그렇지만 가장 큰 이유는 대통령의 거취 문제 때문이었습니다.

임시정부가 수립되면서 이승만 박사가 대통령으로 선출되었습니다. 당시 미국에 있던 이승만 박사는 상하이로 오지 않고, 미국에 머무르며 대통령직을 수행하겠다고 합니다. 임시정부는 남의 나라 땅에서 세운 것입니다. 임시정부는 민족의 대표기구인 동시에, 국내와 만주를 비롯하여 연해주, 중국, 미국 등 세계 각지에 흩어져 있는 우리 민족을 대동단결시켜서 일제와 싸워야 하는 임무도 갖고 있었습니다. 이것을 총지휘하는 사람이 대통령입니다.

당시 상하이는 목숨을 보장할 수 없는 곳이었습니다. 언제나 일제 경찰, 밀정들이 끊임없이 드나들었으니까요. 게다가 임시정부는 빈민촌에 있는 데다, 경제적으로도 엄청나게 어려웠습니다. 이런 상황에서 대통령이 상하이에 오지 않겠다고 하니 당연히 상하이에 있는 사람들과 대통령 사이에 마찰이 일어났습니다. 이로 인해 임시정부는 수립 직후부터 파란을 겪게 되었습니다. 결국 임시정부에서는 1925년 대통령을 탄핵합니다. 지금의 국회와 마찬가지인 '임시의정원'에서 정식 절차를 밟아서 대통령을 탄핵하는데, 이 과정에서 실망하고 분개한 많은 사람들이 임시정부를 떠납니다.

사람이 있어야 자금도 생기고 독립운동도 할 수 있는데, 사람들이 떠나니 임시정부를 유지할 수 없습니다. 그래서 대통령을 탄핵한 이후에 새로운 방안을 모색합니다. 우선 의무는 수행하지 않고 권리만 행사하려고 하는 대통령에 문제가 있다고 판단합니다. 그래서 임시정부에서는 헌법을 개정해서 대통령이라는 명칭을 '국무령國務領'으로 바꿉니다. 대통령이라는 명칭 대신 '국복國伏', 즉 나라의 종이라고 하자는 의견도 나오는데 이는 지나치다 하여 결정된 것이 국무령이라는 명칭입니다.

임시정부를 지켜낸 백범

이렇게 임시정부가 아주 어려울 때 백범은 임시정부를 지킵니다. 많은 인사들이 떠났지만, 백범은 임시정부를 저버리지 않았습니다. 백범은 가족을 돌보는 것보다도 임시정부를 유지하는 데 온 힘을 기울였습니다. 백범이 상하이에 있던 1924년에 부인이 어린 아들 둘을 두고 죽었습니다. 백범의 어머니 곽낙원 여사가 손자들을

■ 김구의 가족 사진 ・ 왼쪽부터 백범, 장남 김인, 부인 최순례.

돌보는데 큰아들은 그래도 서너 살 돼서 밥이라도 먹을 수 있었지만, 둘째 아들은 돌 지난 아이라 돌보기 힘들었습니다. 그래서 아이를 상하이 고아원에 보냈다가, 고아원에 둔 게 안됐으니까 데리고 오기를 반복합니다.

자식을 고아원에 보낼 정도로 가정을 돌보지 않으니, 두 손자를 키워야 하는 할머니가 화가 나지요. 곽낙원 여사가 하루는 백범을 나무랍니다. "이렇게 해서야 어떻게 사느냐! 자식도 제대로 못 키우면서 무슨 독립운동이냐! 이제 독립운동하지 말고 애비 구실을 해라!" 그러자 백범은 "어머니! 저는 임시정부를 못 떠납니다." 하고 대답합니다. 자식은 못 키워도 임시정부는 못 떠난다는 것이 백범의 대답이었습니다. 어머니와 아이를 돌볼 형편이 되지 못하자 백범은 어머니와 둘째 아들을 고향으로 돌려보냅니다. 고향에 가면 입에 풀칠이라도 할 수 있을 것 아니냐는 생각이었습니다. 백범에게는 가정보다 독립운동과 임시정부가 중요했던 겁니다.
　백범은 다른 사람이 임시정부를 떠나도 임시정부를 지켰습니다. 어려운 환경 속에서도 임시정부를 지켰던 백범 선생이 있었기에 임시정부가 그대로 남을 수 있었습니다. 이처럼 백범과 임시정부는 떼려야 뗄 수 없는 관계입니다.
　1945년, 드디어 우리나라는 해방을 맞이합니다. 그러나 일본과 싸워서 이긴 미국과 소련이 38선을 경계로 한반도를 둘로 나누어 차지하지요. 우리 민족의 의도와는 상관없이 남쪽은 미군이 점령하고 북쪽은 소련군이 점령합니다. 해방이 됐지만 민족이 분단된 거죠.
　일제 식민지에서 벗어났으면 우리 민족의 국가를 세워야 하는 것이 가장 중요한 과제입니다. 그런데 38선이 생겼으니 어떻게 해야 할까요? 38선을 따라 나뉜 채로 따로따로 정부를 세워야 할까요? 백범은 정부를 따로 세우면 민족이 분열되고, 민족이 분열되면 둘 사이에 전쟁이 일어나게 되고, 엄청난 참화를 겪게 될 것을 예견하죠. 그래서 통일된 국가를 수립해야 한다고 주장합니다. 그리고 38선을 철폐하고 남북 통일국가를 수립하기 위해 매진합니다.
　현실적인 이익을 따진다면 미군들이 있는 남쪽에서 정부를 세워서 정권을 잡으면 됩니다. 그렇지만 백범은 현실적인 길을 택하지 않고 우리 민족의 이익과 발전을 위해서 통일정부를 수립해야 한다고 주장합니다. 자신의 개인적인 이해관계가 아닌 민족과 국가를 위한 길, 그것이 백범의 정치철학이자 살아온 모습입니다.

백범, 그는 어떤 지도자인가?

그렇다면, 백범은 지도자로서 어떤 면모를 지니고 있을까요?

지금 우리는 대한민국이라고 하는 나라에 살고 있죠? 대한민국 정부 수립의 기반을 마련했던 지도자가 백범 김구입니다. 1948년에 대한민국 정부가 수립되었습니다. 그렇지만 이때 수립된 대한민국 정부는 새로 생긴 것이 아니라 1919년 생긴 대한민국 임시정부에서 비롯된 것이죠. 대한민국이라고 하는 나라의 근거를 마련했던 분이 백범입니다. 그런 면에서 대한민국 역사와 백범은 떼려야 뗄 수 없는 관계입니다.

지도자로서 백범의 면모를 보여주는 일화들은 여러 가지가 있습니다. 일화를 통해 알 수 있는 면모 중 한 가지는 동지에 대한 믿음입니다. 목숨을 같이하는 동지, 한 번 믿는 동지는 끝까지 신뢰합니다. 백범이 신뢰하고 응원했던 인물 중에 이봉창 의사, 윤봉길 의사가 있습니다. 이봉창 의사와 윤봉길 의사는 백범이 조직한 '한인애국단'의 단원이었습니다. 이봉창 의사는 1932년 1월 8일 일본에 가서 일왕을 죽이려고 폭탄을 던졌고, 윤봉길 의사는 석 달 뒤인 4월 29일 상하이 훙커우 공원에서 일왕의 생일과 상하이 점령 전승 기념식을 할 때 단상에 폭탄을 던진 분이죠.

이봉창 의사도 독립운동을 하겠다는 굳은 결심을 하고 한인애국

- **이봉창 의사**(1900.8.10~1932.10.10) ■ 서울 출생. 한국과 일본에서 과자점 점원, 철공소 직공 등으로 일하다가 1931년 중국 상하이로 건너가 한인애국단에 가입했다. 1932년 1월 8일 일왕 히로히토에게 폭탄을 던졌으나 실패하고 체포된 후 그해 사형당했다. 1962년 건국훈장 대통령장이 추서되었다.

- **윤봉길 의사**(1908.6.21~1932.12.19)**와 김구** ■ 윤봉길 의사는 1932년 4월 29일 일왕의 생일날, 행사장인 훙커우 공원에 폭탄을 던졌다가 현장에서 체포되어 총살되었다. 이 거사로 일본군 대장 등 일본 요인들이 즉사하거나 중상을 입었다. 1962년 건국훈장 대한민국장이 추서되었다.

단에 가입했을 겁니다. 그러나 자기 목숨을 걸고 결심을 행동으로 옮기기는 정말 쉽지 않은 일입니다. 일본에 가서 일왕에게 폭탄을 던지면 살아남을 재간이 없습니다. 죽는 줄 알면서도 이봉창 의사가 거사를 결행할 수 있었던 것은 백범과의 인간적인 관계가 있었기 때문입니다.

이봉창 의사는 어렵게 자란 분입니다. 식민지 조선에서 살기 힘들어 일본으로 건너가서 노동자로 생활하다가 상하이로 온 인물입니다. 이봉창 의사가 일왕을 죽일 수 있다고 하니까 백범이 데려다가 여관방에서 하룻저녁 자면서 떠보죠. 그러면서 이봉창 의사의 결심이 진심인 것을 알게 됩니다. 백범이 이봉창 의사에게 묻습니다. "내가 폭탄과 자금을 마련해주면 자네가 할 수 있겠나?" 이봉창 의사는 할 수 있다고 대답합니다. 백범은 이봉창 의사를 일본인이 사는 일본 조계에 보냅니다. 신분이 탄로 나지 않게 하려는 조처였습니다.

이봉창 의사는 일본 조계에 있는 일본 상점에 점원으로 취직합니다. 그러면서 폭탄을 마련할 때까지 가끔씩 임시정부에 찾아옵니다. 그런데 일본말을 매우 잘하는 이봉창 의사는 평소에도 한국말과 일본말을 섞어서 하는 데다 임시정부에 일본 신발인 게다를 신고 옵니다. 그래서 많은 이들이 이봉창 의사를 경계합니다. 그러나 백범만은 그를 믿습니다.

드디어 폭탄이 다 만들어졌습니다. 백범은 이봉창 의사를 불러서 300달러를 건넵니다. 그리고 이봉창 의사가 1931년 12월 13일 일본으로 떠나기 전날 하룻저녁을 같이 잡니다. 그때 이봉창 의사

조계租界 : 청나라(이후의 중화민국)에서 외국인이 행정자치권이나 치외법권을 가지고 거주한 조차지를 말한다. 1840년 아편전쟁의 패배로 체결된 불평등조약에 의해 설치되었다. 가장 유명한 조계인 상하이 조계는 1842년에 맺어진 난징조약에 의해 만들어진 후 1845년 11월부터 1943년 8월까지 약 100년간 유지되었다.

가 백범에게 "당신이 어떻게 나를 믿고 거금을 주었느냐?" 하고 묻습니다. 300달러는 당시 엄청나게 큰돈입니다. 이봉창 의사가 계속 이야기합니다. "내가 가끔씩 임시정부 청사에 와보면 임시정부에 있는 젊은 청년들이 돈이 없어서 밥을 굶더라. 그래서 내가 점원으로 일해서 받은 돈으로 국수도 사주고 술도 사주었다. 당신 부하들은 밥을 굶는데 어떻게 그렇게 큰돈을 나에게 주느냐? 더군다나 당신은 임시정부가 있는 프랑스 조계를 벗어날 수 없는 사람인데 내가 일본 조계에 가서 돈을 다 써버리고 도망치면 잡으러 올 수도 없지 않느냐?" 결국 이봉창 의사는 백범에게 이렇게 이야기하죠. "내 평생 나를 믿어준 사람은 당신뿐이다." 그런 믿음이 이봉창 의사가 목숨을 버리고 의거를 결행할 수 있게 만든 것이죠.

결국 이봉창 의사는 의거 현장에서 체포되어 1932년 9월 30일 사형 판결을 받고, 10월 10일 사형당합니다. 그 소식을 듣고 백범은 밤새도록 〈동경작안東京炸案의 진상〉이라는 글을 씁니다. 이 글은 이봉창 의사에 대한 기록입니다. 백범이 이봉창 의사에게 들었던 그의 인생을 쓴 것이죠. 그리고 일왕을 처단하려고 한 과정도 씁니다. 글 말미에는 '이봉창 의사가 돌아가시는 날은 우리 전 국민이 한 끼를 굶자.' 고 제안합니다.

동지에 대한 인간적인 신뢰와 믿음. 이것이 바로 이봉창, 윤봉길 의사가 자신의 목숨을 기꺼이 바칠 수 있었던 힘이 되었습니다. 아마 백범이 아닌 다른 이가 한인애국단을 만들어서 운영했다면 이런 거사를 실행하지 못했을지도 모릅니다. 백범은 이런 일들을 해낼 수 있었던 지도자입니다.

지도자로서의 백범의 면모를 보여주는 일이 더 있습니다. 백범은 어려운 환경에서도 임시정부의 자주권, 독립성을 지켜내려고 했습니다. 1940년 임시정부가 충칭(重慶)에 갔을 때 백범은 임시정부의 국군인 광복군을 창설했습니다. 그런데 남의 나라 땅에서 군대를 조직하려면 여러 가지가 필요하죠. 군인이 될 사람들이 있어야 하고, 자금이 필요하고, 중국 당국의 승인을 받아야 합니다.

백범이 광복군을 창설한다는 계획서를 만들어서 중국 정부에 제출합니다. 그런데 중국 정부에서 승인은 했지만 문제가 생깁니다. 중국 정부에서는 광복군의 통수권을 중국군사위원회가 갖겠다고 하죠. 광복군은 한국 청년들로 조직된 임시정부의 군대인데 통수권을 중국이 갖겠다는 겁니다.

백범이 그 소식을 듣고 당시 책임자였던 중국인 서은증(徐恩曾)을 찾아가서 광복군의 통수권은 임시정부가 가져야 한다고 주장합니다. 그러면서 1920년 레닌이 200만 루블을 조건 없이 지원한 일을 이야기합니다. 러시아도 이렇게 해주는데 중국이 광복군을 인정해주고 재정적인 지원을 해주는 조건으로 광복군을 차지하려는 것은 부당하다며 문을 박차고 나옵니다.

당시 임시정부는 중국 정부로부터 매달 얼마씩 돈을 받는 상황이었습니다. 그런데 중국 정부가 지원을 끊어버리면 임시정부는 활동할 수 없는 것은 물론이고 먹고살 수조차 없습니다. 그런 속에서도 백범은 광복군의 자주권과 독립성을 지키려 한 것이지요. 결국 백범은 1940년 9월 17일 중국군사위원회의 승인을 얻지 않고 독자적으로 광복군을 창설합니다. 임시정부는 남의 나라 땅에서

남의 나라 도움을 받을 때에도 이렇게 자주권을 지켜냈습니다. 6·25 전쟁 때 대한민국 국군의 작전권을 미국에 넘겨준 일이 있지 않습니까. 이러한 사실을 생각하고 비교해보면, 쉽게 이해가 가겠지요. 이것이 바로 백범의 지도자로서의 면모고 지도자로서의 모습이죠.

진정한 독립운동

우리가 백범을 민족의 큰 스승, 민족의 큰 지도자라고 하는 것은 백범이 우리 민족의 지도자로서 충분하게 인정받고 대우받을 만한 모습을 많이 보여주었기 때문입니다.

세계적인 인물로 추앙받는 사람들은 몇 가지 공통점이 있습니다. 우선 나라의 건국, 독립운동과 관련된 분들이 많습니다. 미국의 조지 워싱턴, 프랑스의 드골, 인도의 간디, 베트남의 호치민이 그렇죠.

우리는 독립운동이라는 것을 매우 협소하게 생각합니다. 일제에 대항하여 싸운 것만을 독립운동이라고 생각합니다. 물론 그렇습니다만 그것은 좁은 견해의 독립운동입니다. 18~19세기에는 제국주의가 득세하며 식민지를 만들어서 인류의 자유와 평화를 짓밟습니다. 독립운동은 나라를 찾기 위한 것도 있지만 제국주의에 대항하여 인류의 자유와 정의, 평화를 지키는 투쟁의 의미도 있습니다. 다시 말해, 힘을 가진 제국주의로부터 약소민족들의 평화와 자유를 지켜내려고 했던 것이 독립운동입니다. 한국 독립운동도 마찬가지죠. 우리의 독립운동은 일본 제국주의를 상대로 한 것인 동시에 인류의 정의와 자유를 지켜내기 위한 숭고한 투쟁입니다. 그러한 투쟁을 이끌고 지도했던 분이 백범이죠.

이제는 대한민국이 세계에 널리 알려져 있지만 20세기 초만 해도 한국은 은자의 나라, 은둔의 나라였습니다. 그런 우리나라가 세계에 알려지게 되는 계기가 독립운동입니다. 많은 이들이 만주, 연해주, 중국, 미국, 프랑스 등 세계 각지로 가서 한국과 한국 독립에 대해 알렸습니다.

우리나라는 수십 년 동안 일제를 상대로 독립운동을 했습니다. 그런데 우리는 과연 독립운동에 대해 얼마나 알고 있을까요? 우리는 인도의 간디는 훌륭하다고 배우지만, 정작 간디보다 훌륭했던 우리 역사 속의 인물들은 알지 못합니다. 우리도 우리 역사에서 빛나는, 인류를 위해서 공헌했던 인물인 김구 선생을 세계적인 인물로 내세워야 하지 않을까요?

나의 소원

| 백범 김구 |

네 소원所願이 무엇이냐 하고 하느님이 내게 물으시면, 나는 서슴지 않고
"내 소원은 대한독립大韓獨立이오." 하고 대답할 것이다.

그 다음 소원은 무엇이냐 하면, 나는 또 "우리나라의 독립이오."
할 것이요, 또 그 다음 소원이 무엇이냐 하는 세 번째 물음에도,
나는 더욱 소리를 높여서
"나의 소원은 우리나라 대한의 완전한 자주 독립이오."
하고 대답할 것이다.

동포 여러분! 나 김구의 소원은 이것 하나밖에는 없다.
내 과거의 칠십 평생을 이 소원을 위하여 살아왔고, 현재에도 이 소원 때문에
살고 있고, 미래에도 나는 이 소원을 달達하려고 살 것이다.

| 역 사 토 크  |

김구

백범의 어머니에 대한 일화는?

| OBS |

백범의 신념, 동지애, 어려웠던 투쟁 과정에서도 꺾이지 않았던 의지를 보면 그를 우리나라 최고 지도자, 더 나아가 세계적인 지도자로 내세우기에 부족함이 없을 것 같습니다.

위대한 지도자 뒤에는 항상 위대한 어머니가 있지요. 백범과 어머니에 얽힌 일화가 있으면 소개해주십시오.

| 한시준 |

훌륭한 어머니 밑에서 훌륭한 자손이 나온다는 생각을 백범의 어머니 곽낙원 여사를 보면 하게 됩니다. 백범이 감옥에 갇혔을 때

어머니로서 얼마나 마음이 아팠을까요? 그런데 백범의 어머니는 서대문 감옥에 갇혀 있는 백범에게 처음 면회를 갔을 때 "나는 네가 경기 감사를 한 것보다 더 기쁘다." 하고 말합니다. 얼마나 대단합니까?

또 1938년, 중국 후난성 창사에서 백범이 권총을 맞아서 돌아가실 뻔한 일이 있었습니다. 삼당 통합에 불만을 품은 한국 청년이 권총을 쏘았는데 현익철 선생은 바로 돌아가시고 이청천 장군도 손에 총을 맞았습니다. 백범도 심장 바로 옆에 총을 맞았는데 총탄이 조금만 더 심장 가까이 갔다면 살아 있지 못했을 겁니다.

총을 맞고 나서 병원에 갔을 때 의사들이 백범을 보며 살 수가 없다고 복도에 놔둡니다. 그런데 백범은 그 상황에서도 몇 시간을 버티죠. 그러니까 그제서야 의사들이 데려다가 치료를 합니다. 이렇게 죽을 고비를 넘기고 집에 왔는데 어머니가 묻습니다. "무엇을 잘못했기에 왜놈한테 맞아죽는 것도 아니고, 동족의 손에 총을 맞느냐?"

다른 일화도 있습니다. 독립운동하던 중에 백범의 어머니가 칠순이 되었습니다. 그러자 임시정부 가족들이 타향에 와서 고생하는 백범의 어머니에게 맛있는 음식을 사 잡수시라고 돈을 걷어 드립니다. 그랬더니 백범의 어머니가 "이 돈으로 총이라도 한 자루 더 사라!"며 야단을 쳤다고 합니다. 웬만한 남자보다 더 대범한 여인이었죠. 그런 어머니가 있었기에 백범 같은 인물이 자랄 수 있었던 게 아닌가 생각합니다.

백범이 지금 우리에게 던지는 메시지는?

| OBS |

그런 어머니들이 계셨기에 독립투사들이 있었고 지금의 대한민국이 있게 되었다는 생각이 듭니다. 그런데 참 가슴 아픈 일이지만 백범은 목표했던 바를 이루지도 못하고 돌아가십니다. 그가 꿈꿨던 나라는 어떤 세상이었을까요? 백범이 떠난 지 반세기가 넘게 지난 이 시점에서 백범이 우리에게 주는 메시지는 무엇일까요?

| 한시준 |

독립운동의 목표가 뭐냐고 물으면 어떻게 대답하시겠습니까? 당연히 '독립'이라고 대답할 겁니다. 독립이라는 것은 빼앗긴 국토 주권을 다시 찾는 것입니다. 그렇다면 독립한 후에는 어떻게 해야 할까요? 우리 민족끼리 살 수 있는 국가를 건설해야 합니다.

　백범도 독립운동 지도자로서 독립 후에 어떠한 국가를 건설해야겠다는 생각이 있었습니다. 그것에 대하여 백범은 《백범일지》에 '나의 소원'이라는 유명한 글을 남겼지요. 그 글에서 "나의 소원은 우리나라 대한의 완전한 자주 독립이오."라고 말합니다. 백범은 일제 식민통치를 경험하신 분이고, 또 그것을 벗어나려고 했던 분입니다. 그래서 백범이 건설하려던 나라는 무엇보다 먼저 우리 민족의 '자주 독립 국가'입니다. 그리고 자유가 있는 '자유의 나라'입니다. 또한 진정한 '민주주의의 나라'입니다. 그리고 백범은 '문화 국가'를 건설하려고 했습니다. 무력이 아니라 문화로 다른 나라들에게 큰 영향을 끼칠 수 있는 국가를 건설해야 한다는 것이 백범의 생각입니다. 또한 '통일된 나라'를 꿈꾸었으며, '세계 평화에 이바지하는 나라'를 건설하고자 했습니다. 우리 민족끼리 잘사는 그런 나라가 아니라 다른 민족에게도 영향을 주고 세계평화에도 기여할 수 있는 나라를 건설하는 것이 백범의 생각이었습니다.

　백범에 대해서 테러리스트라고 평가하는 사람도 있습니다. 그것은 백범을 제대로 이해하지 못하고 알지 못하기 때문입니다. 어떤 지도자보다도 우리 민족이 처한 현실을 잘 극복해내고, 우리 민족의 앞날을 발전시킬 수 있는 기획들을 분명하게 가지고 계셨던 분이 백범입니다.

백범이 암살되지 않았다면 우리나라는?

| OBS |

역사에 가정은 필요 없는 것이지만, 그래도 가정을 한번 해보겠습니다. 안타깝게도 백범은 1949년 암살되었는데요, 지금도 암살 배후 논란이 끊이지 않고 있지요. 만약에 백범이 암살되지 않았다면 우리나라는 어떻게 되었을까요?

| 한시준 |

몇 가지를 생각해볼 수 있습니다. 우선 우리 민족이 분단되지 않고, 통일정부를 수립하지 않았을까 합니다. 백범은 해방 후 국내에

돌아와 38선을 경계로 민족이 분단되는 것을 막아내려 하였습니다. 즉 남한이나 북한에 각각 단독정부가 수립되는 것을 막아내고 남북이 통일을 이루는 통일정부를 수립하고자 하였습니다. 많은 사람들이 불가능하다고 소용없다고 하였지만, 백범은 남과 북의 지도자들이 한자리에 모여 이 문제를 협의하자며 남북협상을 제의하고, 이에 참여하였습니다.

또 하나는 우리나라에 진정한 민주주의를 실현하지 않았을까 생각합니다. 우리나라 역사가 4,300여 년이 되지요. 이 중 1910년까지의 역사는 군주가 국가의 주인인 군주 주권의 역사였습니다. 그러다 1919년 중국 상하이에 대한민국 임시정부가 수립되면서, 우리나라 역사에서 처음으로 국민이 주권을 갖는 역사가 시작되었습니다. 임시정부는 헌법 제1조에 '대한민국은 민주공화제로 함'이라고 하였고, 우리 역사에서 처음으로 민주주의를 받아들였습니다. 임시정부가 민주주의를 정착하고 발전시킨 것이고, 그것을 주도한 분이 백범입니다.

백범에게 배울 수 있는 지도자의 자격은?

| OBS |

지금까지 백범 김구에 대해 알아보았는데요, 지금 우리 시대의 지도자, 대통령이 김구에게 배울 수 있는 지도자로서의 자격이나 덕목은 무엇이 있을까요?

| 한시준 |

백범을 한마디로 이야기할 때 '민족의 큰 스승'이라고 합니다. 이는 우리 한국 민족이 백범이란 인물을 진정으로 스승으로 모시고 받들 수 있다는 말이라고 생각합니다. 백범은 일평생의 삶을 자신과 가족의 이익이나 이해관계에 의해 살지 않았습니다. 자신을 희생하고 자신이 솔선하는 삶을 살았습니다. 그리고 가족을 돌보지 못하면서도, 임시정부를 유지시키고 이를 지켜왔습니다. 자기 자신의 이익과 영예를 위해 살아간 사람, 국가와 민족의 이익보다 자신의 이익을 찾고자 하는 사람을 우리는 지도자로 여기지 않습니다.

지도자로서의 자격이나 덕목으로 가장 중요한 것은 이해관계를 떠나 자신을 희생하면서 민족과 국가의 이익을 위해 헌신하는 것이라고 생각합니다. 우리가 대통령을 뽑을 때도 바로 이러한 것을 기준으로 삼아야 할 것입니다.

| OBS |

백범이 꿈꾸었던 나라, 세계평화에 이바지하면서 문화적으로도 영향력이 있으며 잘살고 자유와 정의를 이룰 수 있는 나라. 아직까지 우리가 그런 나라에 이르지는 못했지만, 더 나은 세상을 위해 우리는 끊임없이 노력해야 한다는 것이 바로 백범 김구가 우리에게 전하는 메시지가 아닐까 생각해보았습니다.

신분과 가난, 사회적인 모순, 외세의 탄압 속에서 김구는 계속해서 실패합니다. 그렇지만 끊임없이 도전하면서 세상을 바꾸기 위해 노력합니다. 올바른 지도자, 큰 스승이 없다고 말하는 오늘날, 우리 민족의 영원한 지도자 백범이야말로 진정한 스승이 아닐까요.

| 연보 |

1876년　　황해도 해주읍 백운방 텃골에서 출생

1892년　　조선의 마지막 과거시험인 경과에 응시하였으나 낙방

1893년　　동학에 입교, 몇 달 만에 '아기 접주'라는 별명을 얻음
　　　　　창수昌洙로 개명

1894년　　동학 혁명 지휘

1895년　　유학자 고능선에게 사사, 김의언 의병단에 가입

1896년　　황해도 안악군 치하포에서 일본 육군 중위 쓰치다를 살해, 사형 선고

1898년　　탈옥하여 도피, 전국을 방랑하다 공주 마곡사의 승려가 됨

1910년　　신간회에 참가함
　　　　　이듬해 105인 사건으로 체포 15년형 선고

1919년　　3·1 운동 후 상하이로 망명하여 임시정부의 경무국장이 됨

1930년　　결사 단체인 한인애국단을 조직

1932년　　이봉창 의사의 일왕 저격 사건 지휘
　　　　　윤봉길 의사의 중국 상하이 훙커우 공원 폭탄 투척 사건 지휘

1933년　　중국 난징에 한국무관학교를 설치함

1935년　　한국국민당 조직

1940년　　한국독립당 결성

1944년　　대한민국 임시정부 주석에 재선

1945년　　광복 후 귀국하여 신탁통치 반대운동을 전개함

1948년　　통일정부 수립을 위한 남북 협상을 제안

1949년　　경교장에서 안두희에게 암살당함

1962년　　건국훈장 대한민국장 추서